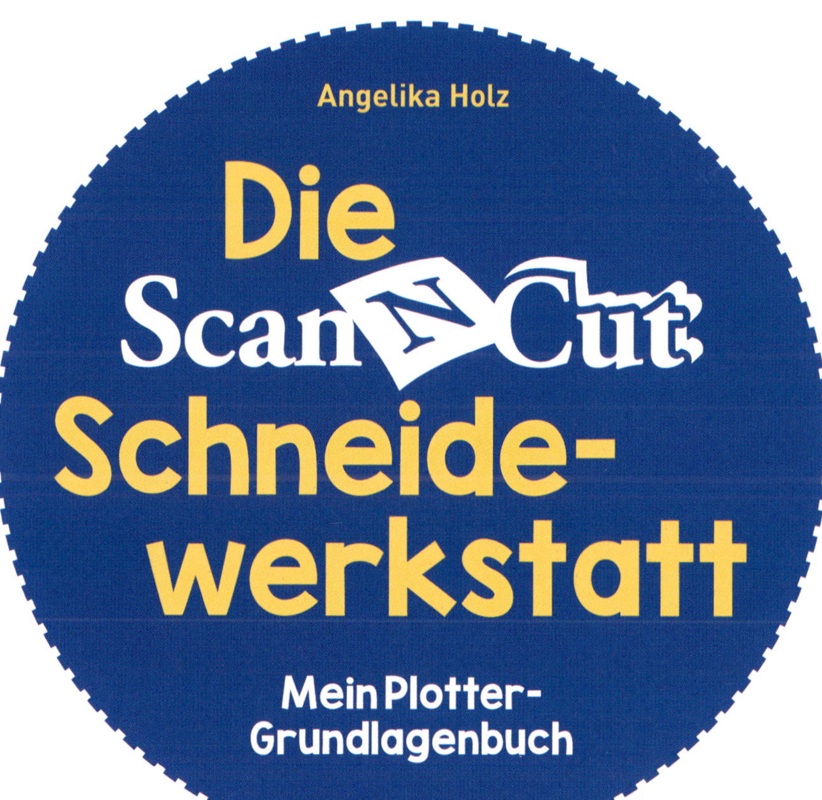
Angelika Holz
Die
ScanNCut
Schneide-
werkstatt
Mein Plotter-
Grundlagenbuch

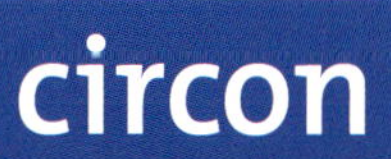
circon

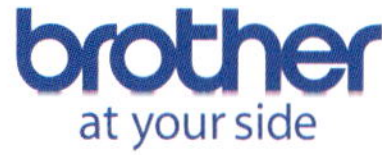
brother
at your side

Die Autorin

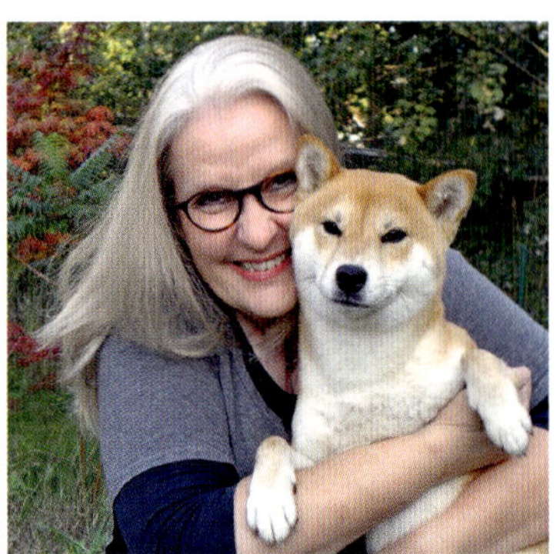

Angelika Holz ist Modedesignerin und IT-Managerin und lebt südlich von Berlin in einem gemütlichen Holzhaus mitten im Grünen. Seit 1989 ist sie selbstständig und hat seither zahlreiche sehr unterschiedliche Projekte realisiert, unter anderem einen sehr erfolgreichen Blog mit dem Namen „PapierSchereStoff“, wo sie über ihre kreativen Hobbys wie z. B. Malen, Zeichnen, Drucken, Stanzen, Schneiden, Kleben, Stecken, Bügeln und Nähen schreibt. Außerdem gibt sie verschiedene Kreativ-Workshops und verfasst leidenschaftlich gerne Bücher zu ihrem absoluten Lieblingswerkzeug: dem Schneideplotter. „Die ScanNCut-Schneidewerkstatt“ ist nun ihr sechster Buchtitel, den sie zu diesem Thema herausbringt.

Impressum

Baierbrunner Straße 27, 81379 München
Ausgabe 2022
4. Auflage

Text: Angelika Holz
Redaktion: Cornelia Giebichenstein
Produktion: Ute Hausleiter
Abbildungen: siehe Bildnachweis S. 144
Titelabbildungen: Angelika Holz (Fotos), shutterstock.com/Chestnuts (Hintergrund)
Gestaltung: textum GmbH, Feldafing
Umschlaggestaltung: red.sign GbR, Stuttgart (Anette Vogt)

ISBN 978-3-8174-2510-5
381742510/4

Besuchen Sie uns auf Instagram und Facebook:
circonverlag

www.circonverlag.de

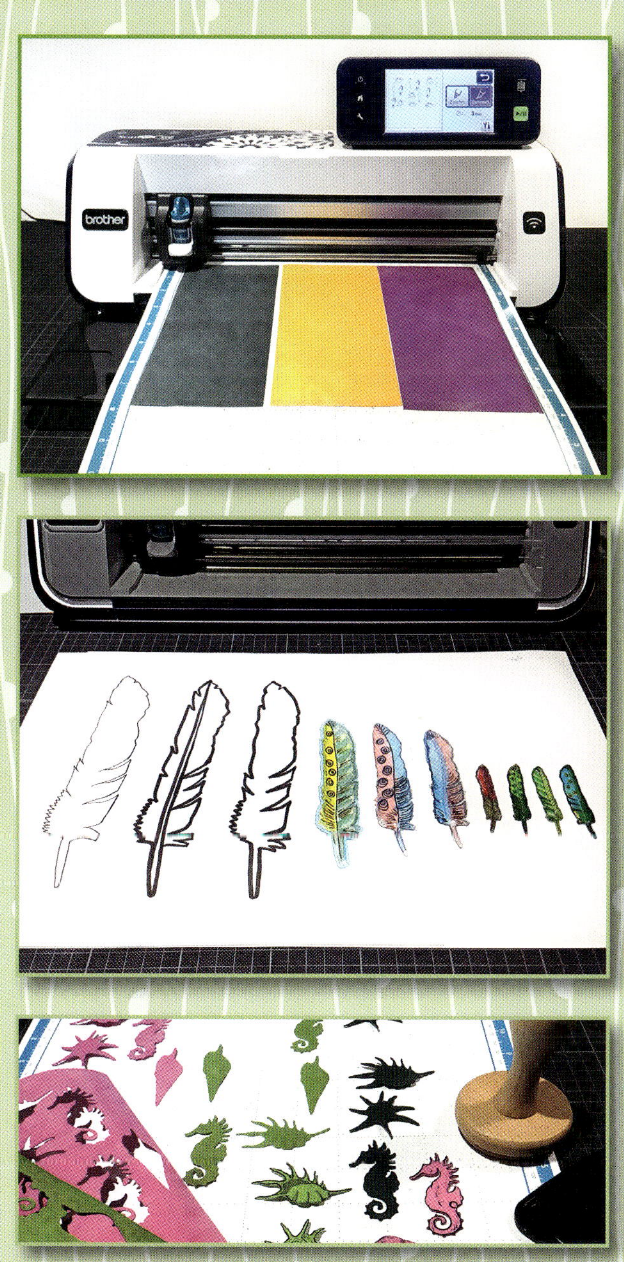

Liebe Leserinnen und Leser,

DIY macht glücklich. Vielleicht ist es gerade deshalb so ein großer Trend geworden, schöne Dinge selbst zu machen. Es geht nicht nur darum, ein Endprodukt herzustellen. Vielmehr soll schon der Weg dahin Freude machen.

In unserer schnelllebigen technikorientierten Zeit hat sich ein ganz neues, elektronisches Gerät etabliert und lässt nicht nur Frauenherzen höherschlagen:
der Schneideplotter.

Diese kleinen Maschinen, die von der Größe und dem Aussehen her einem Drucker ähnlich sind, können so viele verschiedene Aufgaben erfüllen, dass viele gar nicht wissen, wo sie anfangen sollen.

Mit diesem Buch möchte ich einen leichten Einstieg im Umgang mit den Schneidemaschinen der Firma Brother bieten.

Zuerst beginne ich mit ein paar allgemeinen Erklärungen und dann geht es auch gleich los mit dem ersten Projekt. Denn beim „Machen" lernt man bekanntlich am schnellsten.

Viel Spaß!

Angelika

Inhalt

Darf ich vorstellen? Die Brother ScanNCut!

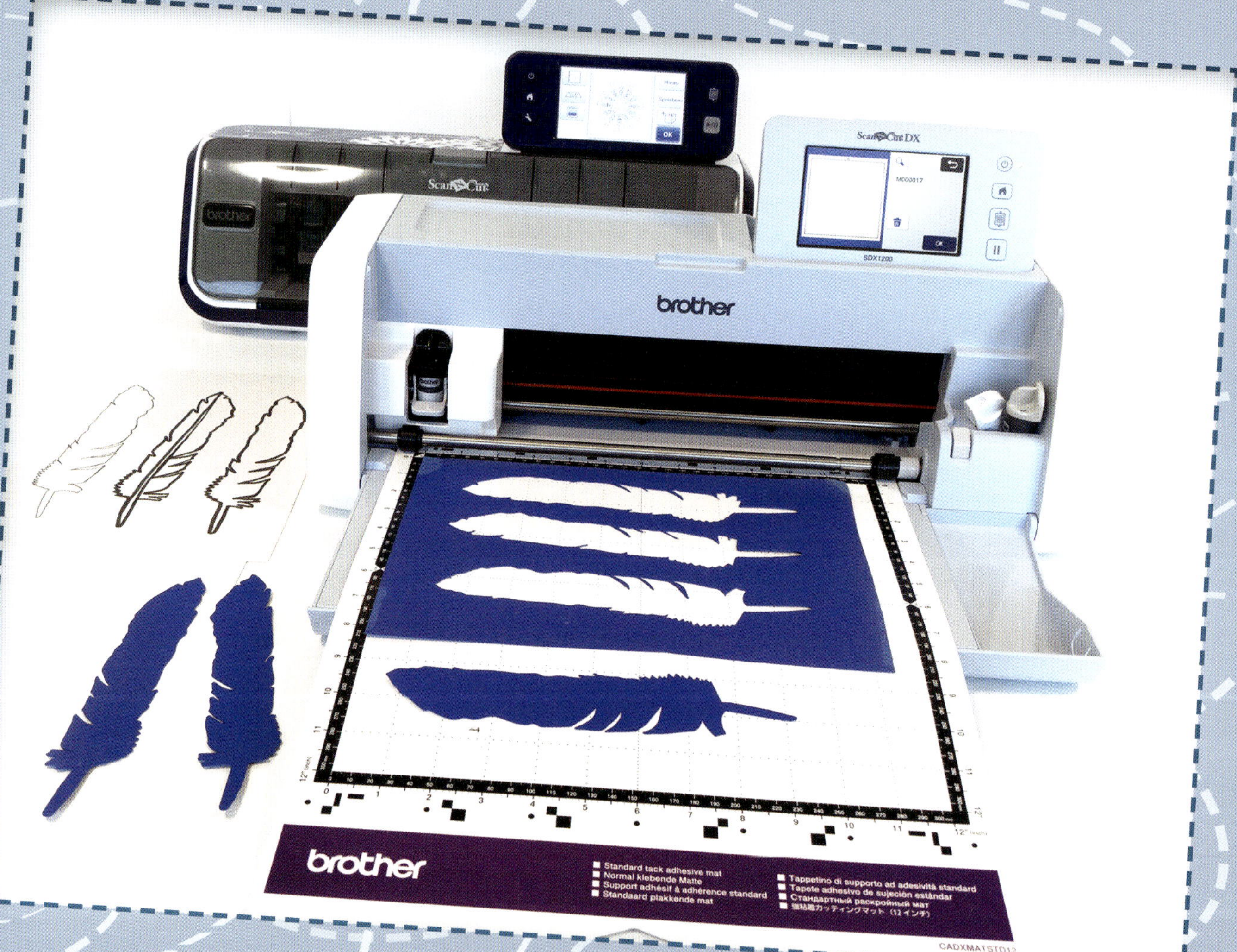

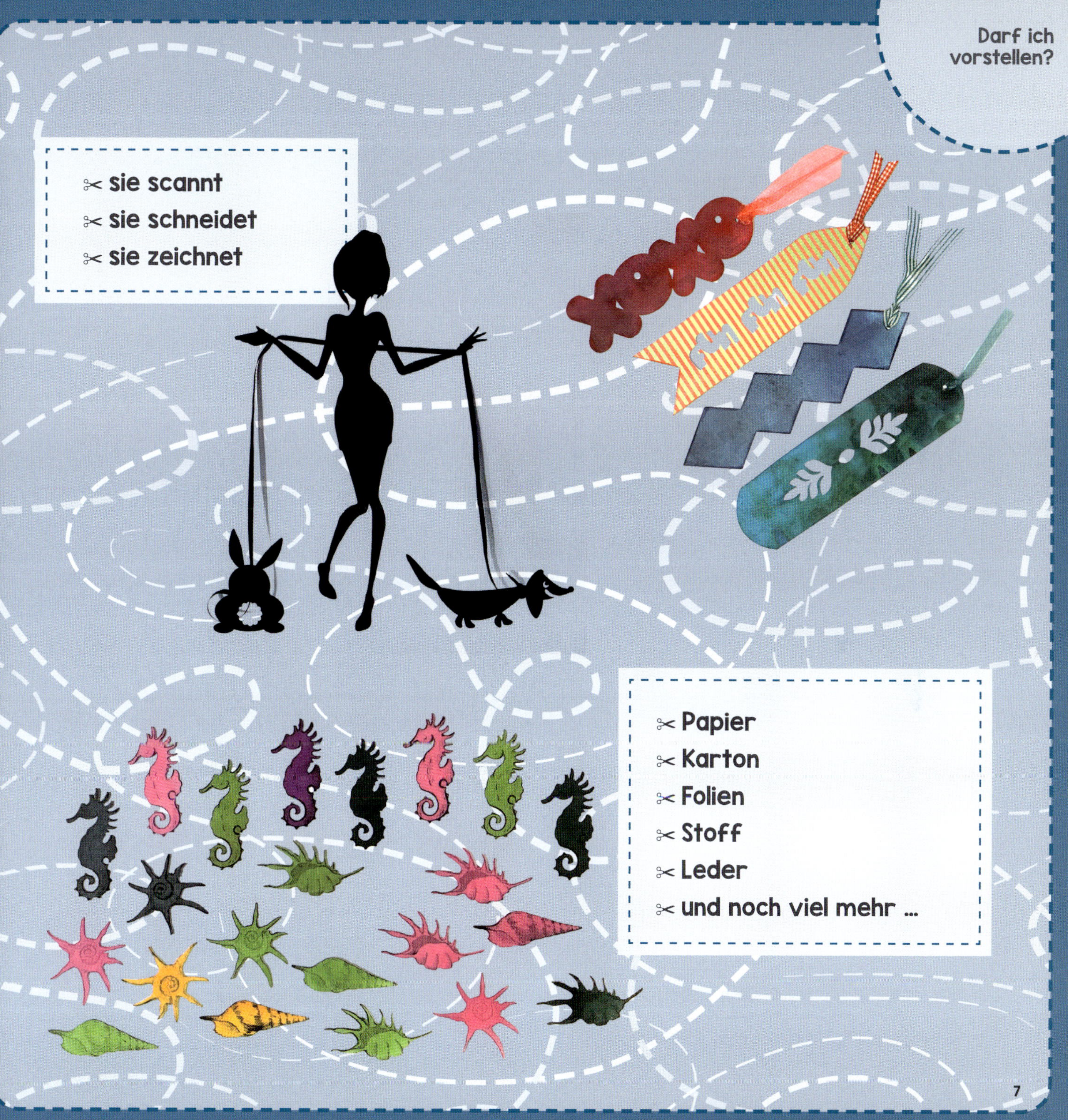

✂ sie scannt
✂ sie schneidet
✂ sie zeichnet

✂ Papier
✂ Karton
✂ Folien
✂ Stoff
✂ Leder
✂ und noch viel mehr ...

Egal, ob du die ScanNCut schon hast oder ob du sie dir erst kaufen möchtest, sie ist etwas ganz Besonderes, denn die ScanNCut ist die erste Schneidemaschine, die einen integrierten Scanner besitzt und ganz unabhängig von einem Computer arbeitet.

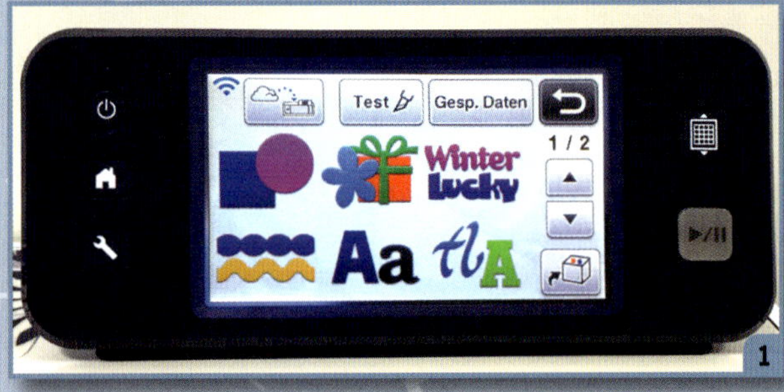

1

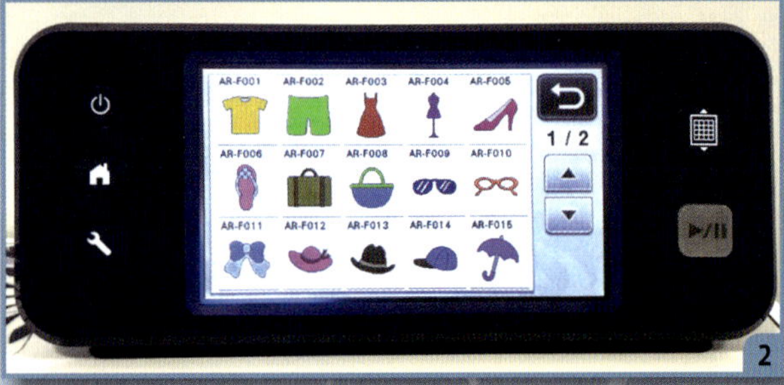

2

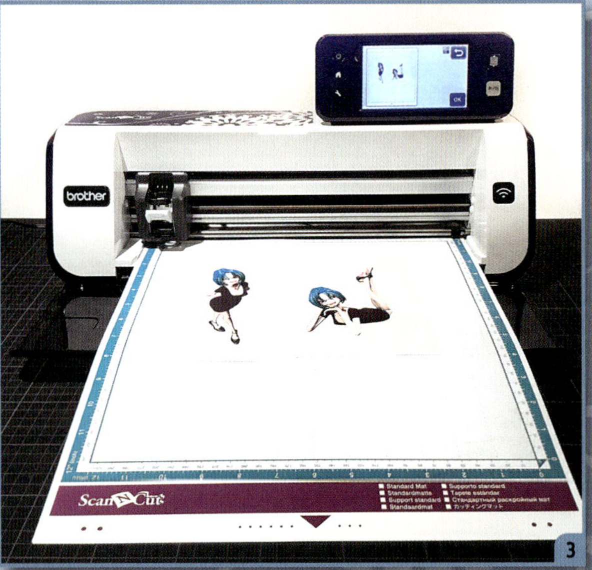

3

Aufstellen – einschalten – loslegen

Je nachdem, welches Modell du hast, sind mehr oder weniger Designs im Gerät gespeichert, die du auf Knopfdruck direkt verwenden kannst (Abb. 1).

Am eingebauten LCD-Bildschirm kannst du aus den vielen verschiedenen Formen und Motiven wählen (Abb. 2) und diese mit ein paarmal Antippen kombinieren, abwandeln und schneiden.

Wem die vorgegebenen Muster nicht genügen, der kann auf einer von Brother zur Verfügung gestellten Webseite ganz eigene Muster selbst erstellen, an die ScanNCut übertragen und schneiden (siehe S. 23 und 108 ff.).

Was hat es mit dem „Scan“ auf sich?

Im Gerät ist ein Scanner integriert. Und dieser bietet unendlich viele Möglichkeiten. Du kannst damit jedes Muster und auch jedes Motiv, das du auf Papier oder Stoff vorliegen hast, einscannen und direkt am Gerät bearbeiten und ausschneiden (Abb. 3).

Du kannst die ScanNCut sogar als ganz normalen Scanner benutzen, um Bilder einzuscannen und diese auf deinem Computer zu speichern.

Übrigens!
Die Anleitungen in diesem Buch können mit allen Modellen der ScanNCut nachgearbeitet werden.

Tipps zur Verwendung dieses Buches

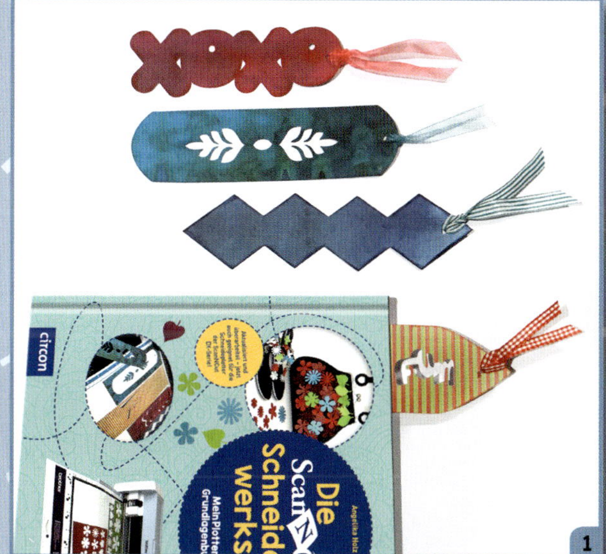
1

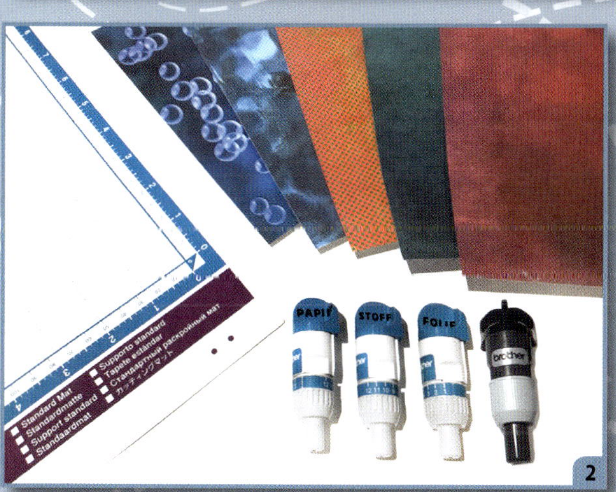
2

- Am besten arbeitest du dieses Buch von vorn nach hinten durch, denn mit dem ersten Projekt, verschiedenen Lesezeichen (Abb. 1), lernst du die Grundlagen der Bedienung der Maschine kennen. In den darauffolgenden Projekten kommen Schritt für Schritt neue Funktionen hinzu und die bereits erlernten Kenntnisse werden wiederholt, damit du am Ende optimal mit deinem Gerät umgehen kannst.

- Es werden viele verschiedene Materialien und Techniken vorgestellt. Dabei steht es dir frei, die Projekte genauso wie im Buch nachzuarbeiten oder deine eigenen Wunschmotive auszuwählen.

- Du kannst die Materialien austauschen. Die Blumen vom Titelprojekt lassen sich z. B. auch prima anstatt aus Textilmaterial aus Papier ausschneiden und dann auf eine Grußkarte kleben, anstatt sie auf eine Tasche zu nähen. Der Kreativität sind hier keine Grenzen gesetzt.

- Nimm am Anfang am besten preiswerteres Material zum Ausprobieren, bis du dir bei den Schneideeinstellungen sicherer bist.

- Zum Lernen eignet sich hervorragend bereits vorhandenes Papier z. B. aus Sets, bei dem dir die Farben nicht so gut gefallen haben, bzw. Stoff- und Folienreste.

- Es ist ratsam, gleich von Anfang an mit mehreren Messern zu arbeiten. Du solltest z. B. ein Messer ausschließlich für Papier und eines nur für Stoff und Folien verwenden (Abb. 2).

- Wenn du vorhast, viel mit Bügel- oder Selbstklebefolien zu arbeiten, solltest du ein separates Messer, das nur für Folien verwendet wird, benutzen. So bleiben die Klingen länger scharf.

Was kann die ScanNCut alles schneiden?

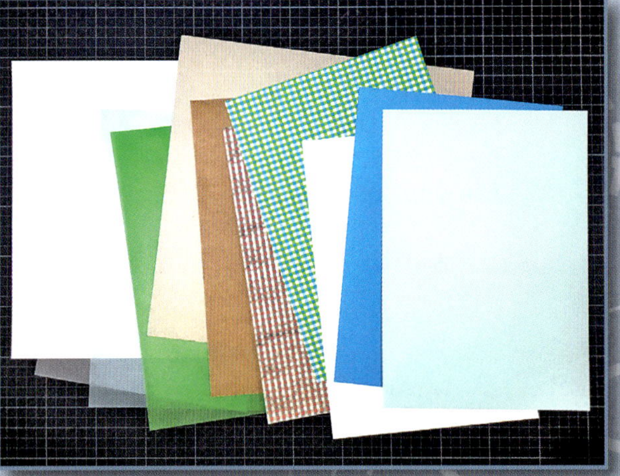

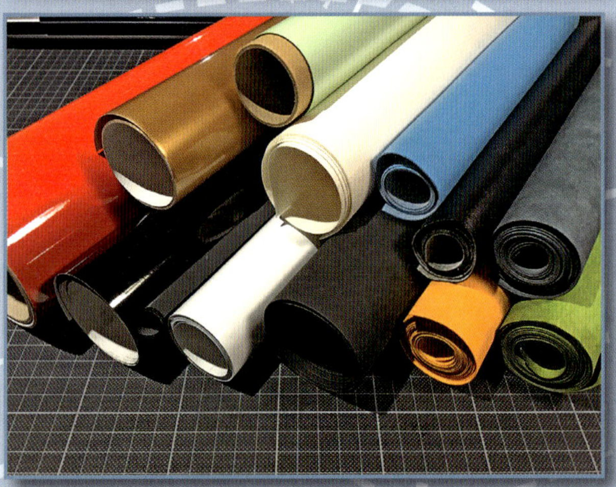

Mit der ScanNCut können, je nach Modell, Materialien bis zu einer Dicke von 1,8 mm (CM300–CM900) oder bis zu 3 mm (DX1000–DX1200) geschnitten werden.

Sie schneidet alle Arten von Papier – von feinem Transparentpapier über Kopierpapier, Etikettenpapier, Zeichenpapier, Tonkarton bis hin zu Graupappe –, um Aufkleber, Karten, Scrapbooks, Geschenkverpackungen und Ähnliches zu basteln.

Mit der ScanNCut kannst du außerdem hervorragend Folien schneiden, um Textilien individuell zu verschönern: Bügelfolien wie Flexfolie, Flockfolie und verschiedene Glitzerfolien werden spiegelverkehrt geschnitten, entgittert und dann kopfüber aufs Textil aufgebügelt.

Selbstklebende Folien, Vinyl, Glasdekorfolie, Leucht- und Glitzerfolien werden seitenrichtig geschnitten und mit Übertragungsfolie auf die zu dekorierenden Untergründe aufgebracht. So kannst du z. B. Wände (siehe S. 120 ff.), dein Auto, Haushaltsgegenstände und sogar Fingernägel (siehe S. 124 ff.) verzieren.

Die ScanNCut schneidet jedoch auch problemlos Holzpapier, Kork, Leder, Moosgummi, Magnetpapier, Schrumpfplastik, veganes Leder und natürlich auch Stoff.

Und dann gibt es noch Spezialmaterialien für ganz bestimmte Zwecke, z. B. Schablonenfolie für Malschablonen, Strass-Sets, um Schablonen für Strasssteine auszuschneiden, Stempelmaterial, um eigene Stempel herzustellen usw.

Die ScanNCut kann noch viel mehr!

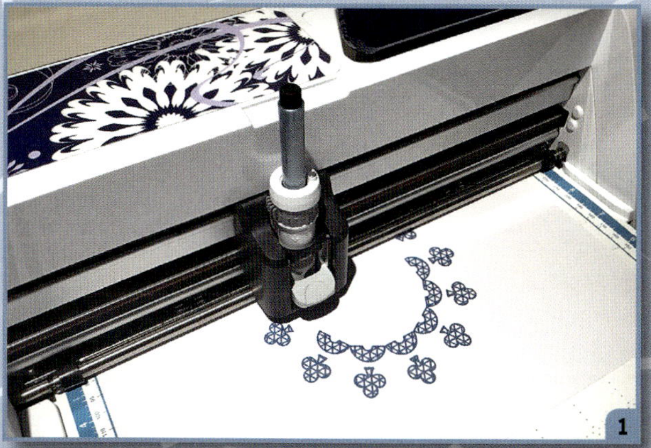
1

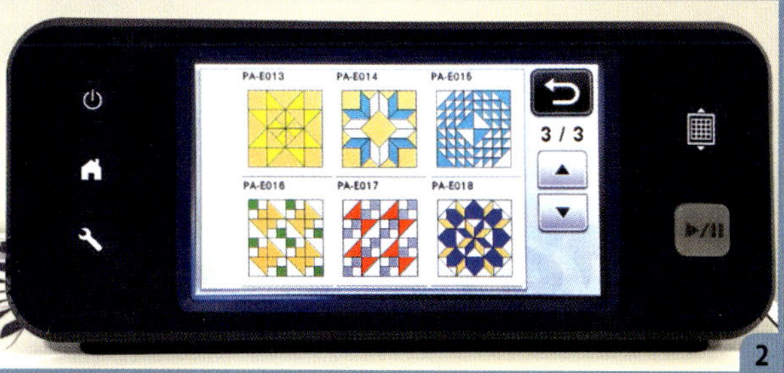

2

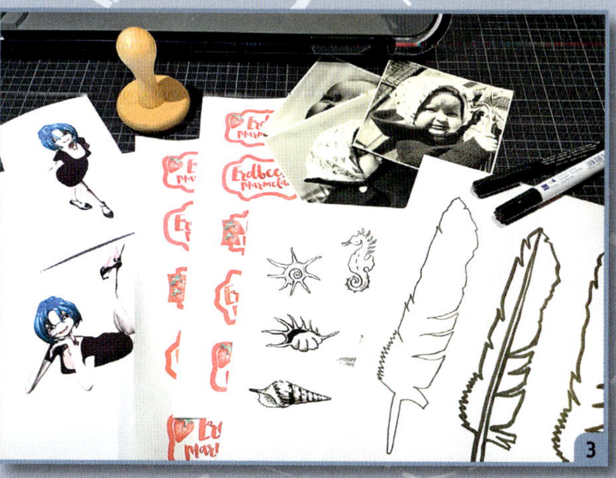
3

✂ **Du kannst mit ihr zeichnen:** Wenn du anstatt des Messerhalters einen Stifthalter mit Stift einlegst, werden die Linien der Motive nicht geschnitten, sondern gezeichnet (Abb. 1). Es gibt Stifte von Brother, aber auch einen universellen Stifthalter, in den viele verschiedene Stifte aus dem Schreibwarenhandel passen.

✂ **Du kannst Schneiden und Zeichnen kombinieren:** Schnittteile aus Stoff, z. B. zum Quilten, lässt du mit einem Textilstift aufzeichnen und dann mit der benötigten Saumzugabe ausschneiden. So werden viele gleiche Teile auch wirklich exakt gleich und du siehst genau, wo du nähen musst. In der Maschine ist bereits eine Kategorie mit mehreren Unterkategorien mit Quiltmustern vorinstalliert, die du direkt benutzen kannst (Abb. 2).

✂ **Du kannst mit der ScanNCut prägen:** Hierfür gibt es als Zubehör ein spezielles Set mit einem Werkzeug, das du anstatt des Messers einsetzt und mit dem du prägen kannst. Da diese Technik jedoch eher für Fortgeschrittene geeignet ist, wird in diesem Buch nicht näher darauf eingegangen.

✂ **Du kannst mit ihr scannen:** Um z. B. Fotos, Grafiken, Zeitschriftenseiten etc. einzuscannen und diese dann auf einem USB-Stick oder auf dem Computer in digitaler Form abzuspeichern, kannst du deine ScanNCut ebenfalls verwenden (Abb. 3).

Endlich auspacken!

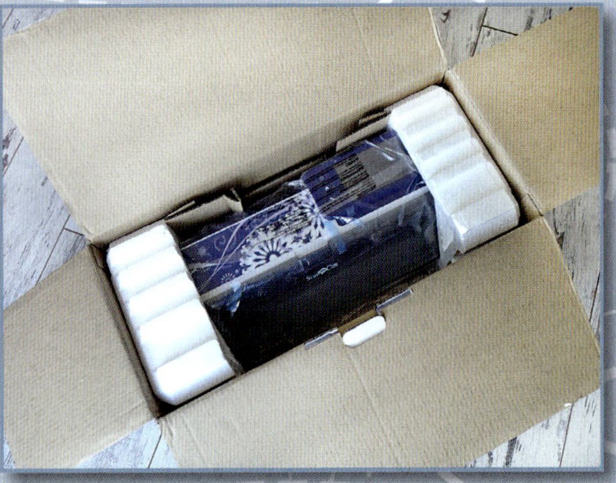

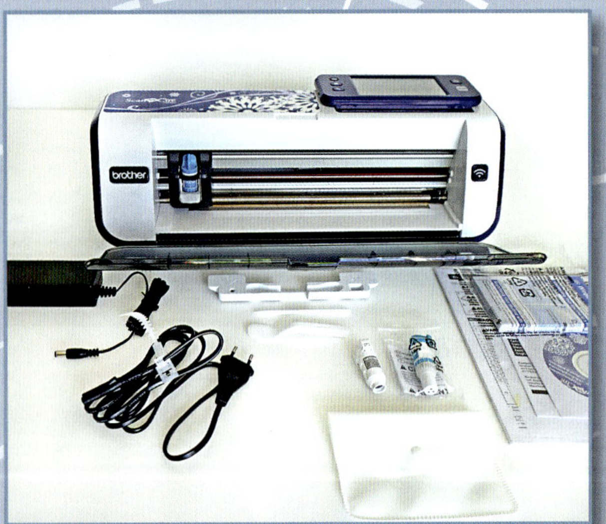

Egal, ob du eine Maschine aus der CM-Serie oder aus der neueren DX-Serie auspackst, im Lieferumfang einer ScanNCut ist immer alles enthalten, was du brauchst, um sofort loszulegen:

- die Maschine mit Netzteil und Kabel
- eine Schneidematte
- ein Messer
- ein Eingabestift
- ein Spatel
- die Kurzanleitung

Je nachdem, welches Modell oder welches Bundle du gekauft hast, ist im Paket noch jede Menge weiteres Zubehör enthalten.

Überprüfe anhand der Liste „Mitgeliefertes Zubehör", ob alles im Karton war und ob du auch nichts vergessen hast auszupacken.

Du solltest unbedingt zuerst die beigefügte Anleitung zur Produktsicherheit lesen. Dann suche dir die Kurzanleitung in deiner Sprache heraus. Diese solltest du immer griffbereit haben. Die Seite, auf der oben rechts in Rot „wichtig" steht, ist die Vorderseite.

Die Kurzanleitung enthält u. a. eine Liste von Materialien mit vom Hersteller empfohlenen Schneideeinstellungen. Gerade am Anfang, wenn du noch wenig Erfahrung hast, kann dir das eine große Hilfe sein.

Mit unterschiedlichen Zeichnungen werden die wichtigsten Funktionen der Maschine beschrieben. Auch wenn diese Funktionen hier im Buch genau erklärt werden, kannst du doch bei Bedarf ab und zu mal einen Blick darauf werfen.

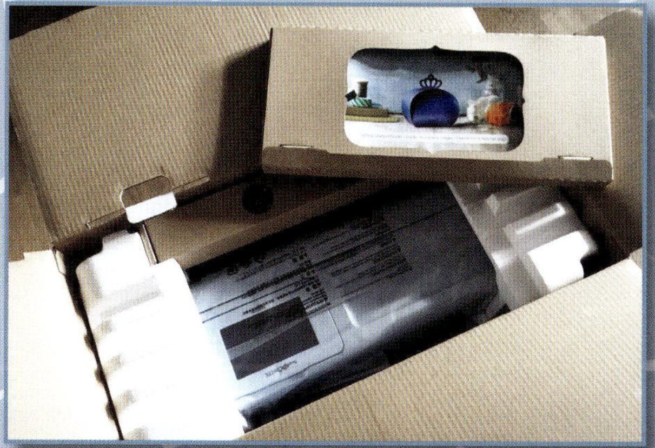

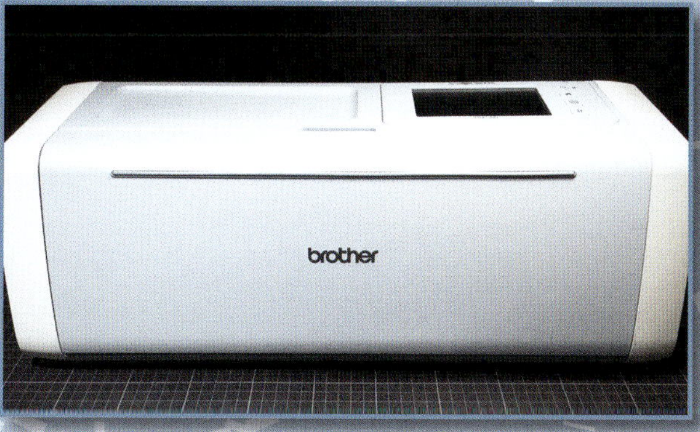

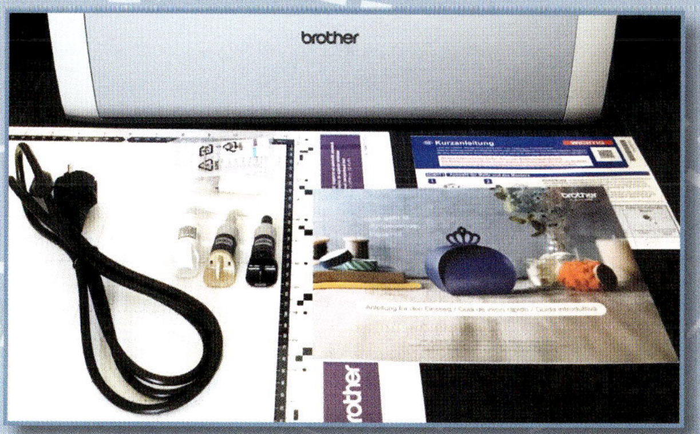

Die neueren ScanNCut-Modelle SDX1000 und SDX1200 sind insgesamt etwas größer und haben auch einen größeren LCD-Bildschirm.

Sie haben noch mehr Schriften und Motive vorinstalliert.

Es befinden sich mehrere praktische Ablagefächer oben am Gerät und in der vorderen Abdeckung.

Der größte Unterschied ist zunächst nicht sichtbar: die Messerautomatik.

Die SDX1000 und SDX1200 erfühlen mit einem Sensor die Dicke des Materials und stellen die richtige Messerlänge ganz von selbst ein.

Diesen Geräten ist außerdem die Broschüre mit einer Schritt-für-Schritt-Beschreibung und das Material zum Schneiden einer ersten Schachtel beigefügt.

Ich rate dir, dieses Projekt zuerst zu schneiden, um dich mit deiner Maschine vertraut zu machen.

Die Maschine aufstellen und einrichten

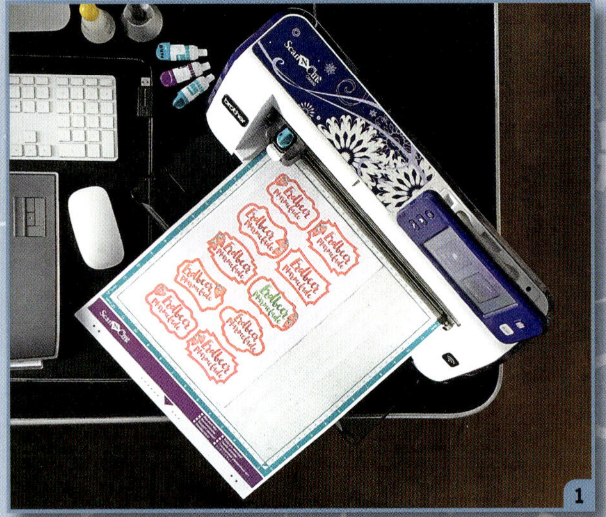
1

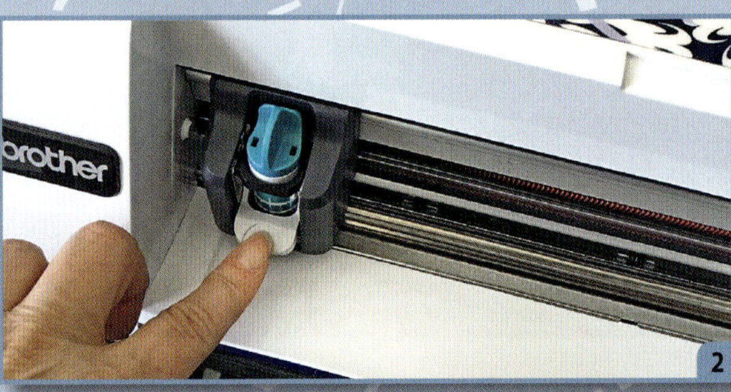

2

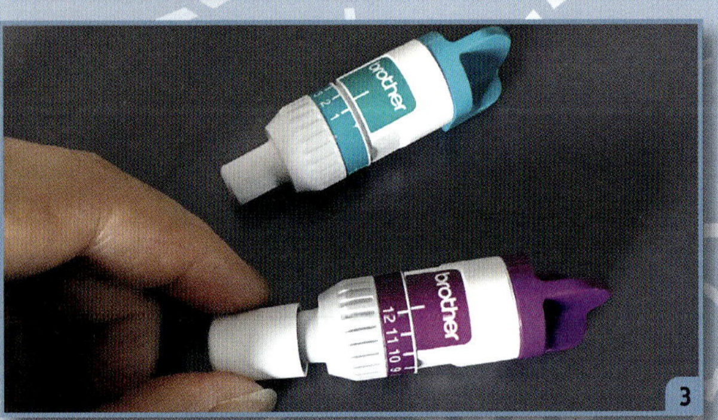

3

Denke beim Aufstellen daran, dass du vorn und hinten ca. 30 cm Platz brauchst, damit die Matte ungehindert durch die Maschine hindurch vor- und zurückfahren kann.

> **Ein Tipp für alle, die wenig Platz haben:**
> Stelle die Maschine im 45-Grad-Winkel an eine Tischkante, dann braucht sie deutlich weniger Platz (Abb. 1).

Klappe vorsichtig das Display hoch und stecke das Stromkabel in das Netzteil.

Bringe anschließend den kleinen Stecker des Netzteils hinten links unten an der Maschine an. Stecke nun den Stecker des Stromkabels in die Steckdose.

Lege den Messerhalter locker von oben in den Wagen ein. Manchmal haben die Messerhalter eine Schutzkappe. Vergiss nicht, diese abzuziehen, bevor du den Messerhalter einsetzt. Drücke nun den Hebel nach unten. Das Messer sitzt jetzt fest im Wagen (Abb. 2). Der türkisfarbene Messerhalter ist das Standardmesser. Der lilafarbene Messerhalter beinhaltet das Messer für sogenannte Tiefschnitte, also für besonders dickes Material (Abb. 3).

Deine ScanNCut ist jetzt betriebsbereit.

Zum Einschalten drückst du die Taste links oben am Display. Beim Display handelt es sich übrigens um einen sogenannten Touchscreen – einen Bildschirm, der auf Berührungen reagiert. Du kannst den Touchscreen zwar mit dem Finger bedienen. Es ist jedoch besser und hygienischer, den beigefügten Eingabestift zu verwenden.

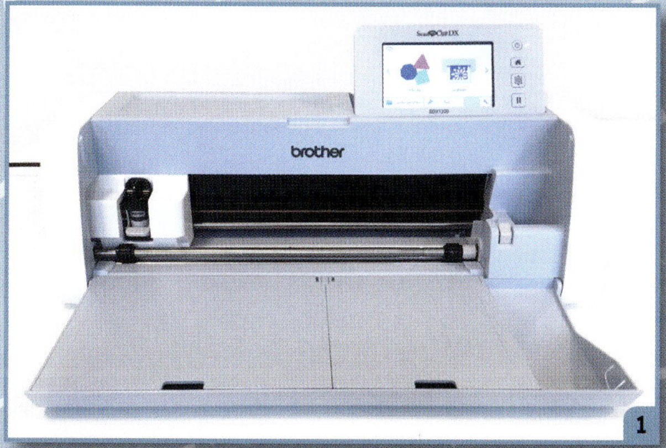

1

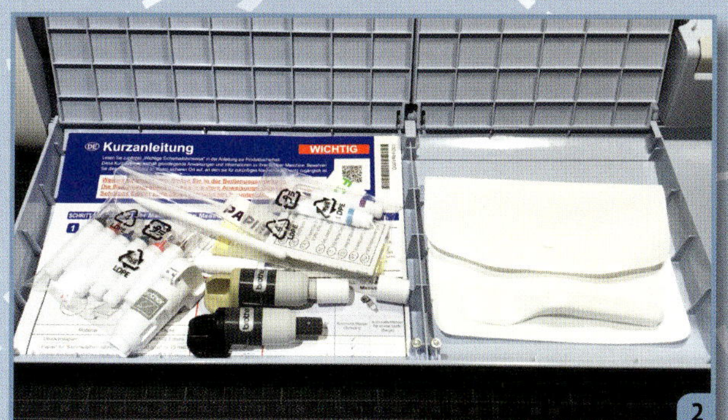

2

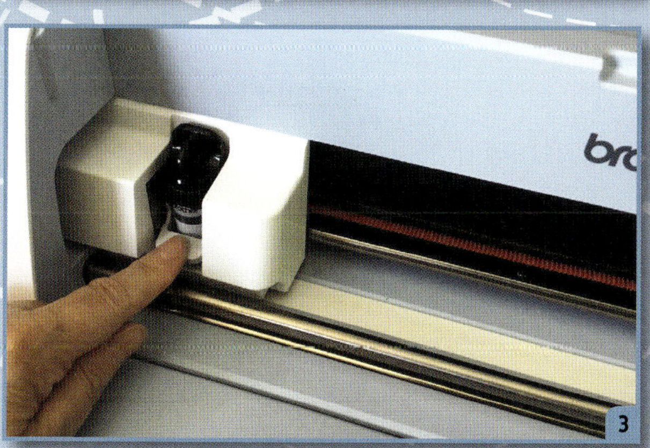
3

Auch die ScanNCut der DX-Serie braucht vorne und hinten ca. 30 cm Platz, damit die Schneidematte ungehindert vor- und zurückfahren kann.

Die vordere Abdeckung muss ausgeklappt über die gesamte Breite auf dem Tisch aufliegen können. Klappe vorsichtig das LCD-Display hoch (Abb. 1).

Die ScanNCut der DX-Serie hat kein separates Netzteil, sondern nur ein Kabel. Stecke dieses hinten links in die Maschine ein und dann den Stecker in die Steckdose.

Ziehe hinten am Gerät das Fach heraus, das die herausfahrende Matte unterstützt.

Es befinden sich mehrere praktische Ablagefächer oben am Gerät, rechts im Innenraum und in der vorderen Abdeckung (Abb. 2).

Der Messerhalter mit dem schwarzen Griff hält das Automatikmesser für alle Arten von Materialien. Das Automatikmesser mit dem beigen Griff ist ein Spezialmesser für dünne Stoffe.

Lege den Messerhalter locker von oben in den Wagen ein. Drücke nun den grauen Hebel nach unten, damit das Messer fest in der Halterung sitzt (Abb. 3).

Deine ScanNCut ist jetzt betriebsbereit. Zum Einschalten drückst du auf den obersten Knopf rechts am Display.

Das Display im Überblick

In der Mitte des Displays befindet sich der Bildschirm, der Touchscreen. Rechts und links vom Bildschirm sind folgende Tasten angebracht:

- ✂ Zum Einschalten deiner ScanNCut drückst du die **Ein-/Aus-Taste** links oben am Display.
- ✂ Darunter ist die **Home-Taste**. Damit kommst du immer wieder zum Anfangsbildschirm zurück, egal welche Einstellungen du bereits vorgenommen hast.
- ✂ Mit der **Werkzeug-Taste** links unten gelangst du zu den Einstellungen.
- ✂ Mit der **Transport-Taste** rechts oben fährst du die Schneidematte ein und aus.
- ✂ Mit der **Start-/Stopp-Taste** rechts unten startest und stoppst du den Schneidevorgang.

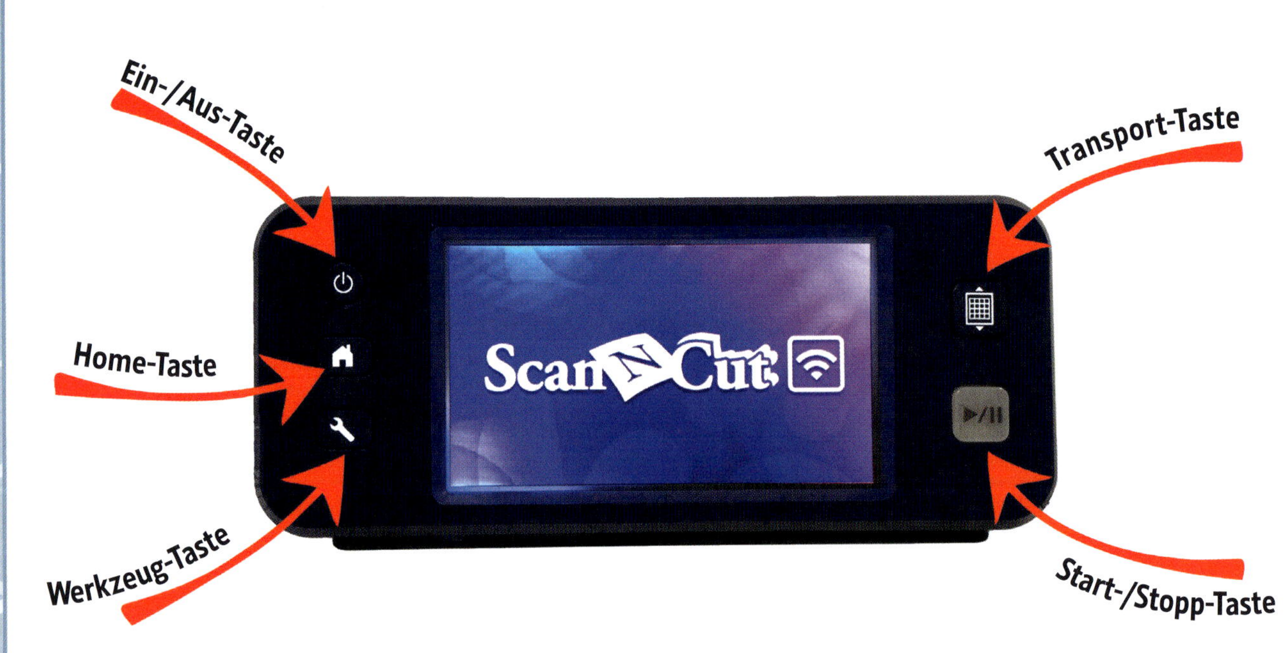

CM-Serie

An den Geräten der DX-Serie findest du den Touchscreen links und die Tasten rechts:

✂ Zum Einschalten deiner ScanNCut drückst du die **Ein-/Aus-Taste** rechts oben am Display.

✂ Darunter ist die **Home-Taste**. Damit kommst du immer wieder zum Anfangsbildschirm zurück, egal welche Einstellungen du bereits vorgenommen hast.

✂ Mit der **Transport-Taste** fährst du die Schneidematte ein und aus.

✂ Mit der **Start-/Stopp-Taste** rechts unten startest und stoppst du den Schneidevorgang.

✂ Die **Werkzeug-Taste**, die zu den Einstellungen führt, ist hier eine Schaltfläche am Touchscreen.

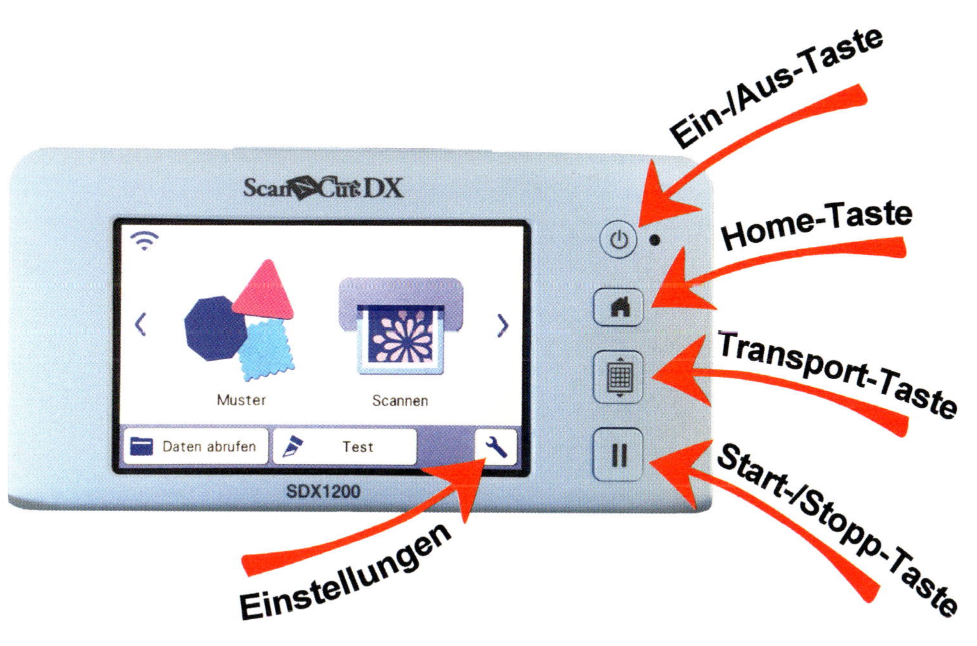

Einschalten und Sprache umstellen

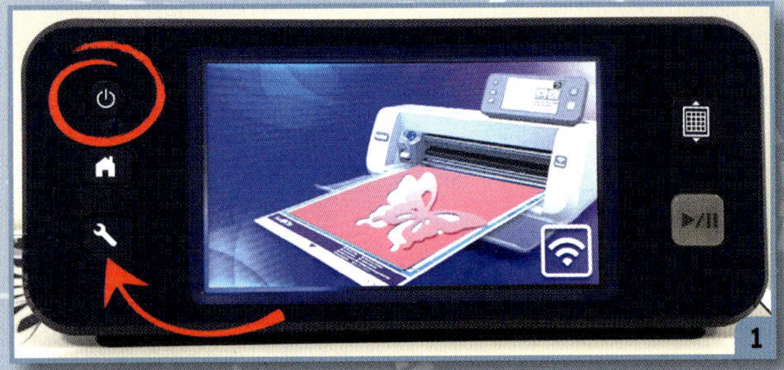

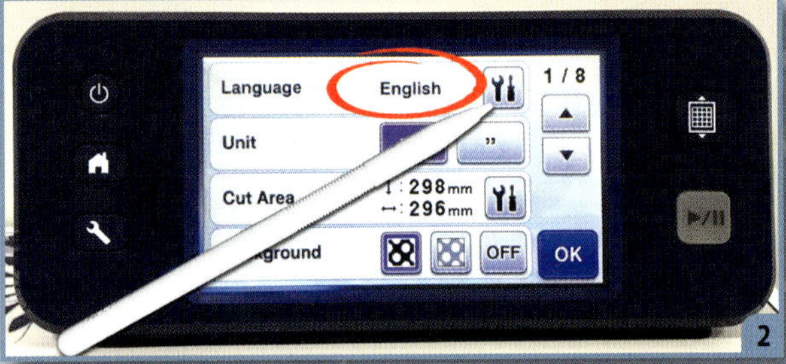

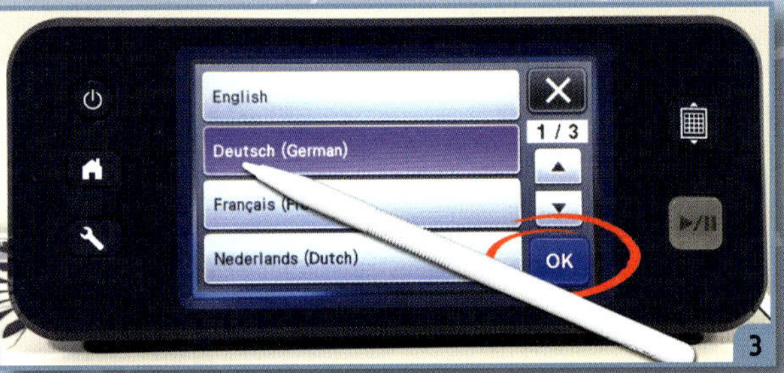

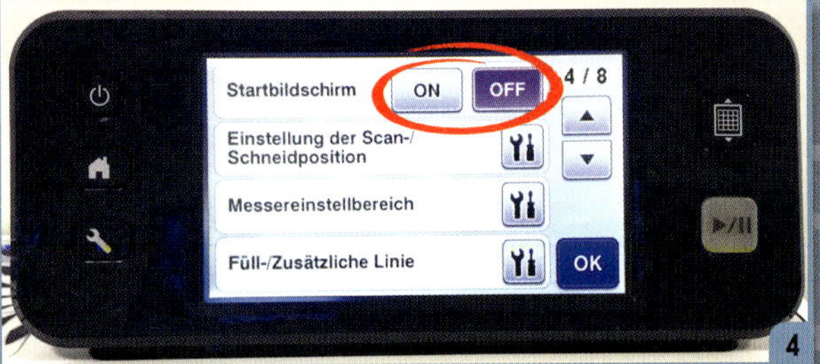

Wenn du die Maschine einschaltest, siehst du eine Diashow auf dem Bildschirm (Abb. 1).

Nimm den Eingabestift zur Hand und tippe auf den Bildschirm, um die Diashow zu stoppen.

Nun siehst du einen Warnhinweis. Tippe auf „OK“, um in das eigentliche Programm der ScanNCut zu gelangen.

Möglicherweise ist deine ScanNCut nicht auf Deutsch eingestellt. Das änderst du, indem du unten links auf die Werkzeug-Taste drückst. Jetzt bist du im Einstellungsmenü.

Gleich in der obersten Zeile siehst du die ausgewählte Sprache (Abb. 2). Um auf Deutsch umzustellen, tippst du mit dem Eingabestift auf die Schaltfläche rechts daneben. Dann kannst du die Sprache auswählen und mit „OK“ bestätigen (Abb. 3).

Nun tippe rechts am Bildschirm mehrmals auf den Pfeil nach unten, bis du die Funktion „Startbildschirm“ siehst. Tippe einmal auf „OFF“, um die bei jedem Start gezeigte Diashow abzuschalten. Dann tippe auf „OK“ (Abb. 4).

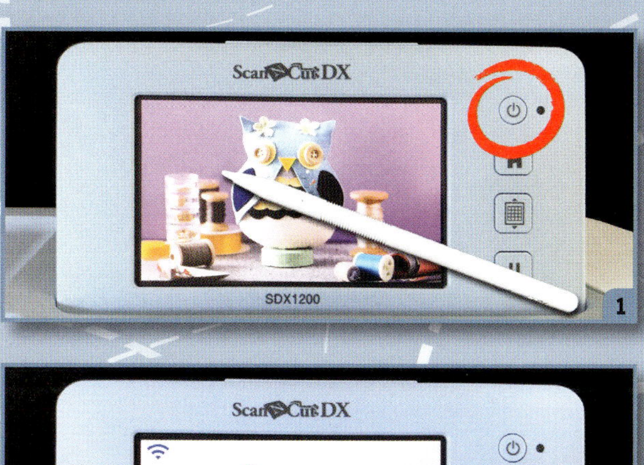

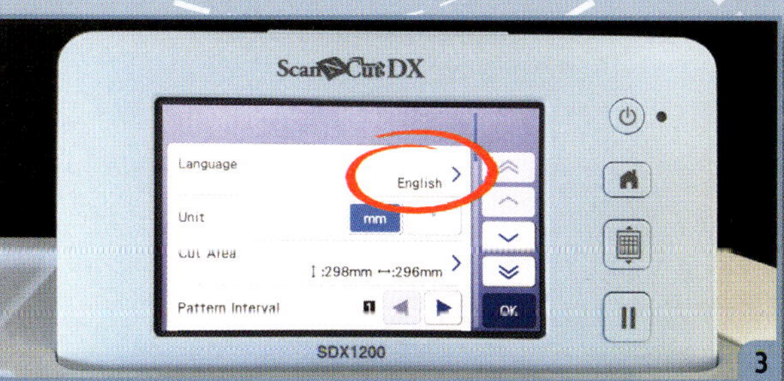

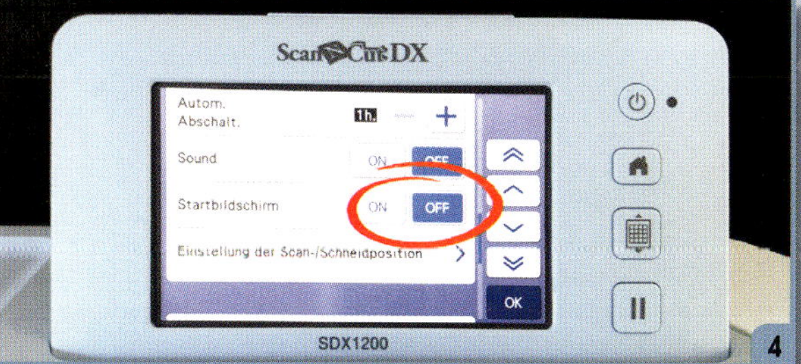

An der SDX1000 und SDX1200 ist die Einschalt-Taste rechts oben. Nach dem Einschalten siehst du eine Diashow mit Beispielprojekten auf dem Bildschirm (Abb. 1).

Tippe einmal auf den Bildschirm, um die Diashow zu stoppen. Nun siehst du einen Warnhinweis. Tippe auf „OK", um in das eigentliche Programm der ScanNCut zu kommen.

Möglicherweise ist deine ScanNCut nicht auf Deutsch eingestellt. Das änderst du, indem du im Touchscreen unten rechts auf das Werkzeugsymbol tippst. Hier kannst du die Einstellungen deiner Maschine ändern (Abb. 2).

Gleich in der obersten Zeile siehst du die Sprache. Um auf Deutsch umzustellen, tippst du mit dem Eingabestift auf die Schaltfläche rechts daneben. Dann kannst du die Sprache auswählen und mit „OK" bestätigen (Abb. 3).

Dann tippe rechts so oft auf den Pfeil nach unten, bis du die Zeile „Startbildschirm" siehst. Tippe auf „OFF", um die Diashow beim Einschalten dauerhaft abzuschalten. Dann tippe auf „OK" (Abb. 4).

Grundlagen

✂ Am Anfang eines jeden Projekts steht zuerst die Entscheidung: Muster oder Scannen?

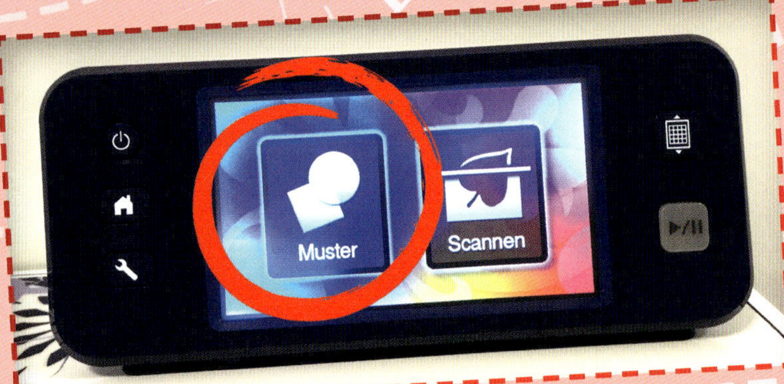

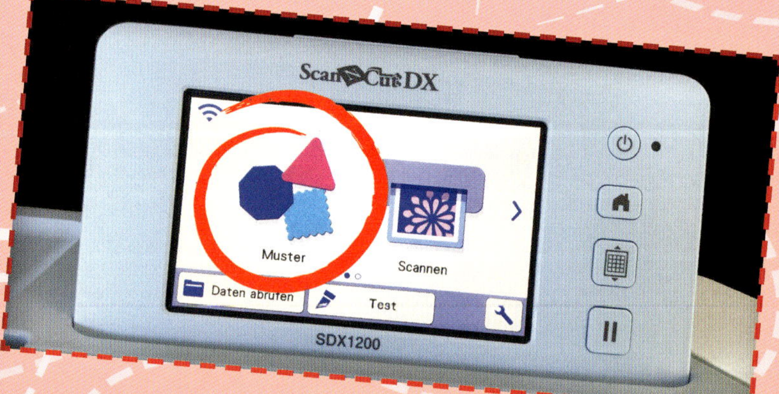

1

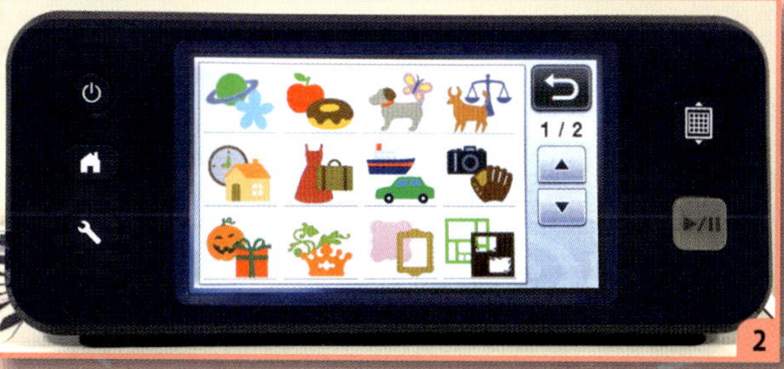

2

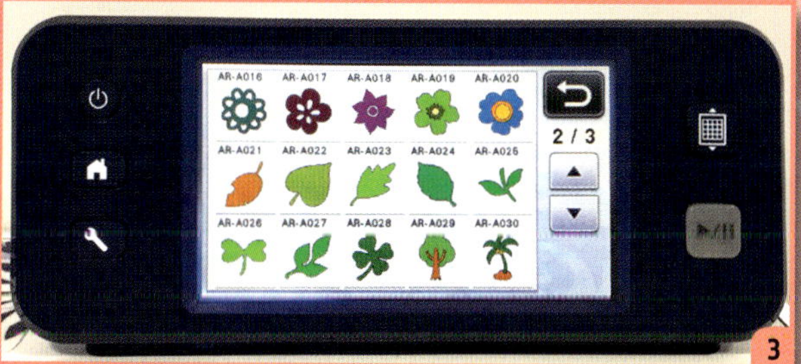

3

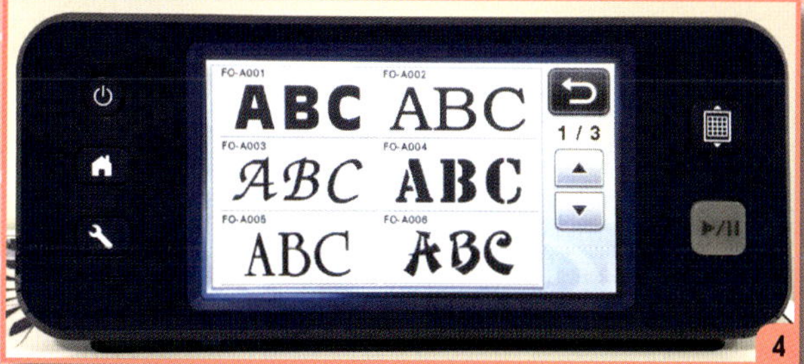

4

Immer wenn du deine ScanNCut einschaltest, wird auf dem Bildschirm zuerst der übliche Warnhinweis angezeigt, den du mit „OK" bestätigst.

Anschließend erscheinen zwei große Schaltflächen: die Schaltfläche „Muster" sowie die Schaltfläche „Scannen".

Tippst du links auf „Muster" (Abb. 1), öffnet sich der Bildschirm mit den Kategorien, hinter denen sich alle Motive verbergen, die in der Maschine schon bei Auslieferung gespeichert sind (Abb. 2).

Die Anzahl der Motive und Schriften ist jeweils abhängig vom Modell. Die Brother ScanNCut CM300 wird z. B. mit ca. 600 Mustern, die du direkt benutzen kannst, geliefert. Bei der ScanNCut DX1200 sind mehr als 1300 Muster und auch mehr Schriften vorinstalliert.

Schaue dir alle Motive und Schriften (Abb. 3 und 4) in Ruhe an. Rechts oben mit dem schwarz hinterlegten Zurück-Pfeil gelangst du immer wieder schnell zum ursprünglichen Auswahlbildschirm zurück.

Die Muster und Schriften kannst du übrigens beliebig kombinieren, duplizieren, vergrößern, verkleinern und anordnen, um direkt am Bildschirm der ScanNCut deine Wunschmotive zum Schneiden vorzubereiten.
Im Bereich „Muster" hast du auch direkten Zugriff auf deine zuvor selbst gespeicherten Dateien. Du kannst jedes Design, das du erstellst und bearbeitest, direkt im Speicher der ScanNCut oder auf einem USB-Stick speichern.

Keine Angst vor Fehlern!

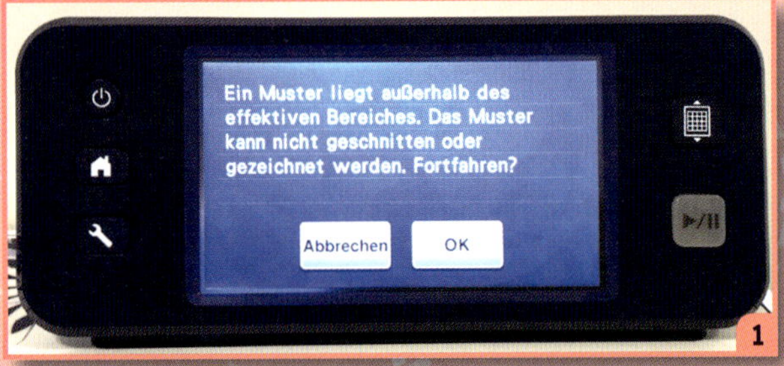

1

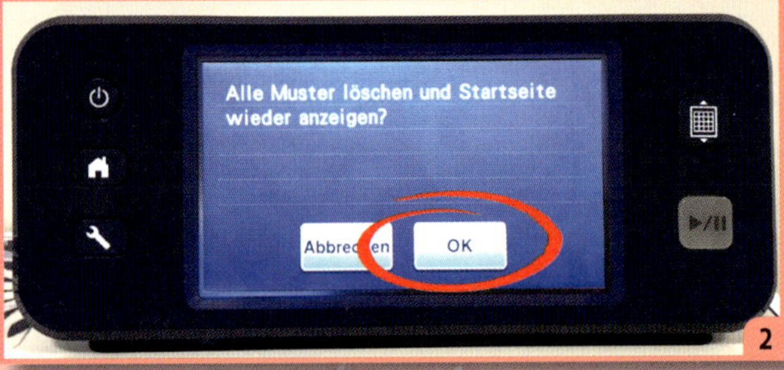

2

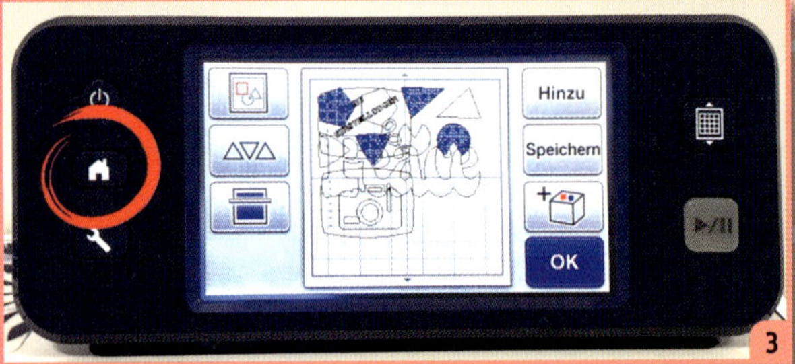

3

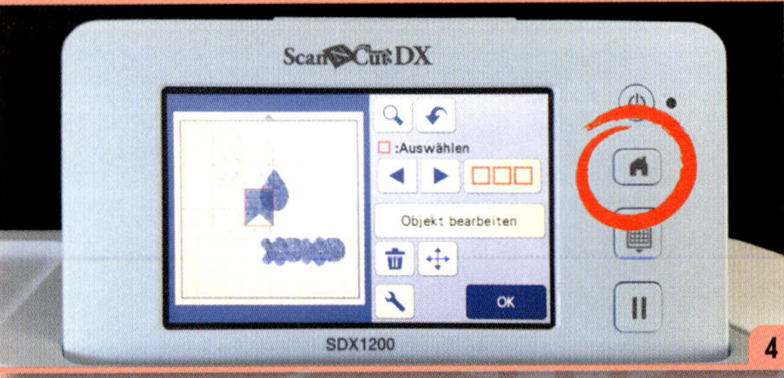

4

Die ScanNCut denkt mit: Meistens, wenn du einen Schritt ausführen möchtest, der nicht ideal ist, erscheint eine Fehlermeldung auf dem Bildschirm. Manchmal teilt dir die Maschine auch mit, dass es so, wie du es vorhattest, nicht funktioniert und du zuerst einen anderen Schritt durchführen musst. Befolge in solchen Fällen einfach die Anweisungen auf dem Bildschirm (Abb. 1).

Wenn du am Bildschirm Muster und Formen zusammenstellst und bearbeitest, kommst du jederzeit mit dem Zurück-Pfeil wieder zurück in den Übersichtsbildschirm.

Jede Aktion muss grundsätzlich immer mit „OK" bestätigt werden, um endgültig durchgeführt zu werden (Abb. 2).

Die ScanNCut schneidet wirklich erst dann, wenn du am Bildschirm auf „Schneid." **und** im Anschluss auf die Start-/Stopp-Taste rechts vom Bildschirm tippst.

SOS-Tipp!

Wenn du mit dem, was du eingetippt hast, nicht zufrieden bist und wieder ganz von vorn anfangen möchtest, drücke einfach am Display die Home-Taste (Abb. 3 und 4).

Nun erscheint die Frage, ob du wirklich alles löschen möchtest. Klicke nun auf „OK" und du gelangst wieder an den Anfang zur Muster- bzw. Scannen-Auswahl.

Muster erstellen am PC

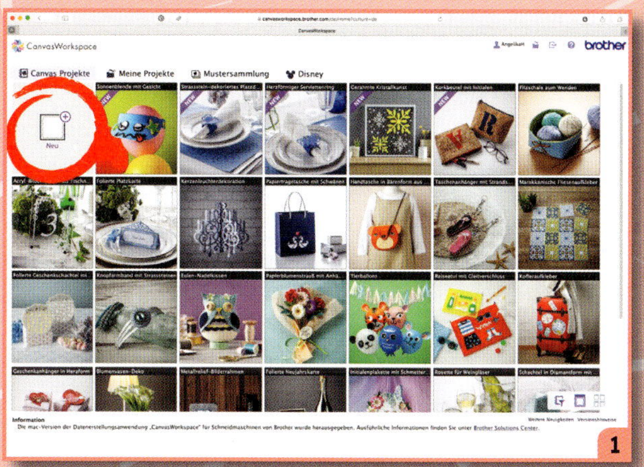

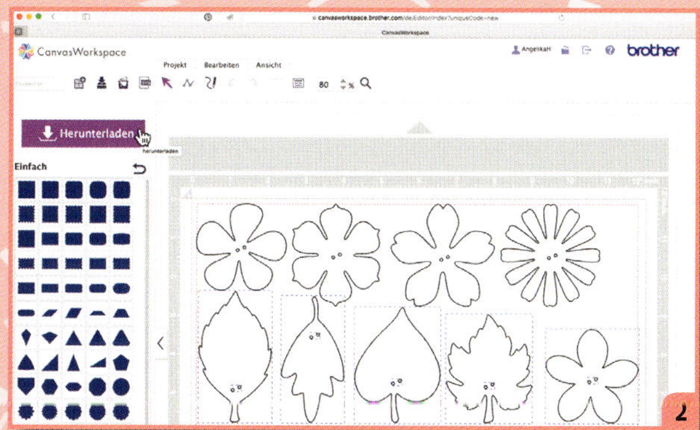

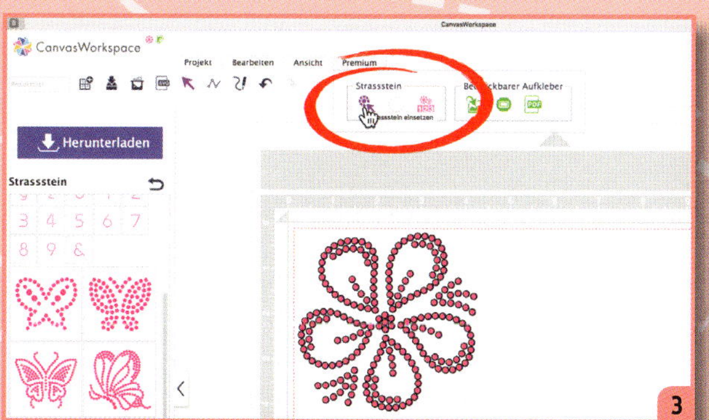

Du kannst auch Muster komplett selbst erstellen. Nachdem du sie vom Computer auf die ScanNCut übertragen hast, rufst du diese ebenfalls im Bereich „Muster" auf.

Die Nutzung der dafür verwendeten Software CanvasWorkspace ist kostenlos.

Du musst lediglich einen Account auf der Webseite **https://canvasworkspace.brother.com/de** erstellen.

Eine detaillierte Anleitung, wie du CanvasWorkspace nutzen und eigene Designs erstellen kannst, findest du auf S. 108 ff.

Wenn du dich anmeldest, siehst du zuerst eine große Auswahl an Projekten, die Brother mit detaillierten Anleitungen kostenlos zur Verfügung stellt. Es werden außerdem regelmäßig neue Projekte hinzugefügt.

Wenn du links oben auf „Neu" klickst (Abb. 1), kommst du zur Arbeitsfläche des Programms, in der du mit ein klein wenig Übung eigene Designs komplett selbst erstellen kannst.

Zum Schneiden speicherst du die jeweilige Projektdatei auf einem USB-Stick und überträgst sie so an die Maschine (Abb. 2). Mit manchen Modellen kannst du die Dateien aber auch direkt per WLAN an die Maschine schicken.

Du kannst hier auch Bilder und Grafiken importieren und in Schnittlinien umwandeln.

Zusätzlich bietet Brother verschiedene Premium-Pakete an, die in CanvasWorkspace registriert und genutzt werden können, z. B. ein Set, um Strassmotive zu erstellen (Abb. 3) oder um Etiketten zu drucken, sowie ein Stempel-Set.

Muster scannen und schneiden

1

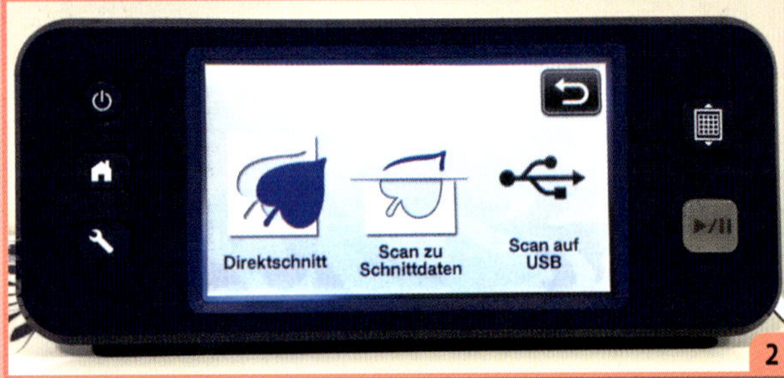

2

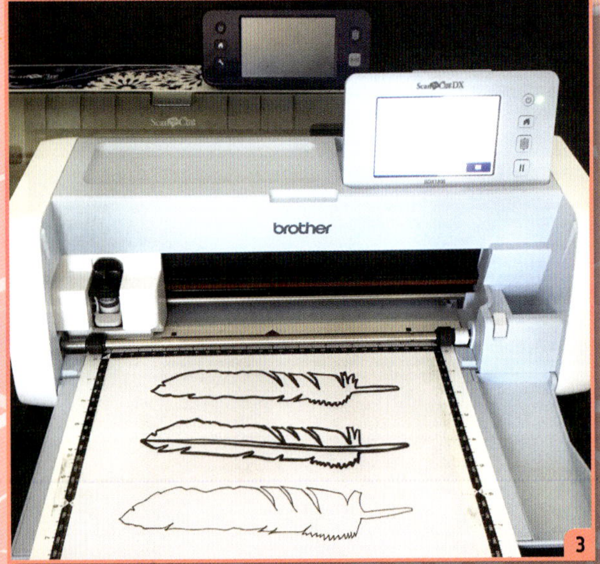

3

Als Nächstes erfährst du, was sich hinter der Schaltfläche „Scannen" verbirgt (Abb. 1).

Wenn du die Schaltfläche mit dem Eingabestift antippst, erscheinen drei Möglichkeiten (Abb. 2):

- **Direktschnitt**
- **Scan zu Schnittdaten**
- **Scan auf USB**

Mit dem **Direktschnitt** kannst du ein bedrucktes Material, wie z. B. Papier oder Stoff, einscannen (Abb. 3) und die darauf befindlichen Motive und Muster direkt ausschneiden lassen.

Vor dem Schneiden kannst du Versatzlinien hinzufügen, die einen beliebig breiten Rand um das Motiv stehen lassen.

Oder du schneidest das gewünschte Motiv nicht in der vorgegebenen Form aus, sondern wählst vor dem Schneiden eine andere Form als Außenkante.

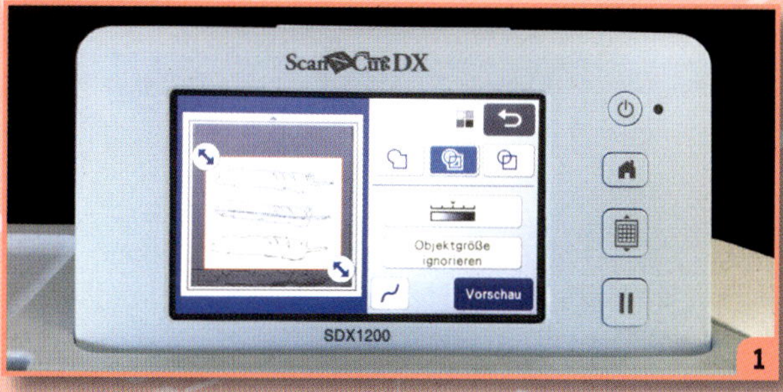

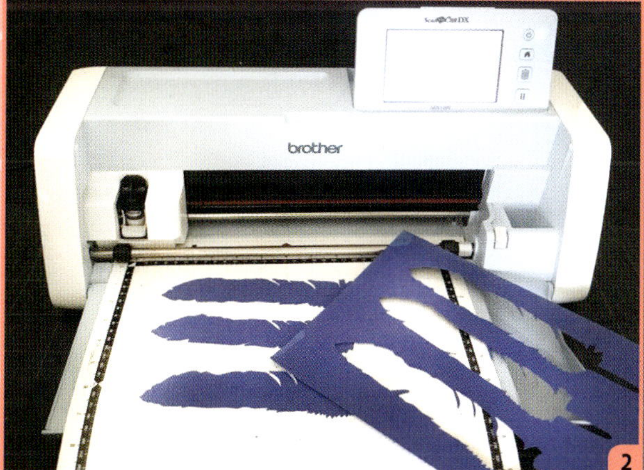

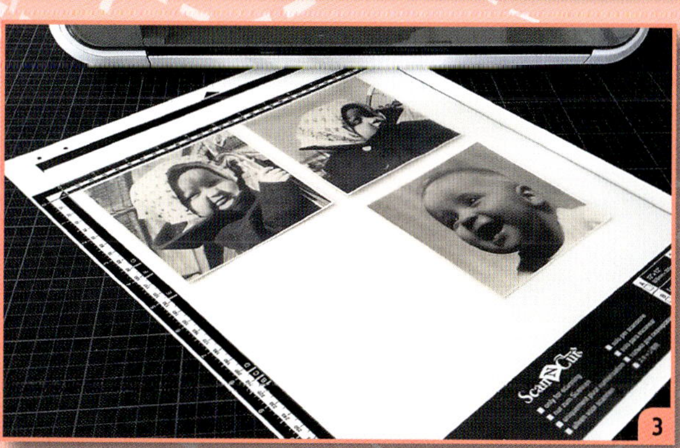

Mit der Option **Scan zu Schnittdaten** scannst du Motive, lässt die ScanNCut daraus Schnittlinien erstellen und speicherst diese im Anschluss auf der Maschine oder auf einem USB-Stick ab (Abb. 1). So kannst du die Motive jederzeit wieder aufrufen und aus deinem Wunschmaterial ausschneiden (Abb. 2).

Mit Antippen der rechten Schaltfläche **Scan auf USB** scannst du ein Bild ein (Abb. 3) und speicherst es als Bilddatei im gebräuchlichen JPG-Bildformat auf einem USB-Stick.

Du kannst dabei die Scangröße und die Auflösung, also die Bildqualität, selbst einstellen und dadurch beeinflussen, wie groß und wie scharf deine Datei als Bild gespeichert werden soll.

So kannst du die ScanNCut wie einen ganz normalen Scanner benutzen, alte Fotos und Dokumente archivieren und neue Bilder zum Basteln einscannen.

Die Bilddateien überträgst du mit einem USB-Stick auf den Computer, wo du sie speichern oder bearbeiten kannst.

Und los geht's: das erste Projekt!

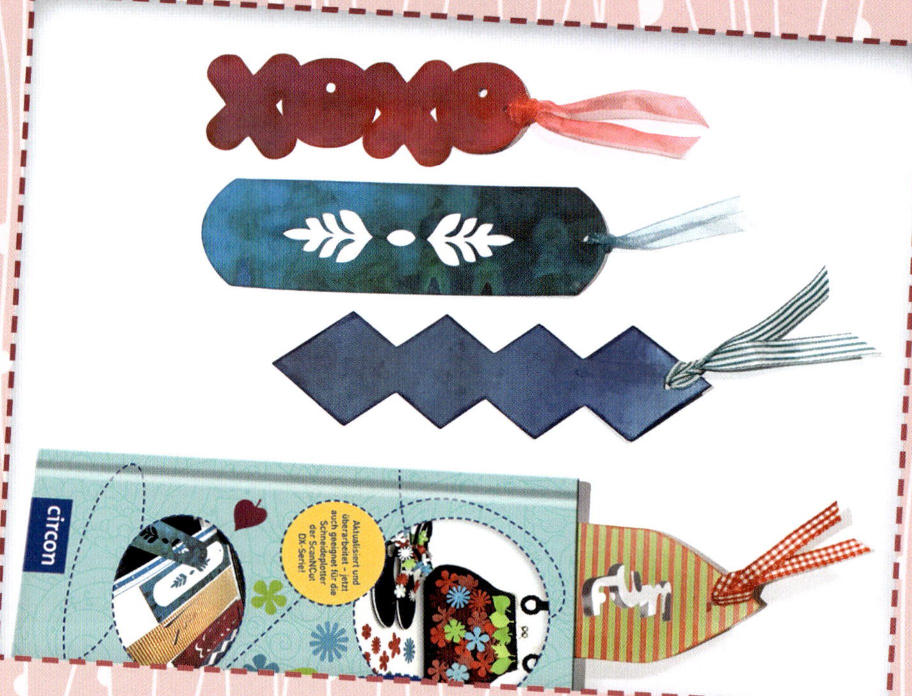

Zum Arbeiten mit diesem Buch sind ein paar Lesezeichen sicher ganz praktisch.

Dafür brauchst du:

- vier Streifen buntes, starkes Papier, z. B. Scrapbookingpapier oder Tonkarton, je ca. 20 cm lang
- jeweils ein Bändchen zum Einknüpfen

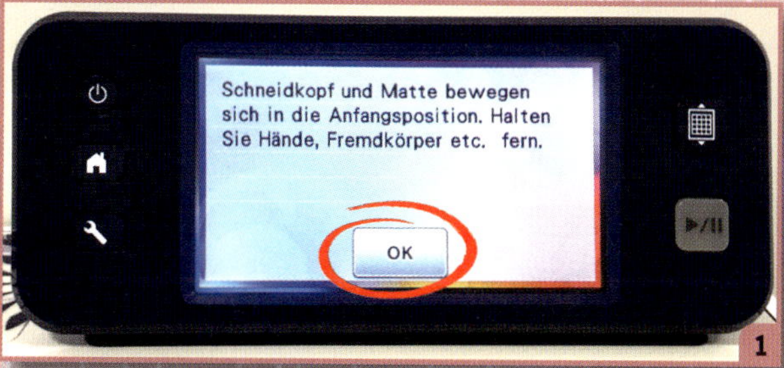

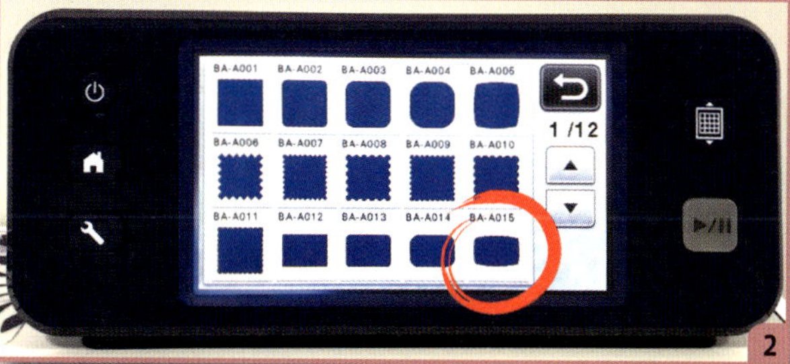

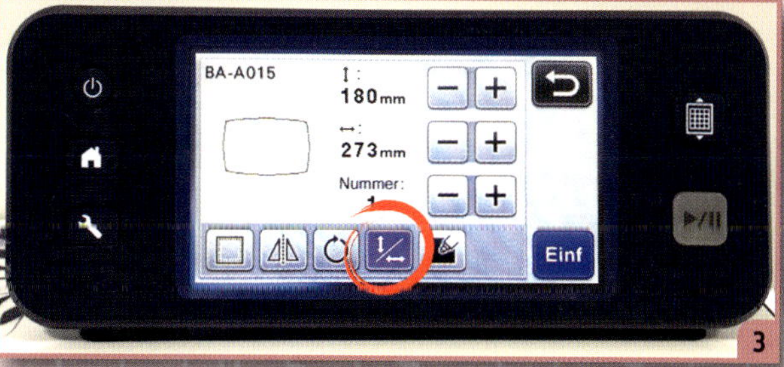

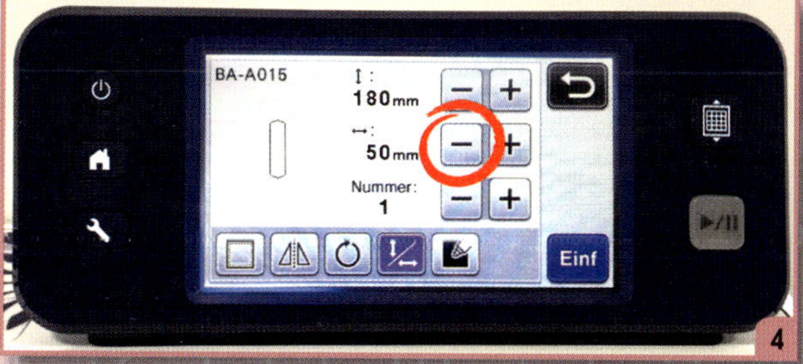

Die folgenden Arbeitsschritte sind an allen Maschinen nahezu gleich. So geht's:

Schalte die ScanNCut mit der Taste am Bildschirm ein. Tippe mit dem Eingabestift auf „OK", wenn der Warnhinweis erscheint (Abb. 1).

Tippe links auf „Muster" und wähle links die einfachen Formen aus. Mit den Pfeiltasten rechts im Bildschirm kannst du dich durch die Seiten der Muster navigieren.

Wähle eine der rechteckigen Formen aus, indem du sie mit dem Eingabestift berührst.
Im Beispiel ist es das Muster BA-A015 (Abb. 2).

Im nächsten Bildschirm kannst du die Größe der Form anpassen. Tippe auf das Pluszeichen oben und ändere so die Höhe auf 180 mm. Die Form hat sich nun gleichmäßig vergrößert.

Um nur Höhe oder Breite zu verändern und nicht beides gleichzeitig, tippst du auf das Symbol mit dem Schrägstrich und den beiden Pfeilen (Abb. 3).

Du kannst mehrmals auf das Minuszeichen tippen, kannst jedoch auch mit dem Eingabestift darauf stehen bleiben, bis es eine Breite von 50 mm anzeigt (Abb. 4).

Tippe nun rechts auf die Schaltfläche „Einf".

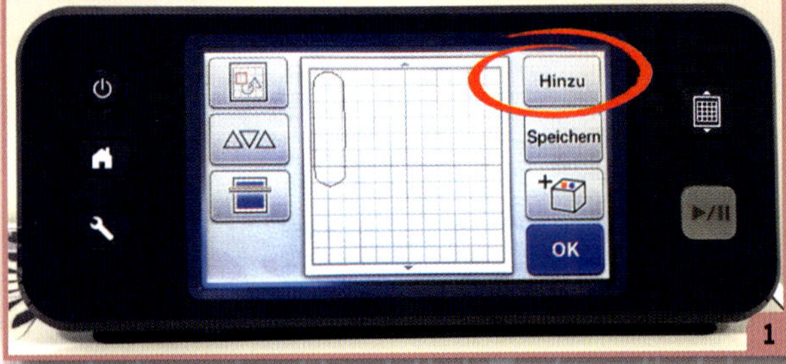

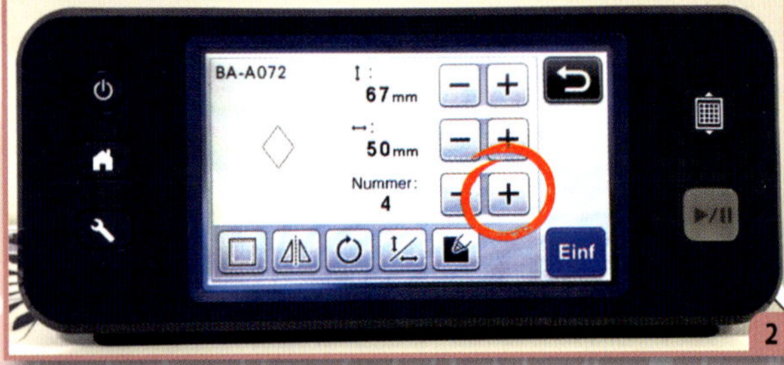

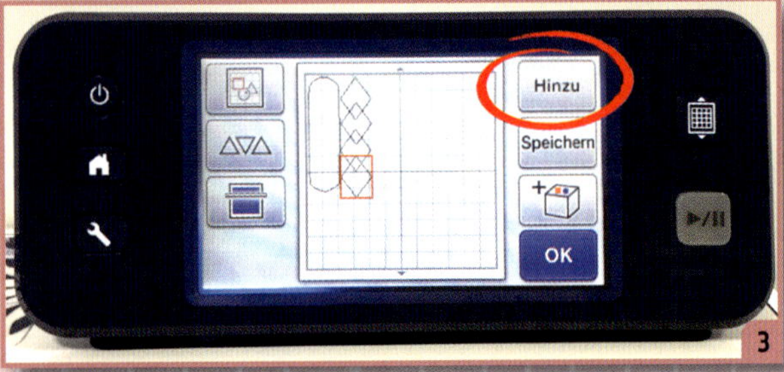

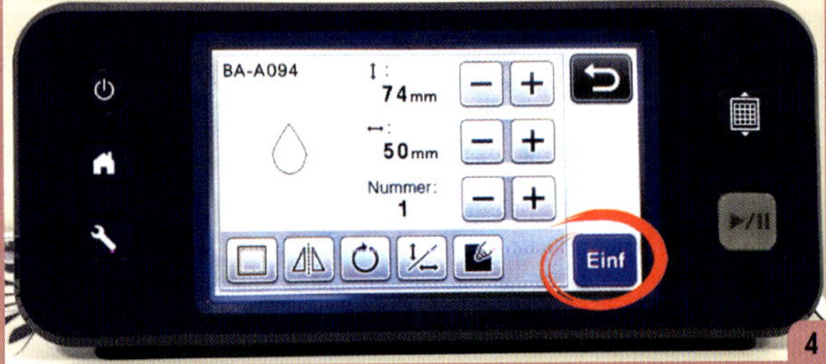

Auf der nächsten Bildschirmansicht tippst du oben rechts auf „Hinzu", um eine weitere Form hinzuzufügen (Abb. 1).

Wähle wieder die einfachen Formen links oben aus. Nimm dieses Mal aber einen Rhombus. Im Beispiel wurde das Muster BA-A072 ausgewählt. Reduziere die Größe auf 50 mm Breite. Die Höhe ergibt sich dadurch von selbst. Ändere sie nicht. Die Anzahl (im Display mit „Nummer" bezeichnet) erhöhst du durch Antippen des Pluszeichens und in diesem Fall so oft, bis dort die Anzahl 4 aufleuchtet (Abb. 2). Tippe auf „Einf".

Jetzt hast du vier gleiche Kopien des Rhombus. Schiebe diese mit dem Eingabestift leicht überlappend unter die erste Form. Tippe nun wieder auf „Hinzu" (Abb. 3).

Wähle als Nächstes die Tropfenform aus (Muster BA-A094) und reduziere die Breite auf 50 mm. Tippe im Anschluss wieder auf „Einf" (Abb. 4).

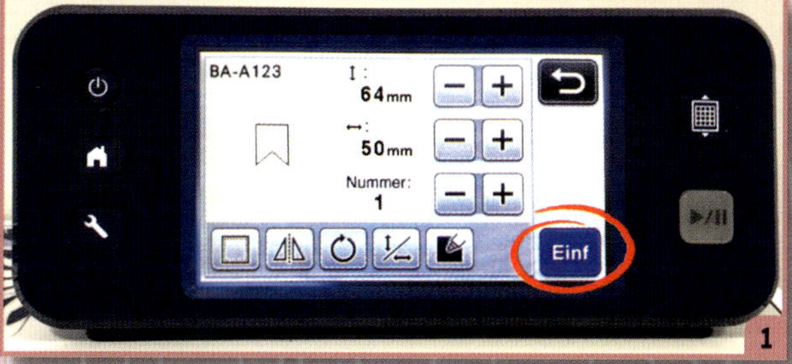

1

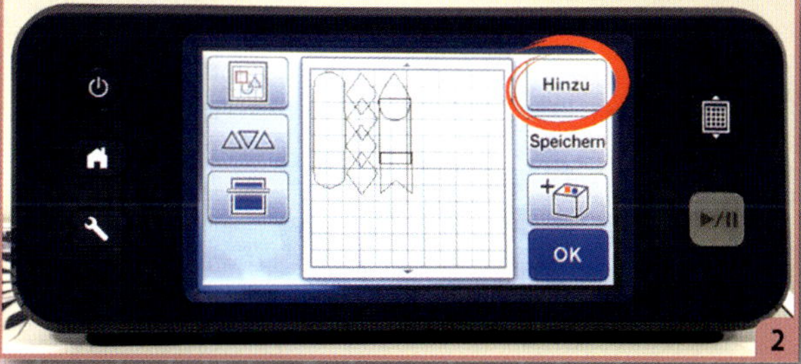

2

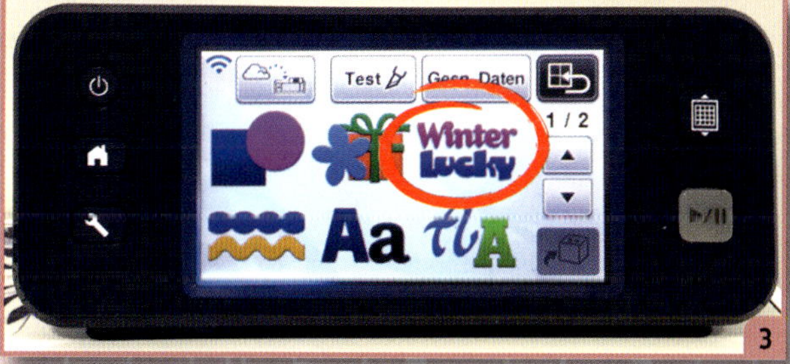

3

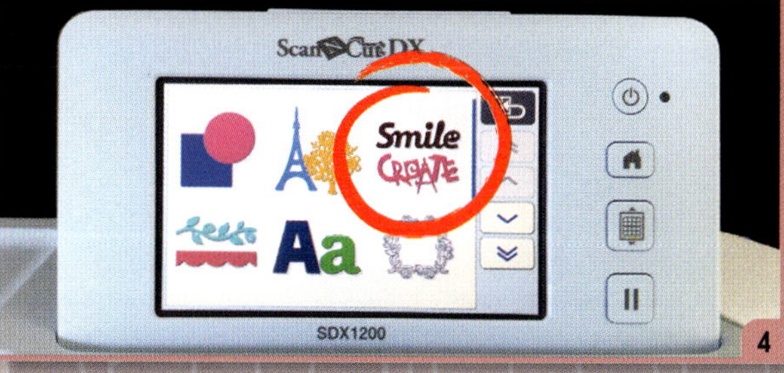

4

Füge nun ein Quadrat hinzu. Reduziere die Höhe auf 100 mm und die Breite auf 50 mm. Tippe auf „Einf".

Füge das Muster BA-A123 hinzu. Reduziere die Breite ebenfalls auf 50 mm. Tippe erneut auf „Einf" (Abb. 1).

Schiebe die drei Formen, wie in Abb. 2 gezeigt, untereinander. Tippe wieder auf „Hinzu".

Jetzt wählst du die Kategorie mit den fertigen Texten rechts oben aus (Abb. 3 und 4).

Falls du ein Gerät der CM-Reihe hast, wählst du den Schriftzug „XOXO" (LO-A072) aus.

Falls du eine SDX1000 oder SDX1200 hast, tippst du die Unterkategorie „BON VOYAGE" an und wählst ganz unten den Schriftzug „XOXO" (LO-AX01) aus.

Reduziere die Schrifthöhe auf 50 mm.
Dann tippe auf „Einf".

Der Bearbeiten-Bildschirm

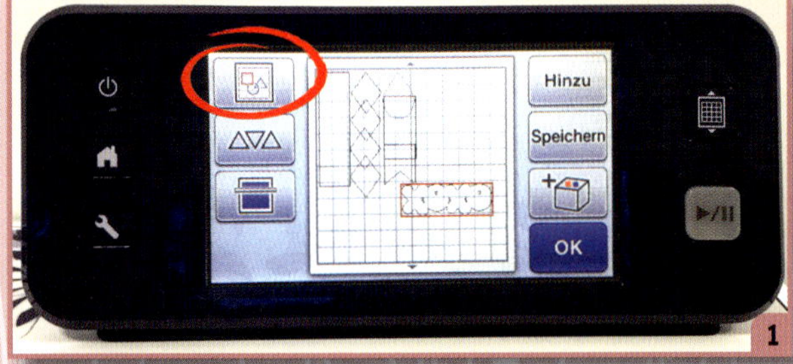

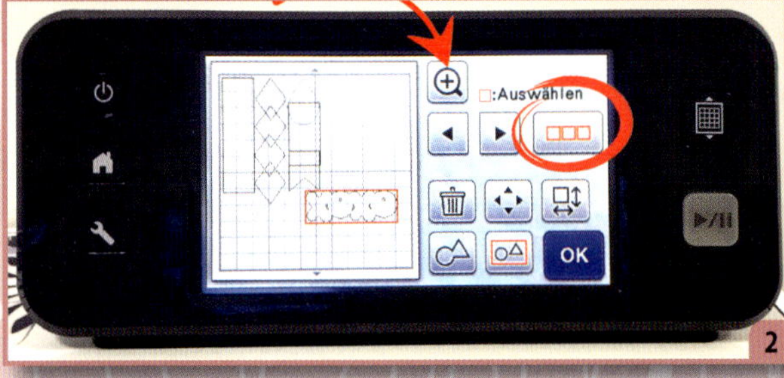

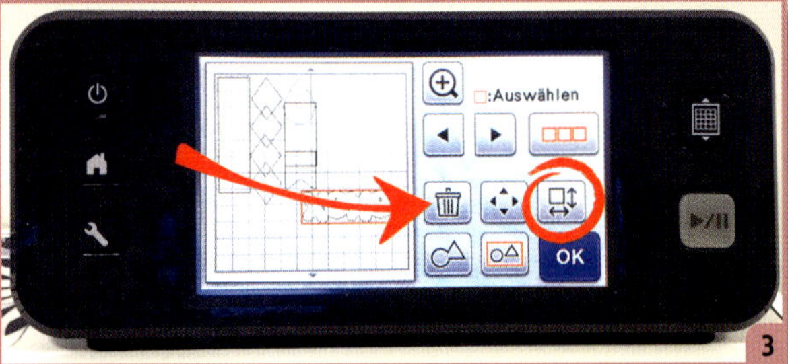

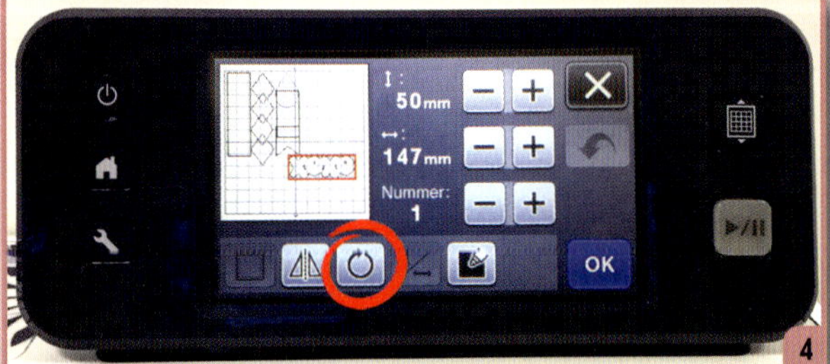

Wenn du auf die Schaltfläche links oben tippst, öffnet sich der Bearbeiten-Bildschirm (Abb. 1).

Von diesem Bildschirm aus stehen dir viele Funktionen zur Verfügung, die du zum Bearbeiten einzelner oder mehrerer Elemente benutzen kannst.

Mit dem Lupensymbol ganz oben gelangst du zur Vergrößerung (Abb. 2 oben). In der Zeile direkt darunter befinden sich die Werkzeuge zum Auswählen der Elemente, die du als Nächstes bearbeiten möchtest.

In der mittleren Reihe befindet sich links das Papierkorb-Symbol zum Löschen von Elementen (Abb. 3).

Achte darauf, dass der Schriftzug „XOXO" ausgewählt, also rot umrandet ist. Tippe nun rechts auf das Symbol mit den Pfeilen (Abb. 3).

Dann wähle unten das Symbol zum Drehen aus (Abb. 4).

Drehe den Schriftzug „XOXO" um 90 Grad nach links und tippe auf „OK".

Schritt für Schritt

Erfahrungsgemäß ist es nahezu unmöglich, sich die vielen Informationen von Anfang an zu merken. Deshalb ist es am sinnvollsten, die verschiedenen Projekte Schritt für Schritt durchzuarbeiten und so die einzelnen Funktionen kennenzulernen.

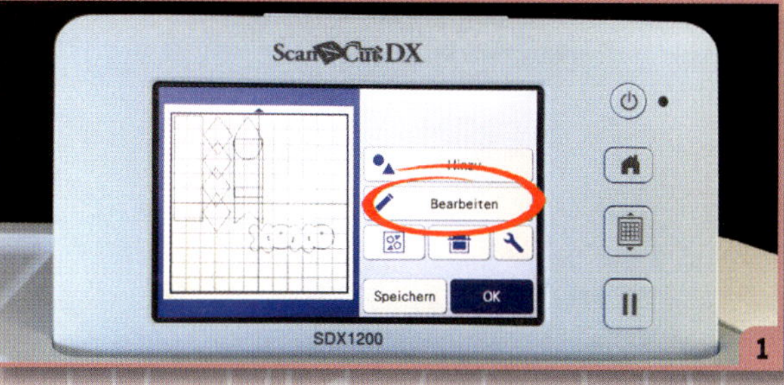

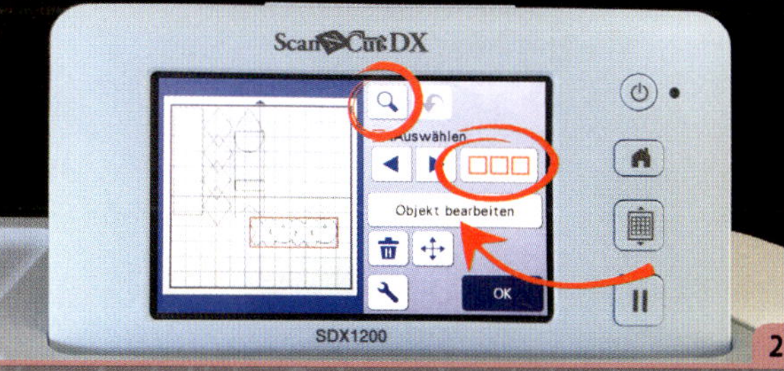

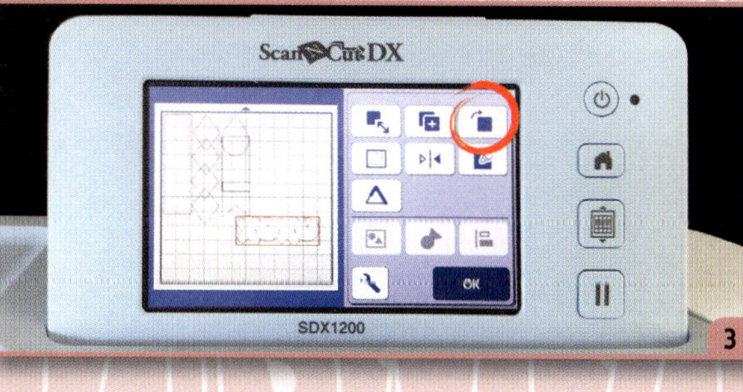

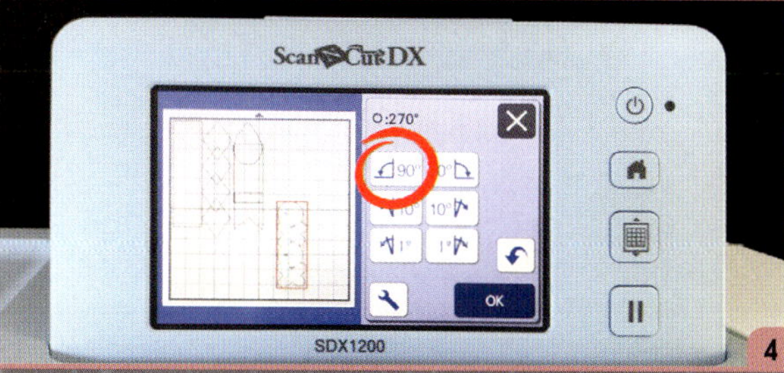

Durch Tippen auf die Schaltfläche „Bearbeiten" kommst du in den nächsten Bildschirm (Abb. 1).

Hier kannst du die Ansicht mit dem Lupensymbol vergrößern (Abb. 2 oben). In der Zeile darunter befinden sich die Werkzeuge zum Auswählen der Elemente, die du bearbeiten möchtest.

Tippe auf „Objekt bearbeiten", um weitere Optionen angezeigt zu bekommen (Abb. 2 unten).

Nun siehst du die Schaltflächen zum Skalieren, Replizieren und Drehen von Objekten (Abb. 3 oben).

Darunter findest du die Möglichkeit, deinem Objekt auf Wunsch eine Nahtzugabe hinzuzufügen und/oder es zu spiegeln.

Das Zeichenstiftsymbol führt zu den Füllmustern zum Zeichnen mit einem Stift, und über die Schaltfläche mit dem Dreiecksymbol kannst du zusätzliche Linien beim Zeichnen hinzufügen (Abb. 3 Mitte).

Es sind immer nur die Funktionen blau dargestellt und somit aktiv, die aktuell möglich sind. Die hier grau dargestellten, nicht aktiven Schaltflächen lernst du später kennen (Abb. 3 unten).

Tippe nun zuerst den Schriftzug „XOXO" an, wähle dann oben rechts das Symbol zum Drehen aus und drehe den Schriftzug um 90 Grad nach links (Abb. 3 und 4).

Auswählen und ausrichten

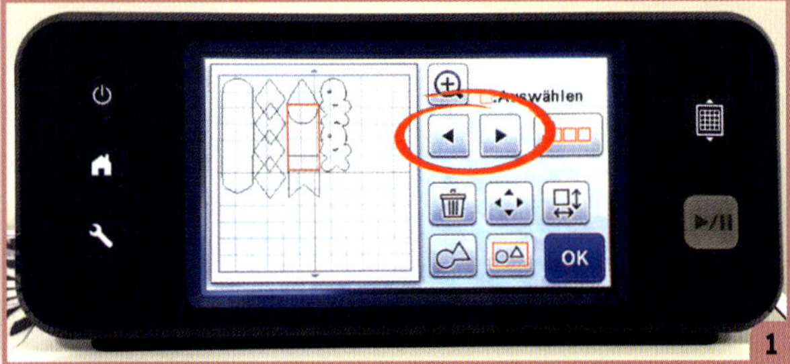

Bevor du eine Aktion durchführst, musst du immer mindestens ein Element auswählen, das du bearbeiten möchtest.

Möchtest du nur ein einzelnes Element bearbeiten, tippst du dieses einfach an. Mit den Pfeil-Schaltflächen kannst du dich von einem zum anderen Element durchtippen (Abb. 1).

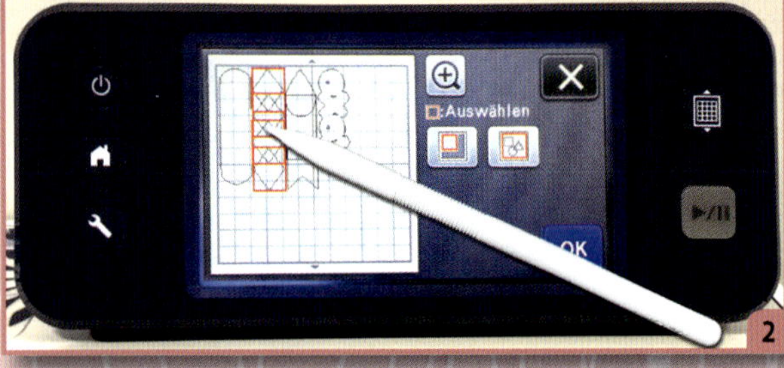

Um mehrere Elemente gleichzeitig auszuwählen, gibt es verschiedene Möglichkeiten: Je nachdem, wie groß deine Elemente sind, wie dicht sie beieinanderstehen und wie viele du auswählen möchtest, musst du dich jeweils für eine Methode entscheiden.

Mit der Schaltfläche mit den drei roten Quadraten nebeneinander kommst du in den Auswahl-Bildschirm.

Tippe nacheinander die vier untereinanderliegenden Rhomben an. Jetzt sind diese alle gleichzeitig ausgewählt (Abb. 2).

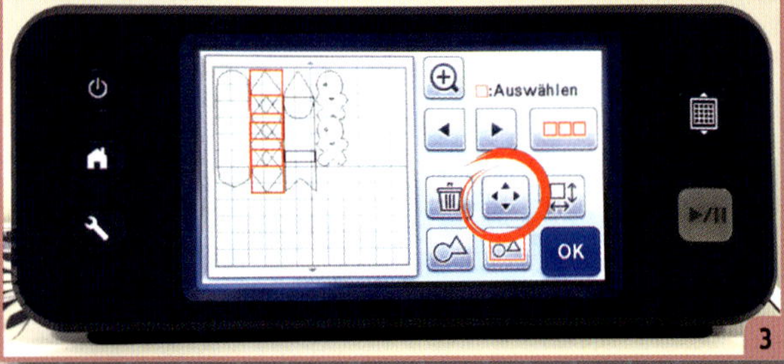

Falls aus Versehen noch andere Elemente als die Rhomben ausgewählt wurden, tippe diese an, um deren Auswahl aufzuheben.

Gehe danach auf „OK“. Klicke auf die mittlere Schaltfläche zum Ausrichten (Abb. 3).

Wähle anschließend das Symbol oben in der Mitte (Abb. 4).

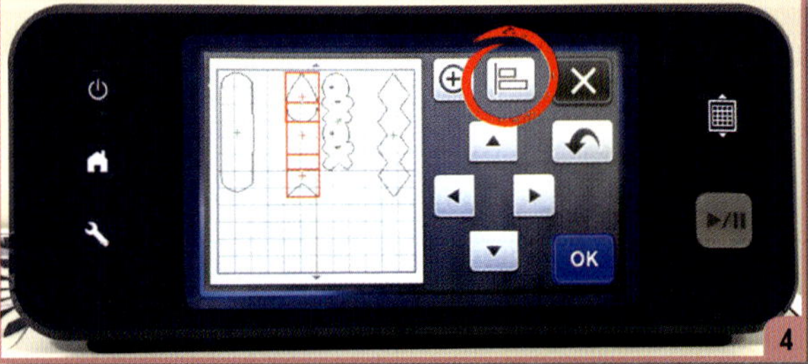

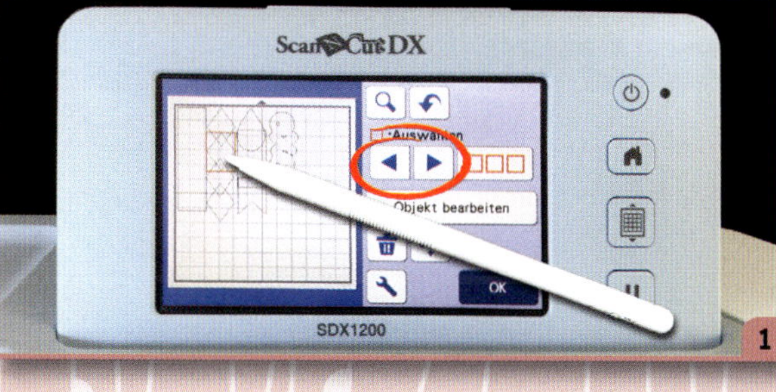

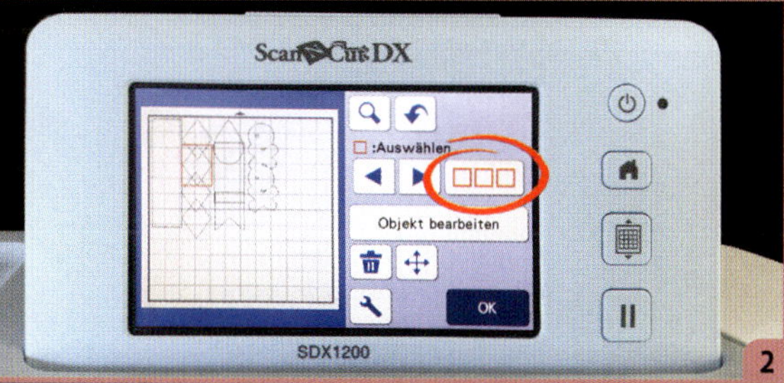

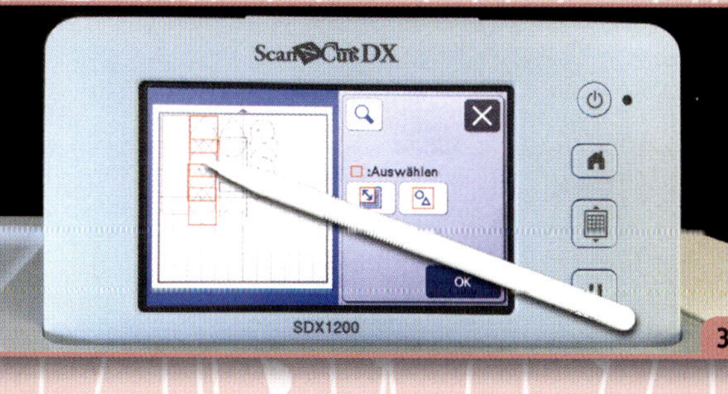

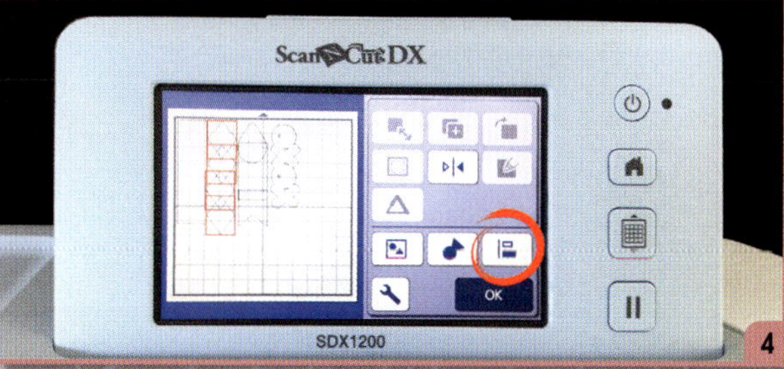

Um ein einzelnes Element zu bearbeiten, tippst du dieses einfach an. Mit den Pfeil-Schaltflächen kannst du ein Element nach dem anderen auswählen, bis das gewünschte aktiv ist (Abb. 1).

Um mehrere Elemente gleichzeitig auszuwählen, gibt es verschiedene Möglichkeiten: Je nachdem, wie groß deine Elemente sind, wie dicht sie beieinanderstehen und wie viele du auswählen möchtest, musst du dich jeweils für eine Methode entscheiden.

Mit der Schaltfläche mit den drei roten Quadraten nebeneinander kommst du in den Auswahl-Bildschirm (Abb. 2).

Tippe nacheinander die vier untereinanderliegenden Rhomben an. Jetzt sind diese alle gleichzeitig ausgewählt (Abb. 3).

Falls aus Versehen noch andere Elemente als die Rhomben ausgewählt wurden, tippe diese an, um deren Auswahl aufzuheben.

Gehe danach auf „OK“, dann tippe auf „Objekt bearbeiten“.

Im nächsten Bildschirm wähle rechts unten die Schaltfläche zum Ausrichten (Abb. 4).

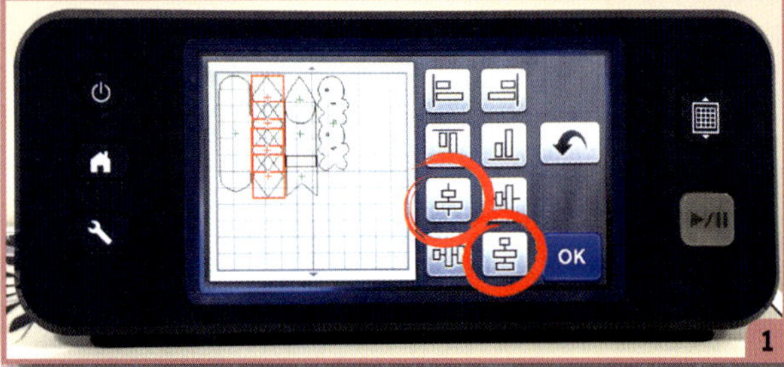

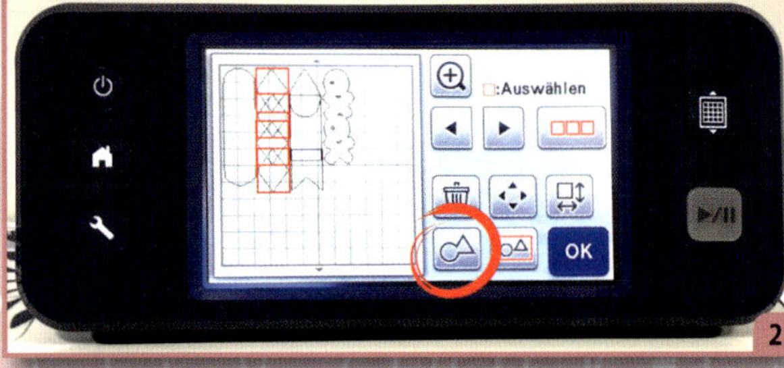

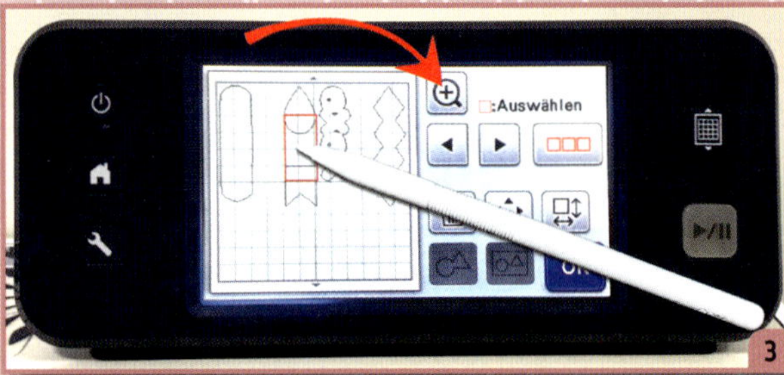

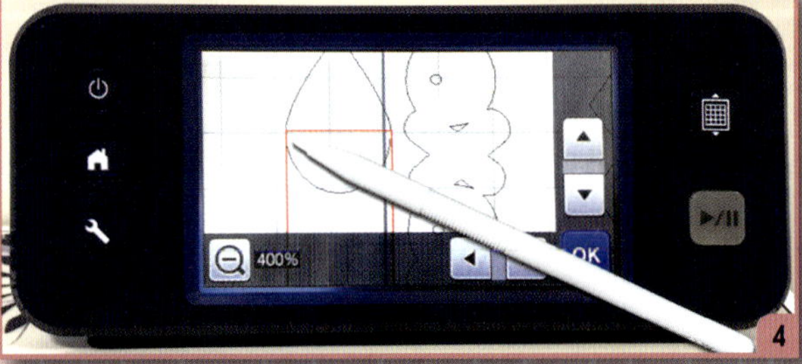

Tippe zuerst links auf das Symbol, um alle ausgewählten Elemente mittig auszurichten (Abb. 1 oben).

Als Nächstes tippst du auf das Symbol rechts darunter (Abb. 1 unten), um die vier Elemente in der Senkrechten gleichmäßig zu verteilen. Dann tippe auf „OK" und noch einmal auf „OK".

Die vier ausgewählten Rhomben verschmilzt du jetzt zu einer einzigen Form. Tippe links unten auf das Symbol zum Verschmelzen (Abb. 2) und bestätige die Nachfrage, ob du das wirklich willst, mit „OK".

Schiebe das verschmolzene Element ganz nach rechts außen. Tippe dann das Rechteck unter der Tropfenform an, um es auszuwählen (Abb. 3 links).

Diese drei übereinanderliegenden Elemente richtest du teilweise von Hand aus. Tippe dazu auf das Lupensymbol und gehe in die Vergrößerung (Abb. 3 oben).

Verschiebe das Rechteck so, dass es an der breitesten Stelle der Tropfenform endet (Abb. 4). Gehe auf „OK".

Wieder zurück im Bearbeiten-Bildschirm, öffnest du durch Antippen der drei roten Quadrate den Auswählen-Bildschirm.

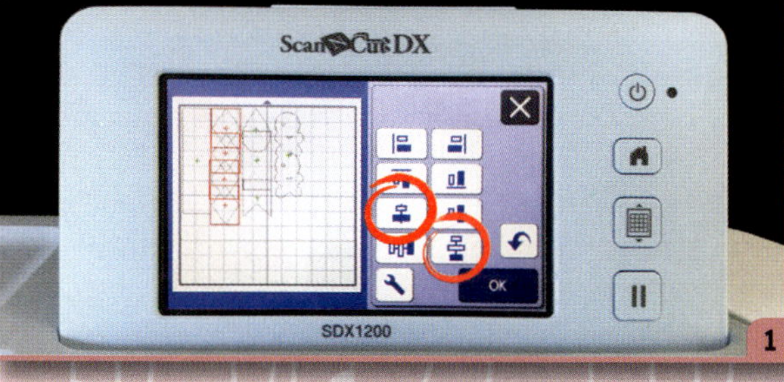

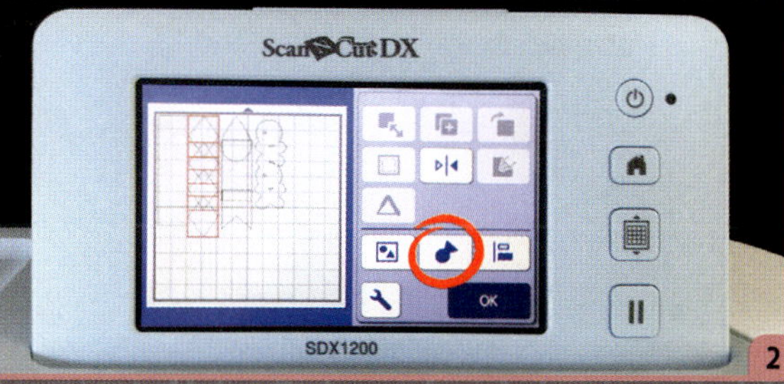

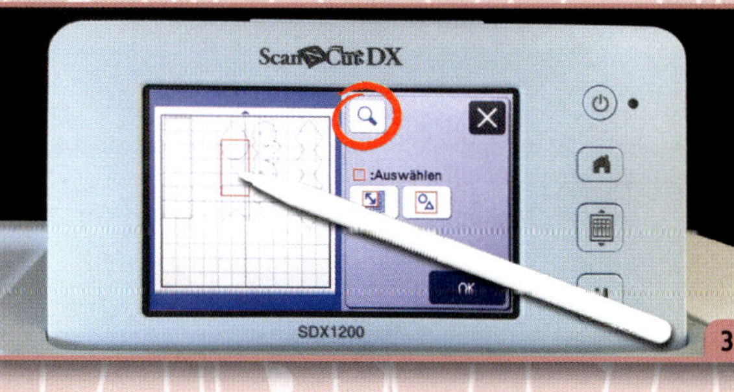

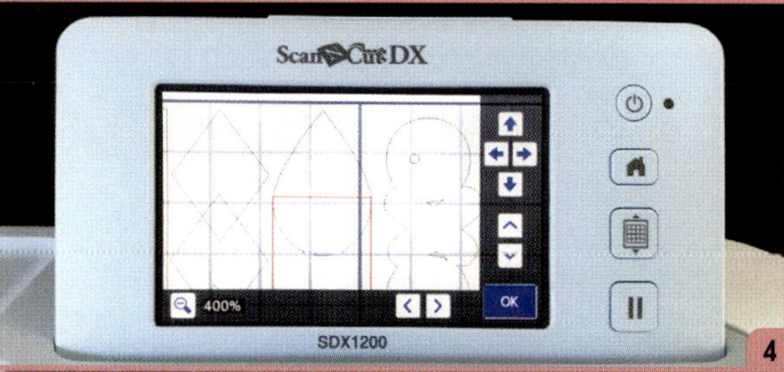

Tippe zuerst links auf das Symbol, um alle ausgewählten Elemente mittig auszurichten (Abb. 1 oben).

Als Nächstes tippst du auf das Symbol rechts darunter (Abb. 1 unten), um die vier Elemente in der Senkrechten gleichmäßig zu verteilen. Dann tippe auf „OK".

Die vier ausgewählten Rhomben verschmilzt du jetzt zu einer einzigen Form. Tippe unten in der Mitte auf das Symbol zum Verschmelzen (Abb. 2) und bestätige die Nachfrage, ob du das wirklich willst, mit „OK".

Schiebe das verschmolzene Element ganz nach rechts außen. Tippe dann das Rechteck unter der Tropfenform an, um es auszuwählen (Abb. 3).

Diese drei übereinanderliegenden Elemente richtest du teilweise von Hand aus. Tippe dazu auf das Lupensymbol und gehe in die Vergrößerung (Abb. 3 oben).

Verschiebe das Rechteck so, dass es an der breitesten Stelle der Tropfenform endet (Abb. 4). Gehe auf „OK". Wieder zurück im Bearbeiten-Bildschirm, öffnest du durch Antippen der drei roten Quadrate den Auswählen-Bildschirm.

Die nächsten Schritte sind an allen ScanNCut-Modellen nahezu gleich. Es geht auf der nächsten Seite weiter.

DX-Serie

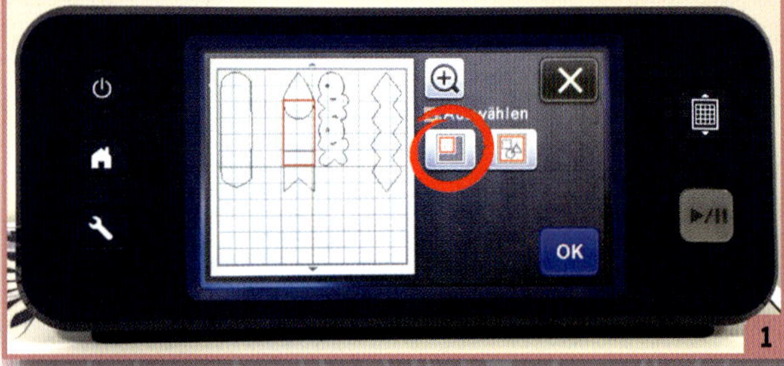

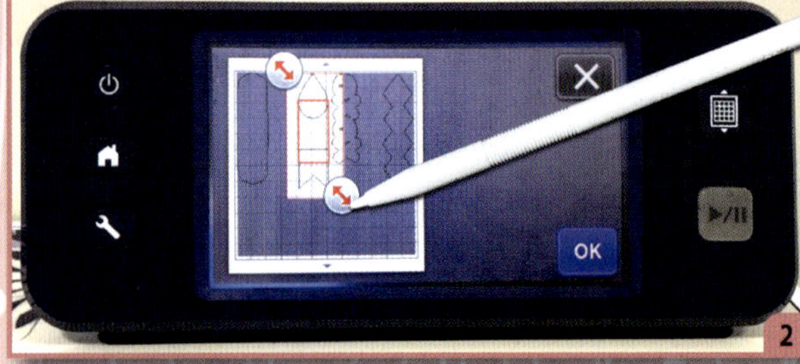

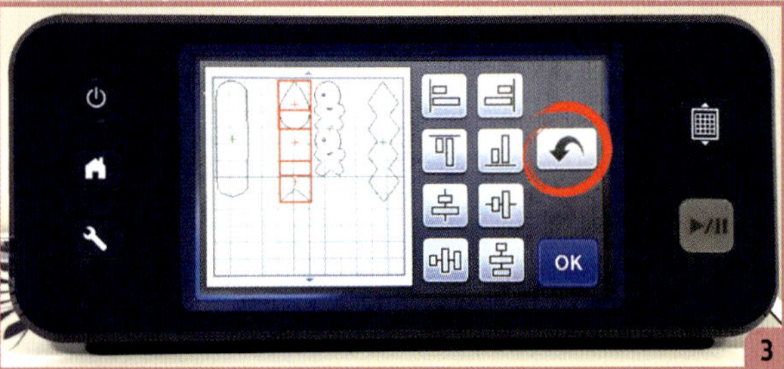

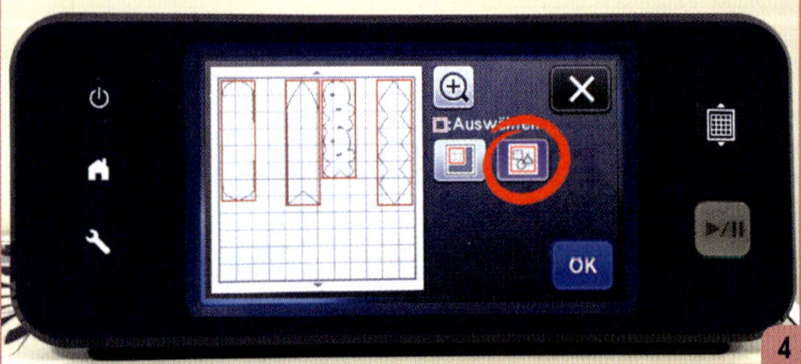

Wähle diesmal das linke der beiden Symbole aus (Abb. 1).

Du siehst jetzt einen Rahmen mit zwei roten Pfeilen. Ziehe mit dem Eingabestift den oberen Pfeil etwas nach rechts und den unteren Pfeil nach links oben, sodass nur die drei Elemente für das nächste Lesezeichen eingerahmt sind (Abb. 2).

Tippe auf „OK“ und noch einmal auf „OK“.

Richte nun die Elemente wieder, wie zuvor beschrieben, mittig aus.

Tipp!
Wenn du beim Ausrichten aus Versehen auf eine falsche Funktion tippst, kannst du diese mit der Pfeil-Taste rechts einfach rückgängig machen (Abb. 3).

Gehe auf „OK“ und noch einmal auf „OK“.

Tippe, wenn du wieder zurück im Bearbeiten-Bildschirm bist, auf die mittlere untere Schaltfläche, um die drei Formen zu verschmelzen, und bestätige die Nachfrage mit „OK“.

Die Grundformen deiner Lesezeichen sind jetzt fertig.

Es gibt aber noch eine weitere Möglichkeit, die du in der Auswahl treffen kannst, und zwar: **alles auswählen**.
Dazu tippst du rechts auf das Feld mit den drei roten Quadraten, um erneut in den Auswahl-Bildschirm zu gelangen. Diesmal entscheidest du dich allerdings für die Schaltfläche ganz rechts (Abb. 4).

Bestätige deine Auswahl mit „OK“ und dann noch einmal mit „OK“.

Verzierungen hinzufügen

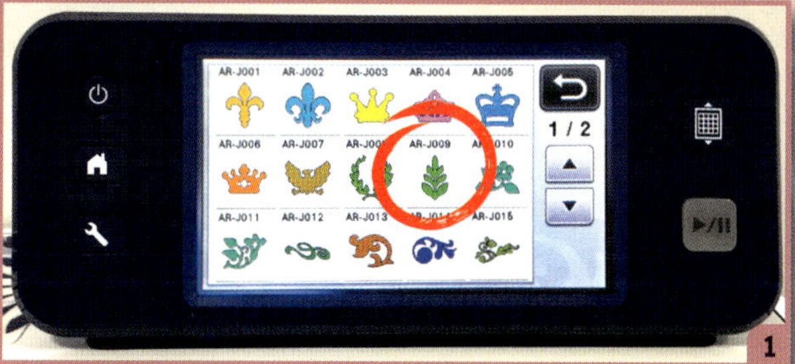

1

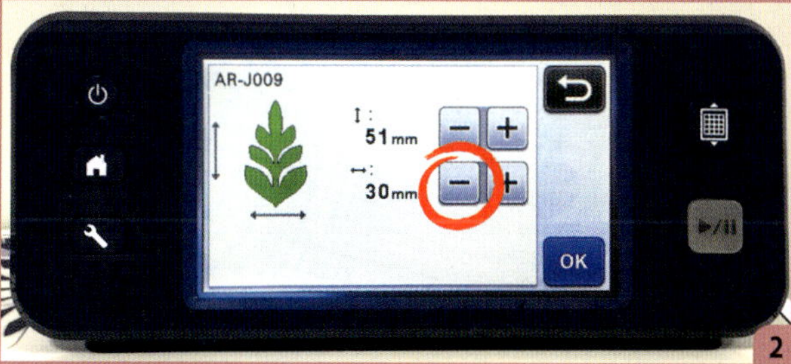

2

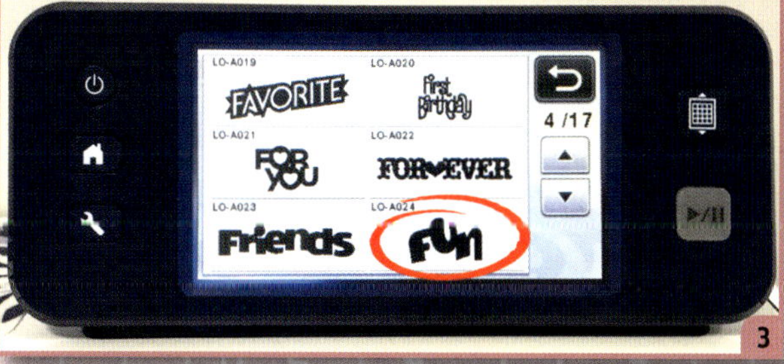

3

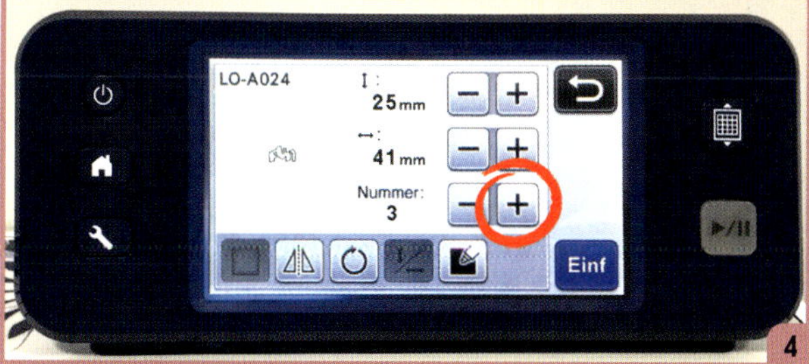

4

Nun kannst du die Lesezeichen noch mit Verzierungen verschönern, die aus der Mitte herausgeschnitten werden.

Gehe hierfür auf „Hinzu". Tippe auf die Muster-Kategorie oben in der Mitte – auf dieser ist eine Blume mit Geschenk abgebildet.

Wähle anschließend die Kategorie unten in der Mitte mit der Krone und dem Ornament. Tippe in der Mitte auf das grüne Ornament (AR-J009, Abb. 1).

Damit das Muster auf das Lesezeichen passt, muss die Größe deutlich kleiner sein als die 50 mm breiten Lesezeichen. Reduziere die Größe des Elements daher auf 51 mm Höhe und 30 mm Breite (Abb. 2).

Gehe auf „OK" und noch einmal auf „OK". Erhöhe die Anzahl der Elemente unter „Nummer" auf 2 und gehe auf „Einf".

Schiebe die beiden floralen Elemente nach links auf das erste Lesezeichen. Drehe das untere Element um 180 Grad.

Gehe auf „Hinzu" und tippe links unten auf „Muster". Wähle jetzt die Muster-Kategorie mit den fertigen Schriftzügen rechts oben.

Wähle weiter unten den Schriftzug „FUN" aus (LO-A024, Abb. 3).

Reduziere die Größe auf 25 mm Höhe und 41 mm Breite. Erhöhe die Anzahl unter „Nummer" auf 3 (Abb. 4). Gehe nun auf „Einf".

Das Gruppieren

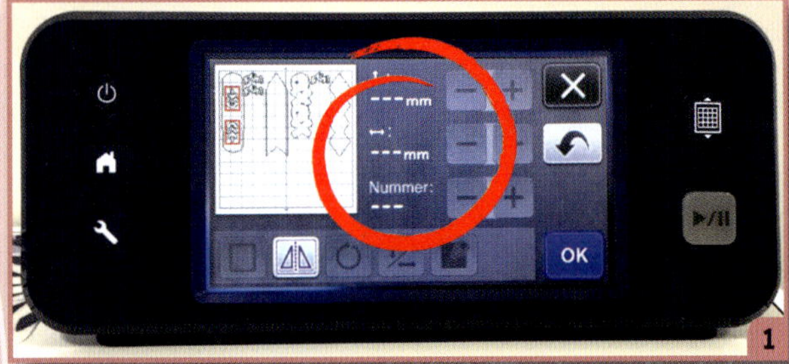
1

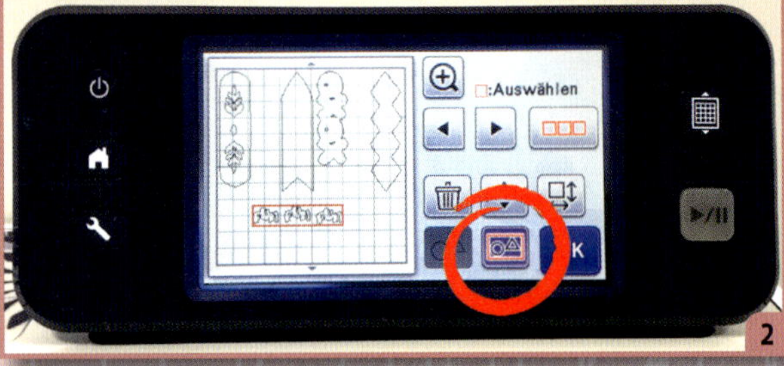
2

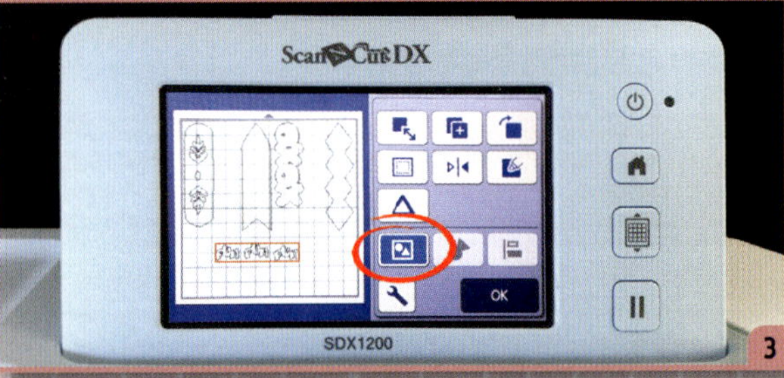
3

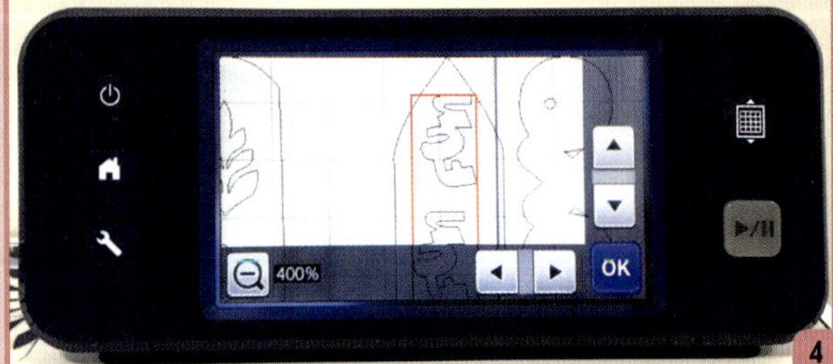
4

Du kannst mehrere Elemente nur gleichzeitig drehen und in der Größe verändern, wenn du sie vorher gruppiert hast. Ansonsten sind die Schaltflächen grau und lassen sich nicht antippen (Abb. 1).

Um Elemente zu gruppieren, gehe zurück in den Bearbeiten-Bildschirm. Schiebe die drei Schriftzüge nebeneinander nach unten, damit du sie leichter bearbeiten kannst.

Tippe auf die drei roten Quadrate zum Auswählen und wähle alle drei Schriftzüge gleichzeitig aus. Gehe auf „OK". Im Bearbeiten-Bildschirm (an den Geräten der DX-Serie im „Objekte bearbeiten"-Bildschirm) kannst du die Auswahl gruppieren, indem du das Rechtecksymbol mit Kreis und Dreieck darin antippst (Abb. 2 und 3).

Nun kannst du alle Elemente gleichzeitig bearbeiten. Wähle die Schriftzug-Gruppe aus, mache eine Drehung um 90 Grad und schiebe sie an die richtige Stelle (Abb. 4).

Dann hebst du die Gruppierung wieder auf, indem du das Gruppieren-Symbol noch einmal antippst.

Achtung:
Falls deine Elemente zu dicht am Rand liegen und über den Rand hinausgehen, lassen sie sich nicht drehen oder verschieben. Das hat jedoch den Vorteil, dass du nicht aus Versehen über die Schneidematte hinaus schneiden kannst.
Also achte darauf, dass die zu bearbeitenden und großflächig gruppierten Elemente immer in der Mitte liegen, um Platz zum Drehen zu haben.

Löcher hinzufügen

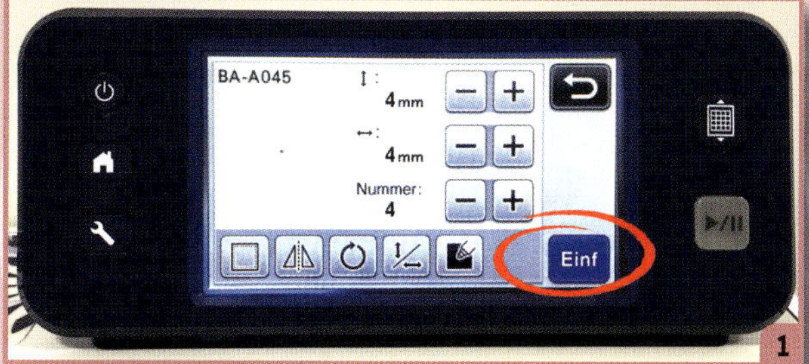

1

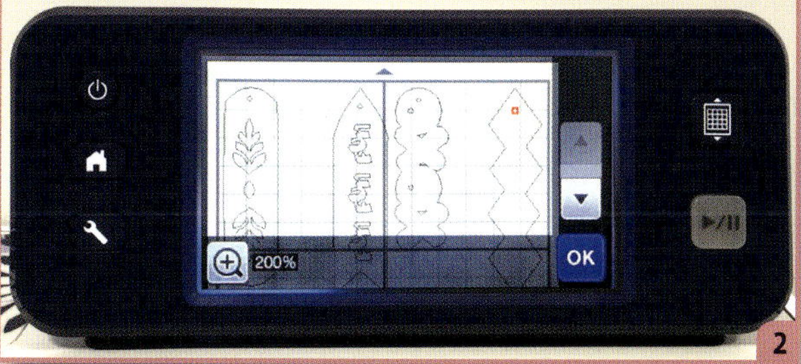

2

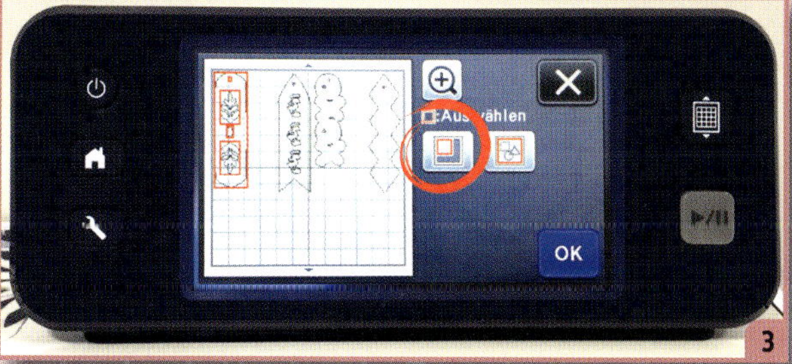

3

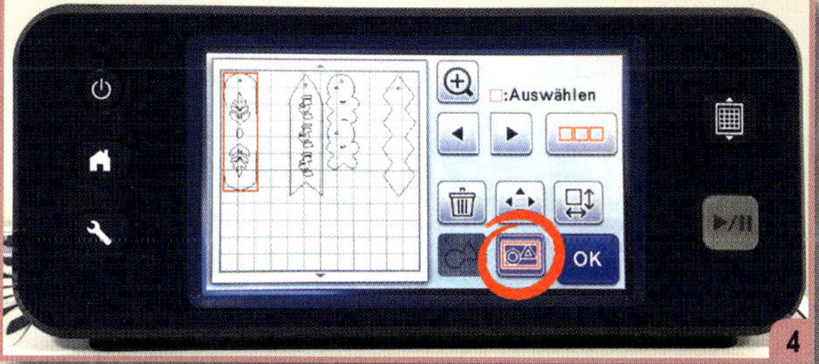

4

Nun brauchen die Lesezeichen noch Löcher zum Einknüpfen eines Bändchens.

Tippe hierfür auf „Hinzu", füge vier Kreise in der Größe von je 4 mm hinzu und klicke auf „Einf" (Abb. 1).

Gehe in den Bearbeiten-Bildschirm.

Tippe nun auf das Lupensymbol, um in die Vergrößerung zu kommen.

Schiebe je einen der kleinen Kreise an die Spitze der Lesezeichen (Abb. 2). Wenn du ein gutes Augenmaß hast, kannst du sie so lassen.

Falls du die Kreise aber exakt ausgerichtet haben möchtest, wähle jeweils die Außenform und den Kreis aus. Richte im Ausrichten-Bildschirm beides mittig aus und gehe auf „OK".

Wenn Lesezeichen und Loch ausgewählt sind, kannst du sie gruppieren.

Die beiden komplexeren Lesezeichen wählst du jeweils mit der Einrahm Methode aus (Abb. 3) und gruppierst sie anschließend (Abb. 4).

Speichern!

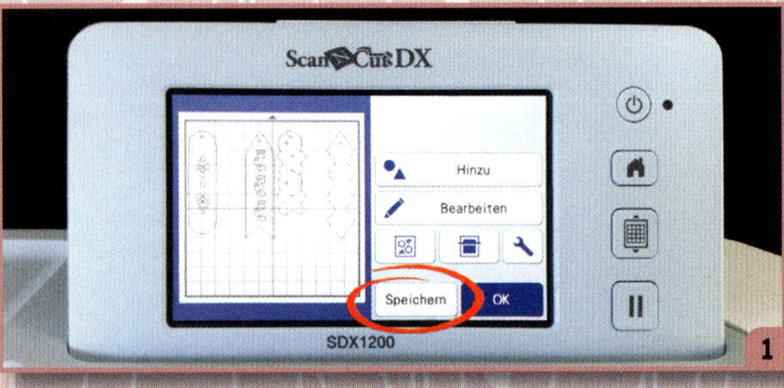

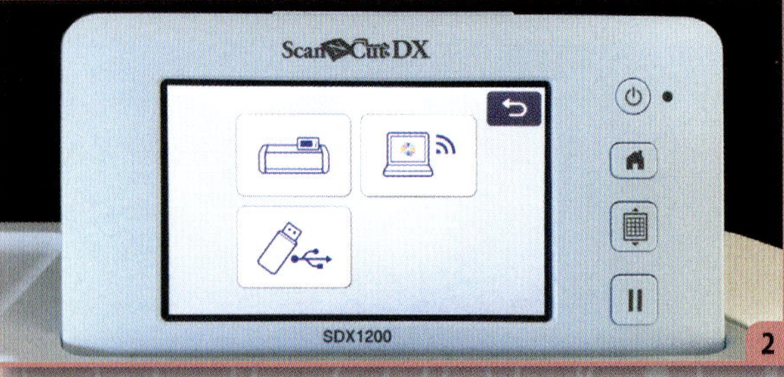

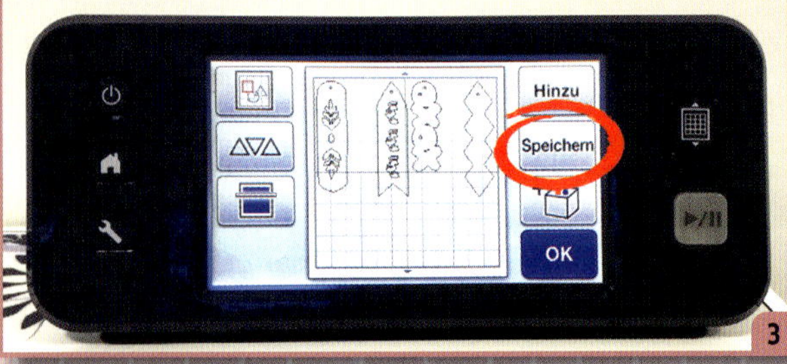

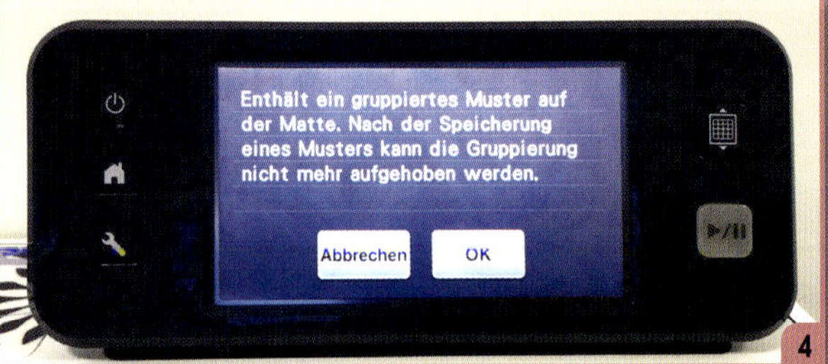

Wenn du die Lesezeichen-Datei später noch einmal verwenden möchtest, solltest du sie jetzt speichern.

Tipp!
Die Größe des Speicherplatzes deiner Maschine ist begrenzt. Du kannst jedoch auch einen USB-Stick in die Maschine stecken und deine selbst erstellten Projekte darauf abspeichern.

Achtung!
Nach dem Speichern kannst du Gruppierungen nicht mehr aufheben (Abb. 4).

Gehe auf „OK", bis du den Ausgangsbildschirm siehst. Tippe nun auf „Speichern" (Abb. 1 und 3).

Nun kannst du wählen, ob du dein Projekt in der Maschine oder auf dem USB-Stick speichern oder gleich per WLAN an deinen Computer schicken möchtest (Abb. 2).

Es erscheint möglicherweise ein Warnhinweis, dass die Gruppierung nach dem Speichern nicht mehr aufgehoben werden kann. Wähle in diesem Fall „OK" und gehe, nachdem dein Projekt gespeichert ist, noch einmal auf „OK" (Abb. 4).

Die Schneidematte

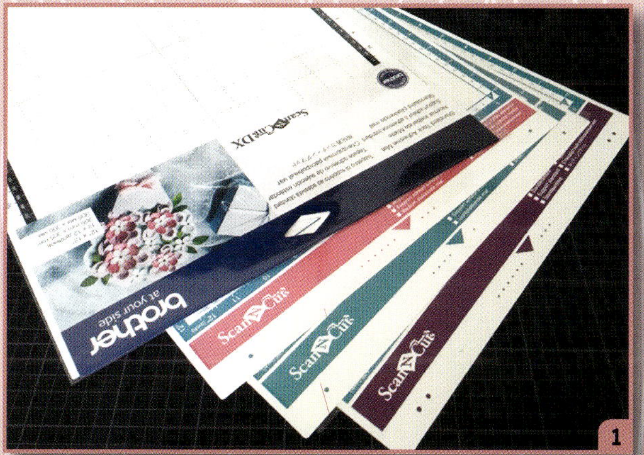

Jetzt wird's ernst. Ziehe die Schutzfolie der Schneidematte ab (Abb. 1). Lege deine Papierstreifen nebeneinander auf die Matte und drücke sie gut fest. Für dickes Material wie z. B. Karton ist die stark klebende Standardmatte am besten.

> Tipp!
> Wenn deine Schneidematte nicht mehr neu ist und die Klebekraft bereits nachlässt, kannst du das Papier mit Klebeband an den Ecken oder Kanten zusätzlich befestigen. Mehr zum Auffrischen von Schneidematten erfährst du übrigens auf S. 51.

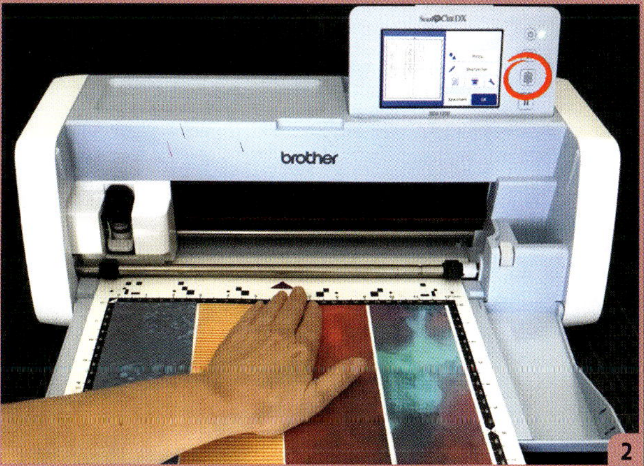

Lege nun deine Schneidematte mit beiden Händen gerade von vorn in die Führung der ScanNCut ein, bis sie leicht von den Rollen festgehalten wird (Abb. 2).

Drücke am Display neben dem Bildschirm die Transport-Taste (Abb. 3 und 4).

Die Matte wird eingezogen und bleibt in der richtigen Position stehen. Jetzt ist sie bereit zum Scannen und Schneiden.

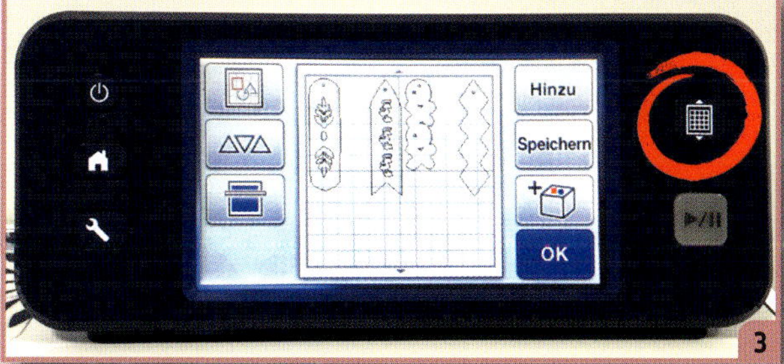

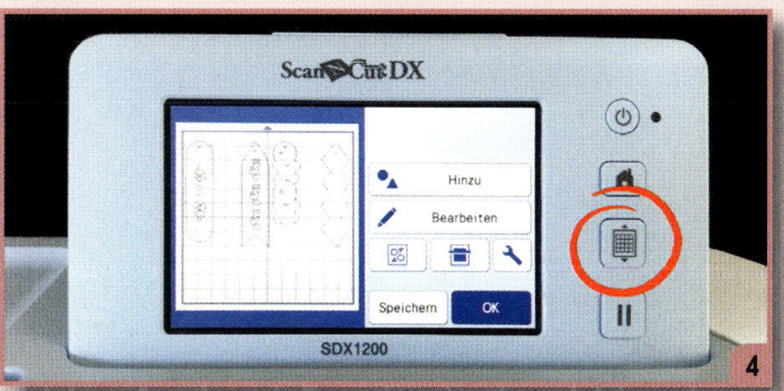

Der Hintergrundscan

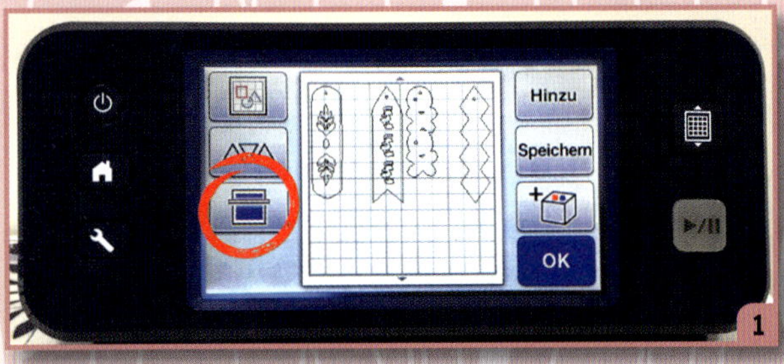

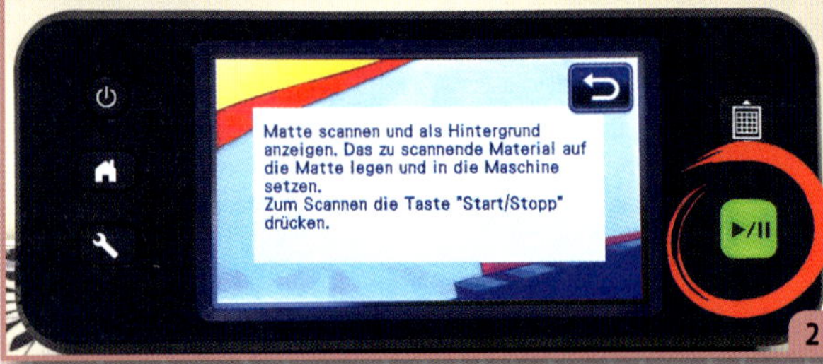

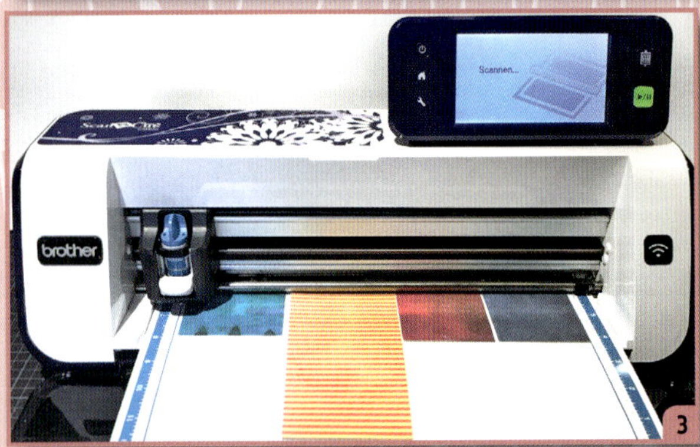

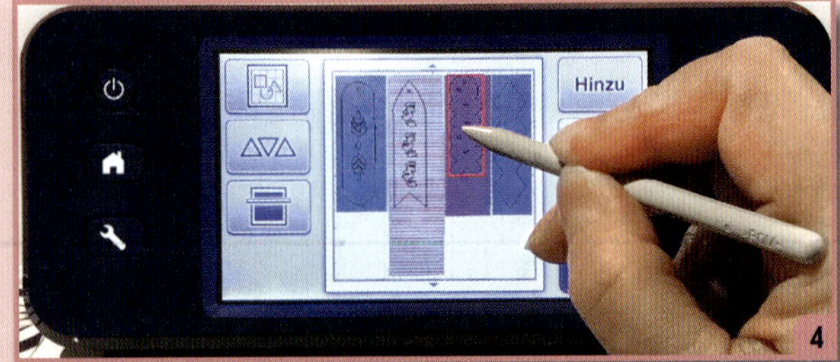

Um zu sehen, wo die Motive auf dem Bildschirm platziert werden müssen, damit die Maschine auch genau da schneidet, wo die Papierstreifen liegen, gibt es an der ScanNCut eine tolle Funktion: den Hintergrundscan.

Deine Maschine muss eingeschaltet sein und deine Motive müssen auf dem Bildschirm angezeigt werden. Die Matte muss eingelegt und mit der Transport-Taste eingefahren sein.

Wähle mit dem Eingabestift die Schaltfläche links unten am Bildschirm (Abb. 1).

Wenn die Anweisung auf dem Bildschirm aufleuchtet, drücke rechts unten die aufleuchtende Start-/Stopp-Taste (Abb. 2).

Jetzt beginnt die ScanNCut damit, die Schneidematte zu scannen (Abb. 3). Das Ergebnis kannst du nach dem Scanvorgang auf dem Bildschirm betrachten.

Verschiebe nun mit dem Eingabestift die Motive so, dass sie über den eingescannten Papierstreifen, die auf dem Bildschirm abgebildet sind, liegen (Abb. 4).

Bei kleinen Motiven kannst du dazu in die Vergrößerung gehen, um die Details besser erkennen zu können. Auf diese Weise kannst du auch kleinste Materialreste verwerten und die Motive passgenau daraus ausschneiden.

Mithilfe des Hintergrundscans kannst du außerdem Motive, die auf Papier oder Stoff aufgedruckt sind, genau an der gewünschten Stelle in der gewünschten Form ausschneiden.

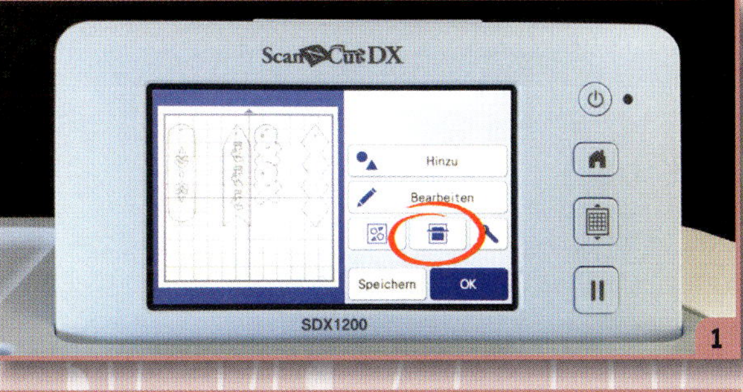

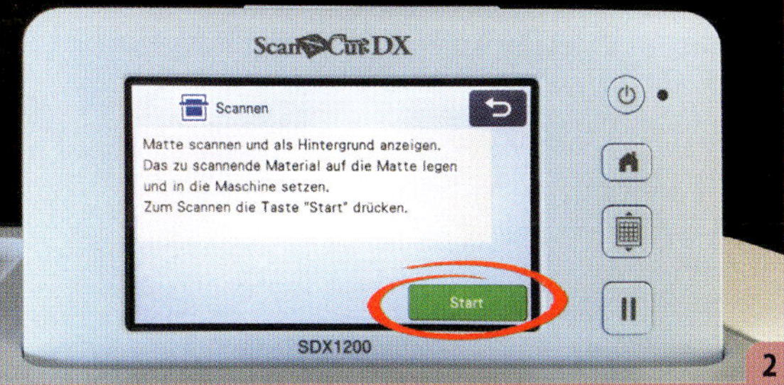

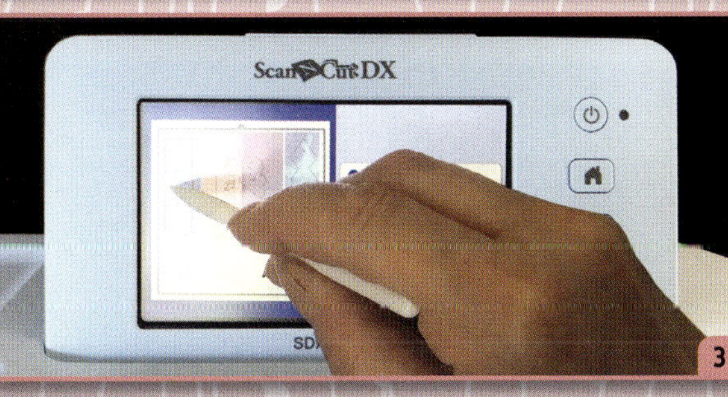

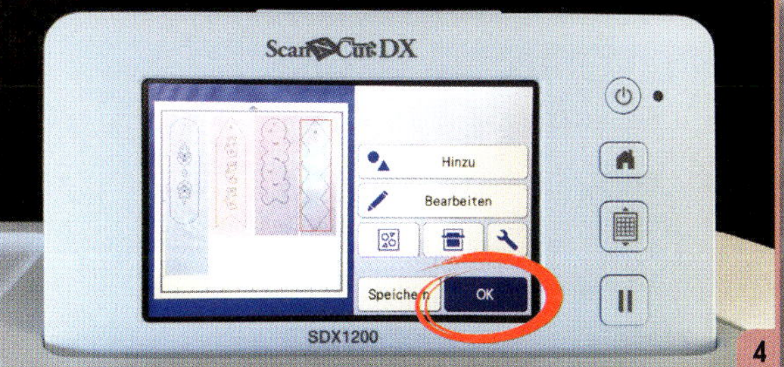

Bei der SDX1000 und der SDX1200 funktioniert der Hintergrundscan genauso. Nur die Tasten und Schaltflächen liegen an einer anderen Stelle.

Der Hintergrundscan ist eine nützliche Funktion, um vorab die Schneidematte mit dem Material zu scannen und dann die Motive genau dahin zu schieben, wo das Material liegt.

Deine Maschine muss eingeschaltet sein und deine Motive sollten auf dem Bildschirm zu sehen sein. Du kannst jedoch auch nach dem Scannen Motive hinzufügen.

Die Schneidematte mit dem Material darauf muss eingelegt und mit der Transport-Taste eingefahren sein.

Wähle am Bildschirm die blaue Fläche mit dem Querstreifen (Abb. 1). Dann tippe auf die Schaltfläche „Start", um den Scanvorgang zu starten (Abb. 2).

Tipp!

Falls die Schaltfläche nicht grün ist, hast du vergessen, die Schneidematte zuerst einzufahren. Dann musst du das jetzt tun.

Nach dem Scannen siehst du dein Material auf der Schneidematte am Bildschirm. Verschiebe nun mit dem Eingabestift die Motive so, dass sie über den eingescannten Papierstreifen auf dem Bildschirm liegen (Abb. 3). Dann tippe auf „OK" (Abb. 4).

Mithilfe des Hintergrundscans kannst du auch kleinste Reste verbrauchen und Motive aus Papier oder Stoff passgenau ausschneiden.

Die Schnitteinstellungen an der SDX1000 und der SDX1200

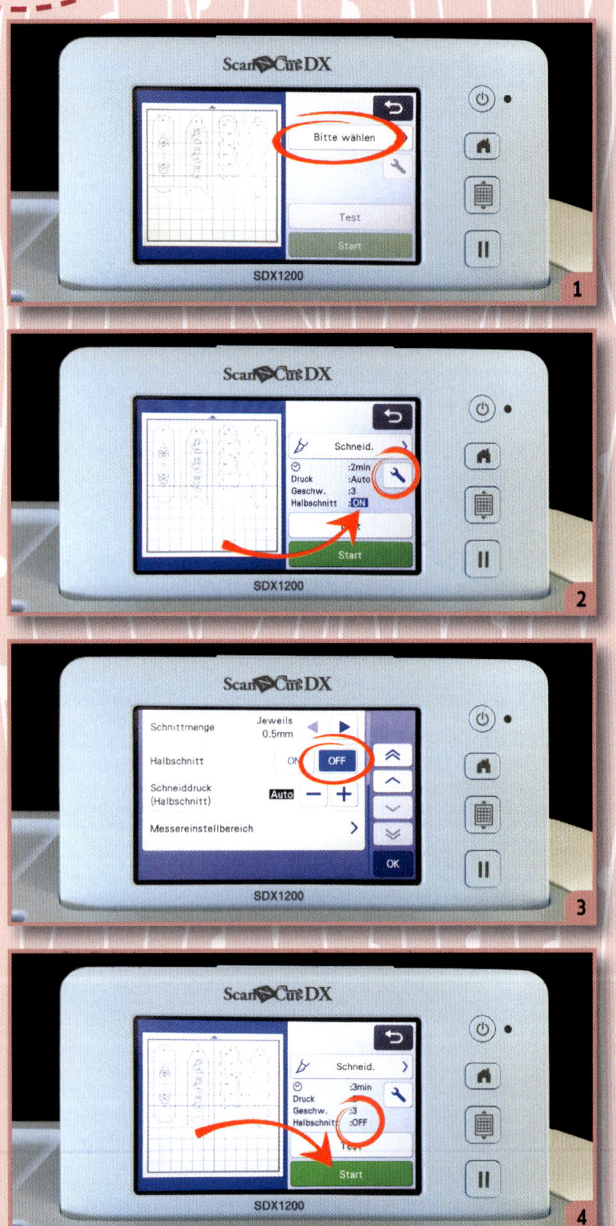

Die Geräte SDX1000 und SDX1200 haben eine Messerautomatik. Du musst nur bei den Einstellungen angeben, ob das Material ganz oder halb durchgeschnitten werden soll.

Tippe auf „Bitte wählen" und dann auf „Schneiden" (Abb. 1). Nun siehst du, welche Einstellungen aktiv sind. Wenn der Halbschnitt auf „ON" ist, gehe auf das Werkzeugsymbol (Abb. 2).

Tippe rechts auf den Pfeil nach unten, um auf der zweiten Seite „Halbschnitt" zu sehen. Tippe auf „OFF" und bestätige die neue Einstellung mit „OK" (Abb. 3).

Jetzt leuchtet die Schaltfläche „Start" grün und du kannst sie antippen, um den Schneidevorgang zu starten (Abb. 4).

Die Maschine erfühlt nun mit einem Sensor die Dicke des Materials und stellt das Messer und den Druck ganz von selbst entsprechend ein.

Nach dem Schneiden kannst du direkt zu S. 49 weiterblättern.

Tipp!

An den Geräten der DX-Serie können auch die Messerhalter und Klingen der CM-Serie verwendet werden. Dann machst du alle Einstellungen manuell wie auf den nächsten Seiten beschrieben und hast die volle Kontrolle über deine Schnitteinstellungen.

Die Schnitteinstellungen an der CM300–CM900

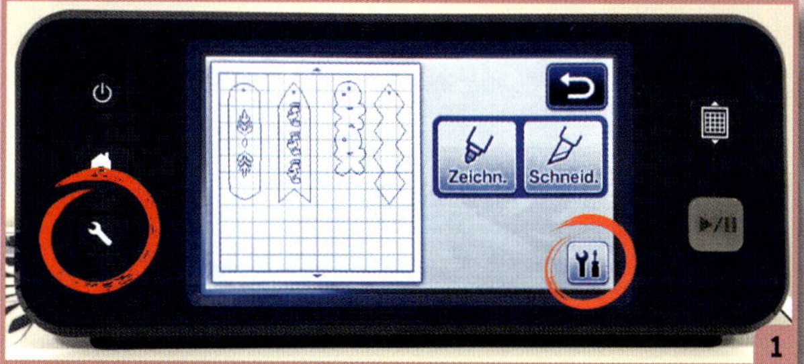

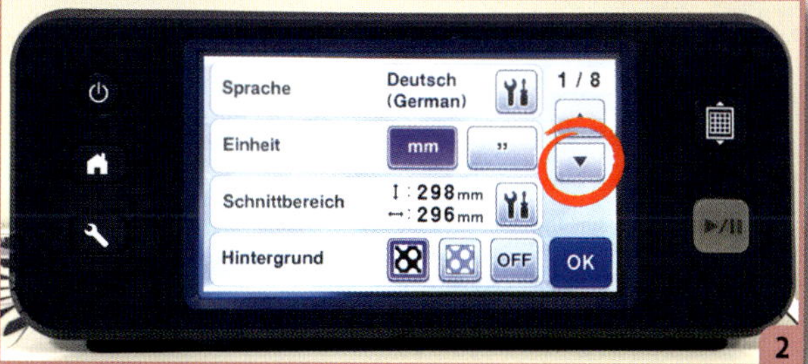

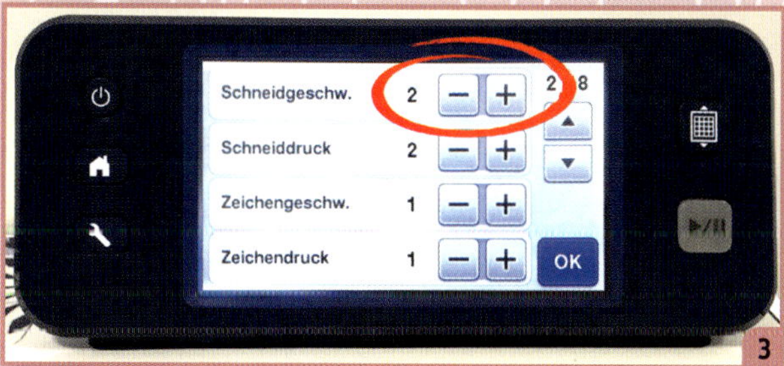

An den Geräten CM300–CM900 machst du die Schnitteinstellungen manuell. Dazu tippst du im Schneiden-Bildschirm rechts unten auf die Schaltfläche mit den Werkzeugsymbolen (Abb. 1 rechts). Es öffnet sich der Einstellungen-Bildschirm.

Falls du die kleine Werkzeug-Schaltfläche noch nicht auf dem Bildschirm haben solltest, musst du deine Firmware auf den neuesten Stand bringen. Wie das funktioniert, erfährst du auf S. 57.

Zunächst kannst du aber auch auf die Werkzeug-Taste am Display links unten – neben dem Bildschirm – drücken (Abb. 1 links).

Mit der Pfeil-Schaltfläche rechts kommst du auf die zweite Seite der Einstellungen (Abb. 2).

Die einzustellende Geschwindigkeit hängt vom Motiv ab. Geradlinige, große Motive kannst du schneller schneiden. Kleine, filigrane Motive mit vielen Kurven und Ecken musst du langsamer schneiden.
Die Schneidegeschwindigkeit hängt jedoch auch vom Material ab. Materialien, die sich leicht schneiden lassen, wie z. B. dünnes bis mittelstarkes Papier und Bügelfolien, kannst du schneller schneiden, um Zeit zu sparen. Dicke, weiche und schwierige Materialien, wie z. B. Moosgummi oder Metallicfolie, musst du langsamer schneiden, damit sie nicht einreißen.

Die Skala der Schneidegeschwindigkeit (Abb. 3) geht von 1 bis 5.

Keine Sorge!
Mit der Zeit wirst du ein Gefühl dafür bekommen, welche Geschwindigkeit bei welchen Materialien am besten funktioniert.

Die Schnitteinstellungen: Schneidedruck

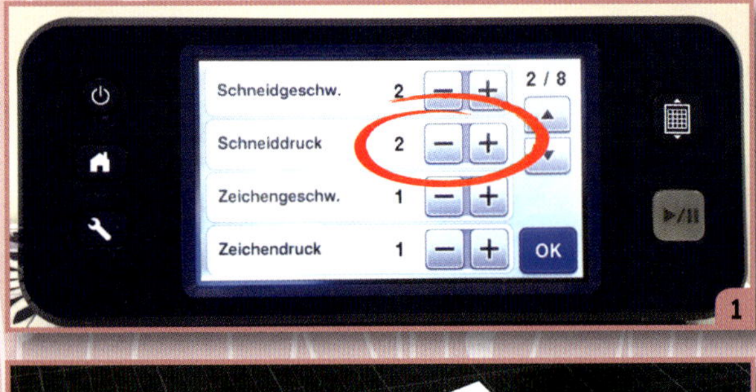

1

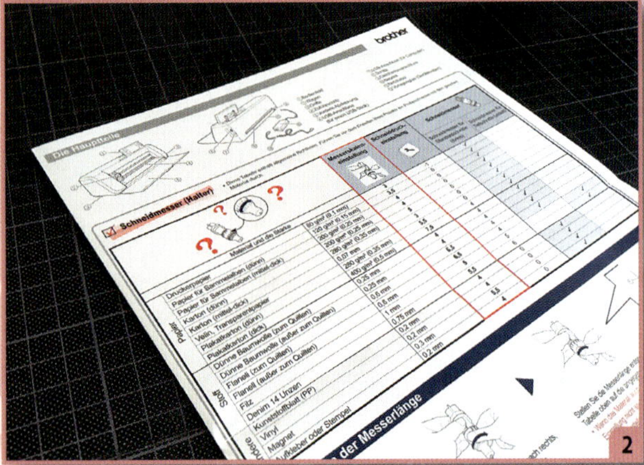

2

Der Schneidedruck ist die Kraft, mit der die ScanNCut schneidet.

Im Vergleich zu Geräten anderer Marken hat die ScanNCut einen sehr hohen maximalen Druck auf das Schneidgut und kann daher harte und schwer zu schneidende Materialien wie Leder und Schrumpfplastik sehr gut schneiden.

Die Skala der Einstellungen (Abb. 1) geht von −9 bis +9. Der geringste einzustellende Druck entspricht ca. 210 g und der maximale Druck ist ca. 1260 g. Die Einstellung ist davon abhängig, wie dick und steif dein Material ist. Leder braucht z. B. viel mehr Druck als Kopierpapier.

Achtung! Ein zu hoher Druck kann dir auch ganz leicht die Schneidematte durchschneiden! In der Kurzanleitung der ScanNCut, die mit der Maschine mitgeliefert wurde, findest du unter der Überschrift „Schneidmesser (Halter)" eine Liste mit Empfehlungen für den Schneidedruck (Abb. 2).

Denke daran, dass das Messer mit einem hohen Druck tiefer ins Material gedrückt wird. Deshalb ist es besser, zunächst nicht nur das Messer kürzer, sondern auch den Druck lieber etwas zu niedrig einzustellen.

Für die Lesezeichen aus Papier oder leichtem Karton ist ein Schneidedruck von 1 bis 2 richtig.

Das Messer und die richtige Messerlänge

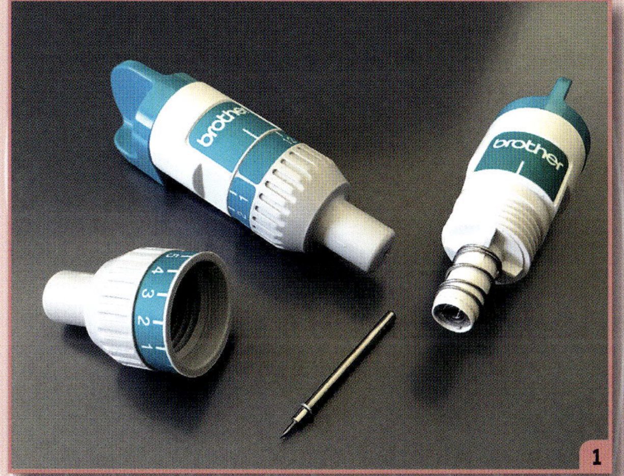

1

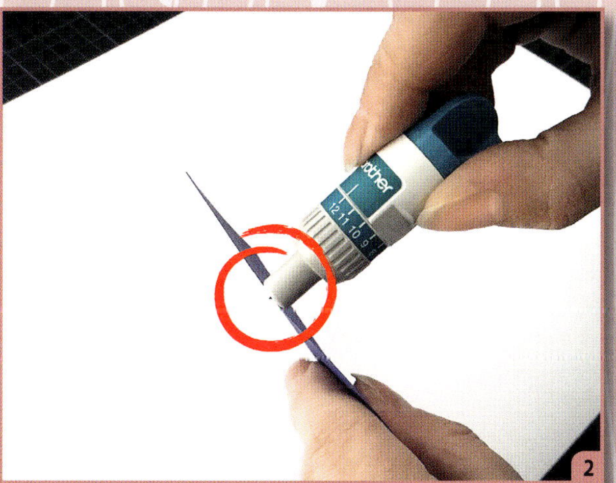
2

Nimm nun das Messer zur Hand. Schraube vorsichtig die Kappe ab. Der Messerhalter besteht aus drei Teilen: dem Halter, der Klinge und der Kappe (Abb. 1).

Die Klinge wird magnetisch im Halter gehalten. Du kannst sie zum Austauschen einfach herausziehen und eine neue Klinge einsetzen.

Vorsicht!
Die Klinge ist scharf!
Sei bitte vorsichtig beim Wechseln.

Auf der Kappe siehst du eine Zahleneinteilung von 1 bis 12. Wenn du an der Kappe drehst, bewegt sich die Klinge weiter heraus oder hinein.

In der Kurzanleitung unter dem Punkt „Schneidmesser (Halter)" findest du auch eine Spalte mit den passenden Messerlängen-Einstellungen für die verschiedenen Materialien.

Um die richtige Messerlänge zu finden, kannst du aber auch das Material ganz dicht neben die Klinge halten (Abb. 2). Die Klinge darf aber wirklich nur ein kleines bisschen über das Material hinausstehen, sonst wird deine Matte beschädigt.

Im Zweifelsfall schneide lieber zuerst mit einer oder zwei Nummern kürzer, damit du die Matte nicht beschädigst.

Wenn das Material nicht richtig durchgeschnitten ist, kannst du den Schneidevorgang auch einfach noch einmal wiederholen.

Den Messerhalter einsetzen und endlich schneiden

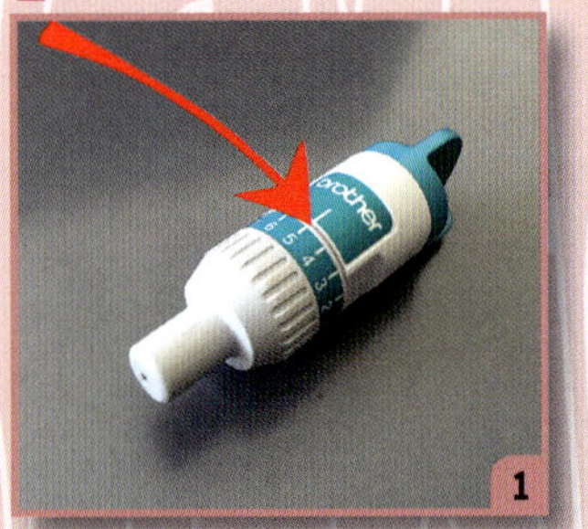
1

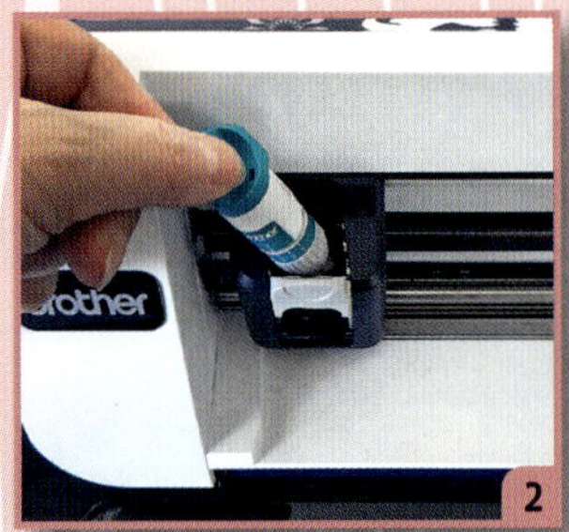
2

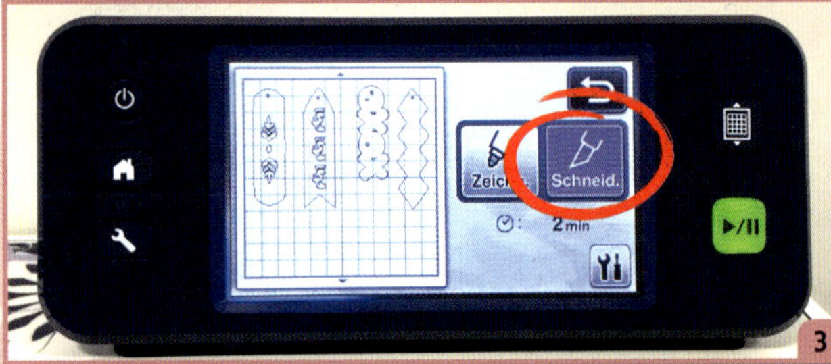

3

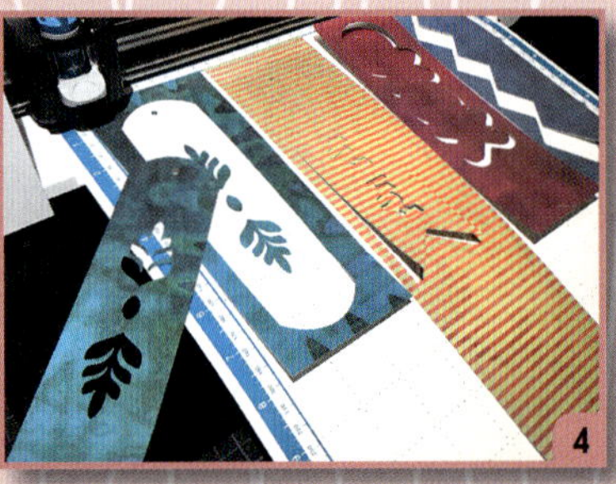
4

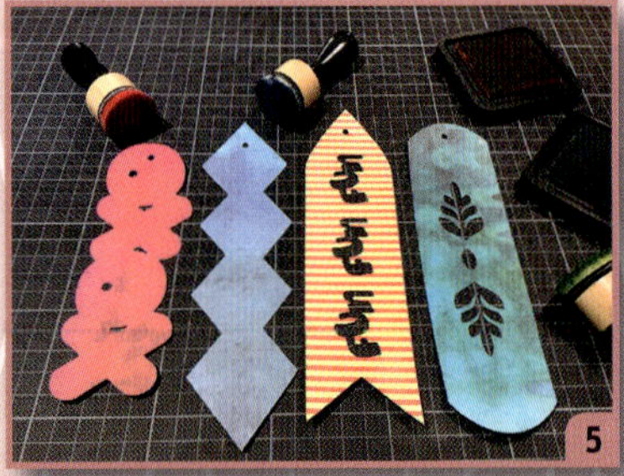
5

Wenn du die Messerlänge so eingestellt hast, dass die entsprechende Zahl auf der Kappe dem weißen Strich auf dem Halter gegenübersteht, kannst du das Messer einsetzen (Abb. 1).

Lasse den Messerhalter von oben in den Wagen hineingleiten (Abb. 2). Klappe dann den Verriegelungshebel nach unten. Das Messer sitzt nun fest.

Überprüfe noch einmal, ob du alle Vorbereitungen getroffen hast:

- ✂ Das Material klebt fest auf der Schneidematte.
- ✂ Die Schneidematte ist eingelegt und eingefahren.
- ✂ Der Schneide-Bildschirm wird angezeigt.
- ✂ Schneidedruck und -geschwindigkeit sind eingestellt.
- ✂ Die Messerlänge ist richtig eingestellt.
- ✂ Das Messer ist eingelegt und verriegelt.

Wenn alle Vorbereitungen getroffen sind, kannst du auf „Schneid." tippen (Abb. 3). Die Start-/Stopp-Taste neben dem Bildschirm rechts unten leuchtet nun auf.

Drücke die leuchtende Taste und die ScanNCut fängt an zu schneiden.

Nach dem Schneiden drückst du die Transport-Taste rechts oben neben dem Display, um die Schneidematte wieder auszufahren.

Die fertig geschnittenen Lesezeichen (Abb. 4) kannst du jetzt noch verschönern, indem du die Schnittkanten mit Stempelfarbe betupfst oder anmalst (Abb. 5).

Oben in die Löcher knüpfst du jeweils ein Bändchen ein und fertig sind die Lesezeichen!

Die Notfall-Taste

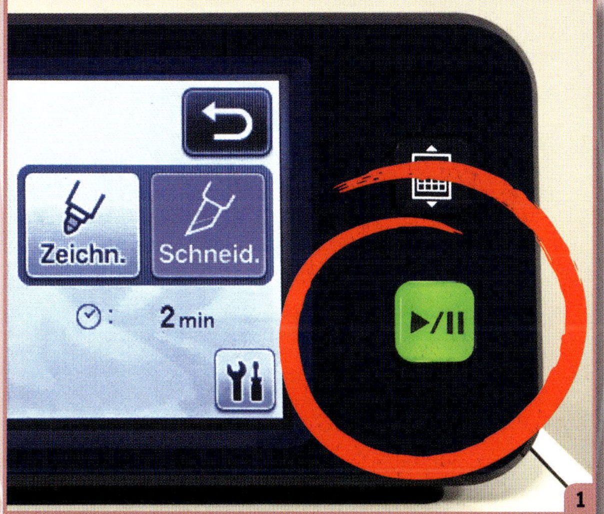

1

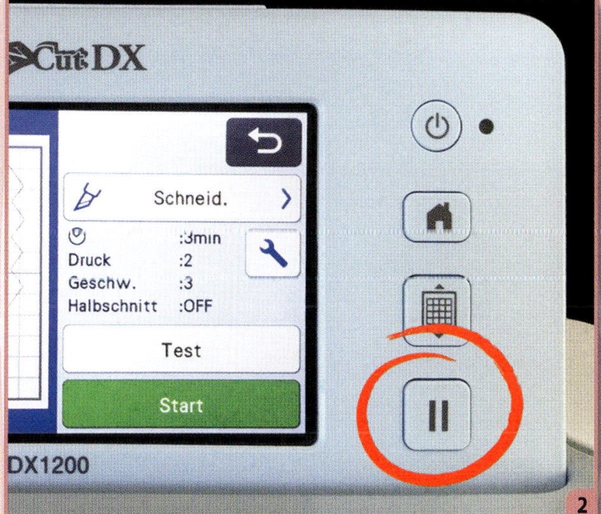

2

Besonders am Anfang, wenn du noch nicht viel Erfahrung hast, solltest du immer dabei bleiben, wenn deine ScanNCut schneidet.

Wenn beim Schneiden etwas schiefgeht: Ruhe bewahren und die Start-/Stopp-Taste (Abb. 1 und 2) drücken, dann hält die Maschine direkt an.

Jetzt kannst du dir in aller Ruhe anschauen, was passiert ist.

Mögliche Fehlerquellen:

- ✂ **Das Messer schneidet zu tief:** Nimm das Messer heraus und drehe es kürzer (nur beim manuellen Messer).
- ✂ **Die Matte wurde schief eingezogen und klemmt:** Betätige die Transport-Taste, um sie auszufahren.
- ✂ **Die Schnittteile rutschen lose auf der Matte herum:** Dann kannst du fertig geschnittene Teile herunternehmen und entscheiden, ob du weiterschneidest oder den Schneidevorgang abbrichst und die Matte ausfährst. Schaue auch von hinten in den Schlitz der Maschine hinein, ob sich dort noch lose Teile befinden.

Möchtest du den Schneidevorgang an dieser Stelle abbrechen, fährst du nun mit der Transport-Taste die Matte aus.

Zum Weiterschneiden drückst du die Start-/Stopp-Taste und die ScanNCut schneidet genau da weiter, wo sie aufgehört hat.

Nach dem Schneiden: Messerpflege

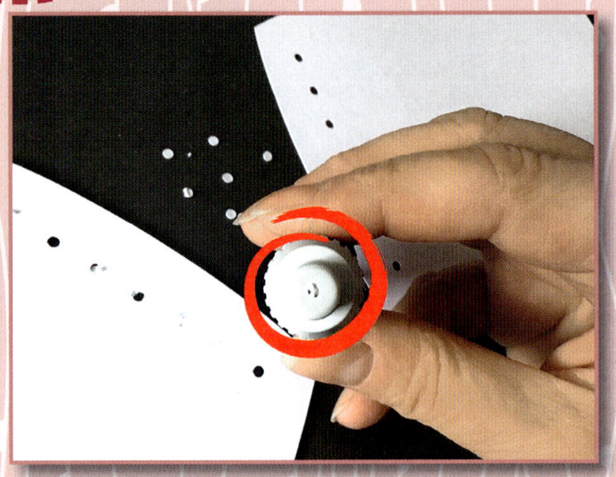

Je nachdem, was für Material du geschnitten hast, können sich Fussel und kleine Materialstückchen im Messerhalter festsetzen.

Das kann dazu führen, dass die Klinge nicht mehr frei rotieren kann und das Messer nicht mehr gut schneidet.

Deshalb solltest du nach dem Schneiden von fusseligem Material immer die Kappe abschrauben und vorsichtig auspusten.

Schau dir auch die Klinge an. Du kannst sie mit einem Pinsel oder einem feinen Bürstchen von Fusseln befreien.

Oft, wenn du sehr feine Designs schneidest wie z. B. kleine Löcher, verfangen sich die herausgeschnittenen Teile am Messer und bremsen es.

Auch wenn die Matte nicht mehr gut klebt, lösen sich beim Schneiden kleine Teile – sogar schon während des Schneidens. Daher ist es manchmal ratsam, den Schneidevorgang zwischendurch mit der Start-/Stopp-Taste anzuhalten, das Messer anzuschauen, auszupusten und lose Teilchen von der Schneidematte zu wischen, bevor du weiterschneidest.

Wenn die Matte nicht mehr klebt

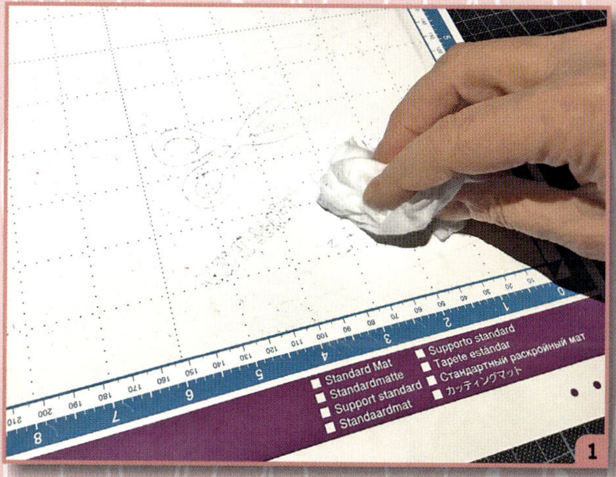

1

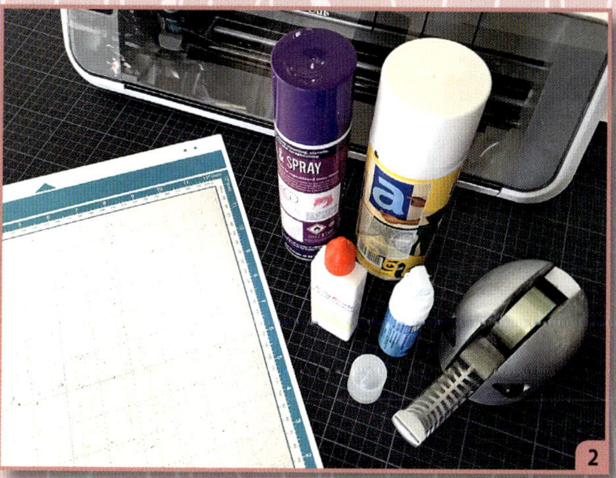

2

Neue Schneidematten – besonders die Standardmatte – kleben manchmal so stark, dass du dein Material fast nicht mehr lösen kannst. Da hilft es, vor dem ersten Schneiden mit einem Tuch oder einem T-Shirt einmal leicht über die Matte zu wischen.

Aber wenn du eine Weile mit deiner ScanNCut gearbeitet hast, lässt die Klebekraft schnell nach. Das lässt sich leider nicht vermeiden. Dann solltest du die Schneidematte zunächst unter fließendem warmem Wasser abspülen. So lösen sich die Papierfasern und du kannst sie vorsichtig mit einem ganz weichen Schwamm abwischen. Achte darauf, dass du nicht den Kleber mit abwischst. Meistens klebt die Matte dann wieder für eine Weile ganz gut.

Tipp!
Stofffasern und Farbspuren vom Schneiden kannst du auch mit milden Baby-Feuchttüchern vorsichtig abreiben (Abb. 1).

Wenn das Abspülen und Abwischen nicht mehr hilft, kannst du die Schneidematte mit nichtpermanentem Klebstoff wieder klebrig machen.

Achtung! Der Kleber darf auf keinen Fall permanent, sondern muss wiederablösbar und repositionierbar sein.

Es gibt Klebestifte zum Einstreichen, Flüssigkleber und Sprays (Abb. 2). Vor der Behandlung musst du unbedingt die Kanten um die Schneidefläche herum mit Klebeband abkleben.

Ein Blick in das Einstellungsmenü

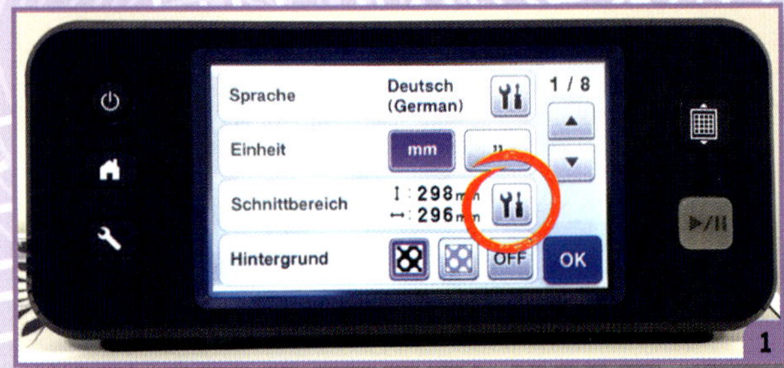

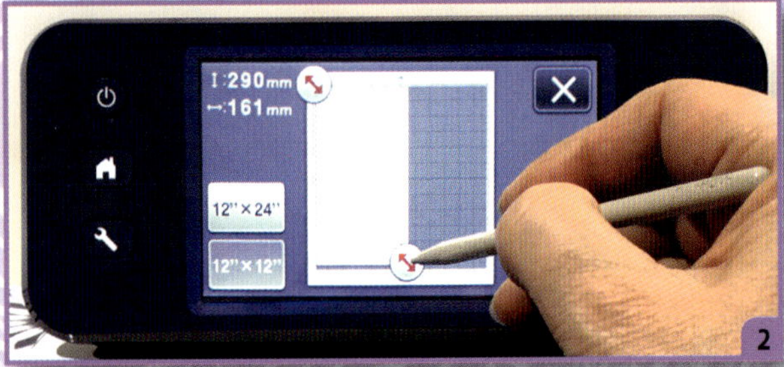

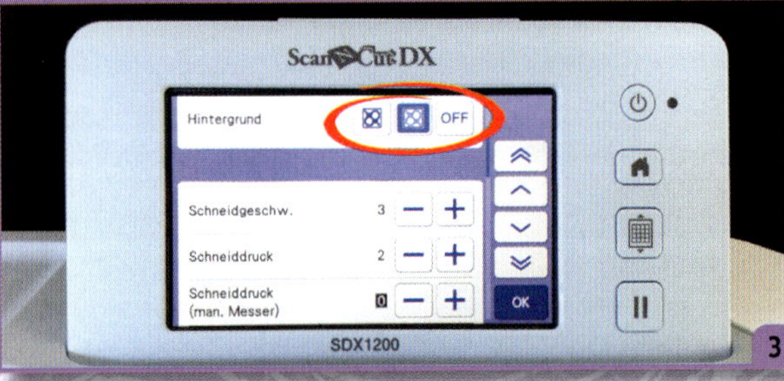

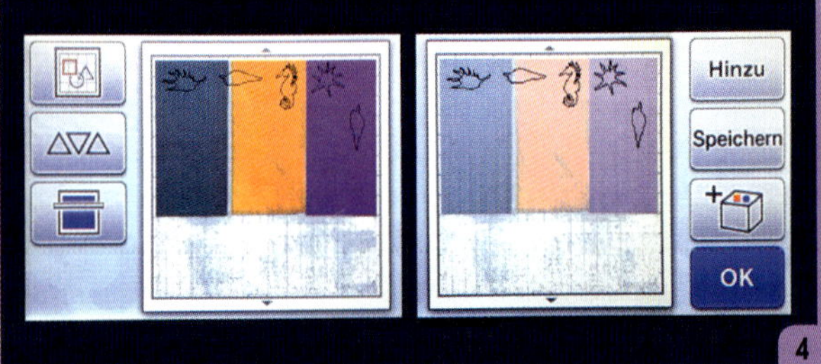

Jetzt bist du mit deiner ScanNCut schon so gut vertraut, dass du einen Blick in die Einstellungen wagen kannst.

Achtung! Bei den Geräten der DX-Serie kommst du nur vom Startbildschirm aus in die allgemeinen Einstellungen.

Drücke auf die Taste oder auf die Schaltfläche mit dem Werkzeugsymbol. Für Änderungen tippst du einfach auf die jeweilige Schaltfläche.

Um auf die nächste Seite zu kommen, tippst du rechts auf den Pfeil nach oben oder unten.

Hier kannst du die Sprache einstellen, und ob du beim Arbeiten als Maßeinheit lieber „mm" oder „Zoll" verwenden möchtest.

Um den Schnittbereich einzustellen, tippe bei „Schnittbereich" rechts auf die Schaltfläche mit den Werkzeugen (Abb. 1 und 2).

Im nächsten Bildschirm kannst du links unten die Größe der Schneidefläche auswählen. Hier kannst du auch die Schnittfläche verkleinern, indem du mit dem Eingabestift die roten Pfeile verschiebst (Abb. 2). Alle Elemente, die später auf dem dunklen Bereich der Arbeitsfläche liegen, werden nicht geschnitten.

Bei der Einstellung „Hintergrund" (Abb. 4) kannst du auswählen, ob beim Hintergrundscan das Bild dunkler (links) oder heller (rechts) angezeigt werden soll.

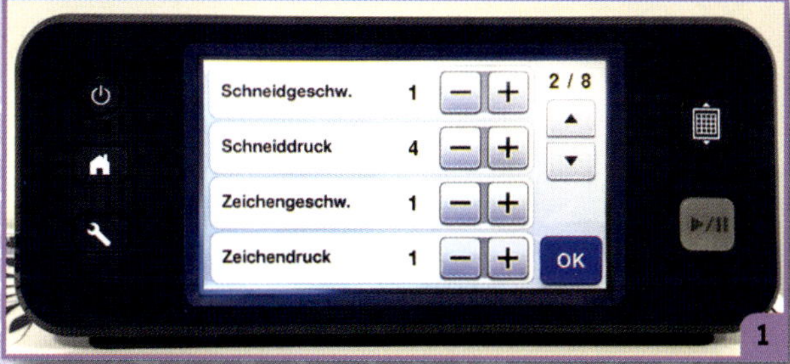

Das Einstellen der Geschwindigkeit und des Drucks hast du auf S. 45 f. bereits kennengelernt. Achte darauf, Schneidedruck und Zeichendruck (zum Zeichnen mit dem Stift) nicht zu verwechseln (Abb. 1).

Bei „Autom. Abschalt." kannst du die Zeit festlegen, bis sich die Maschine abschaltet, wenn sie nicht benutzt wird.

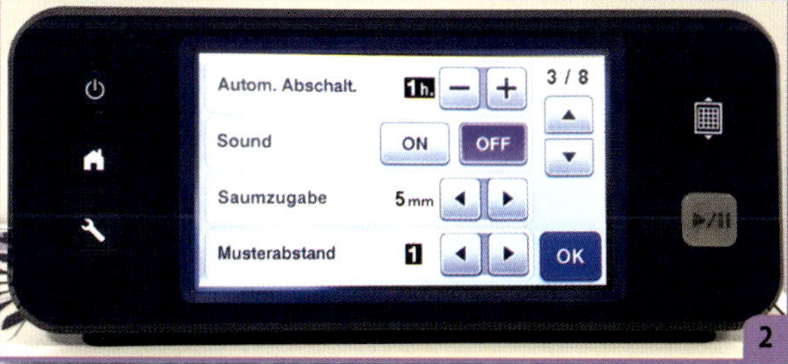

Beim automatischen Abschalten speichert die ScanNCut das letzte Projekt und fragt dich beim Wiedereinschalten, ob es wieder angezeigt werden soll. Es geht also nichts verloren, wenn du zu lange mit etwas anderem beschäftigt bist.

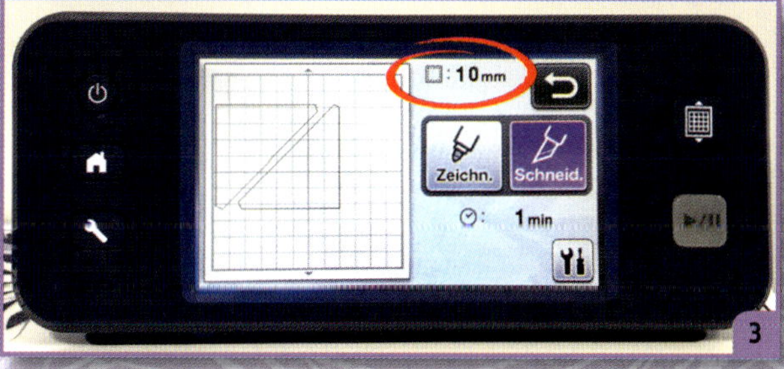

In der Einstellung „Sound" kannst du die Töne ein- oder ausschalten, die beim Berühren der Schaltflächen erklingen (Abb. 2).

Unter „Saumzugabe" erstellt die Maschine automatisch eine Nahtzugabe in der von dir gewünschten Breite.
Du kannst diese Funktion aber auch dazu nutzen, eine Versatzlinie um ein Element herum hinzuzufügen. 3 mm ist der kleinste, 10 mm der größtmögliche Abstand.

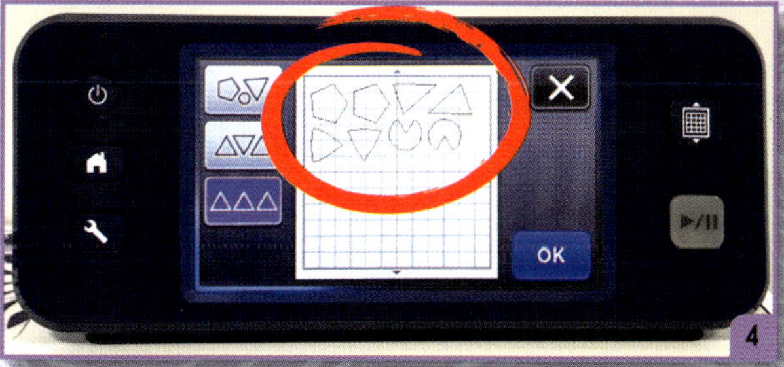

Beim Schneiden wird oben im Bildschirm übrigens angezeigt, wenn du eine Saumzugabe eingestellt hast und in welcher Breite (Abb. 3). Um diese zu ändern, tippst du rechts unten auf die Werkzeug-Schaltfläche, um wieder in die Einstellungen zu gelangen.

Der „Musterabstand" regelt den Abstand der einzelnen Elemente beim automatischen Anordnen.
Der kleinste Abstand ist 1, der größte ist 10. Ein größerer Abstand ist immer besser, besonders bei schwierigen oder weichen Materialien (Abb. 4).

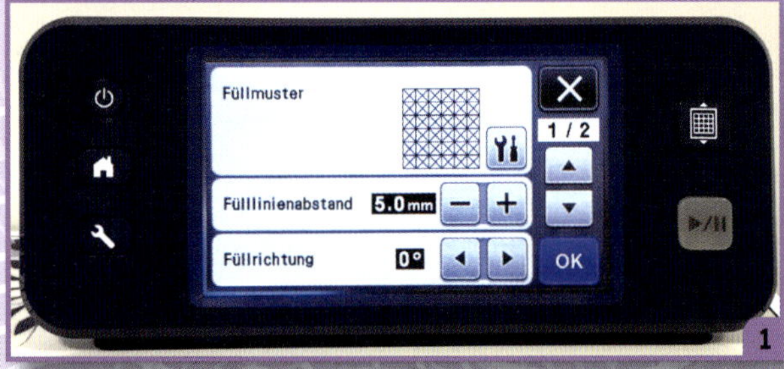

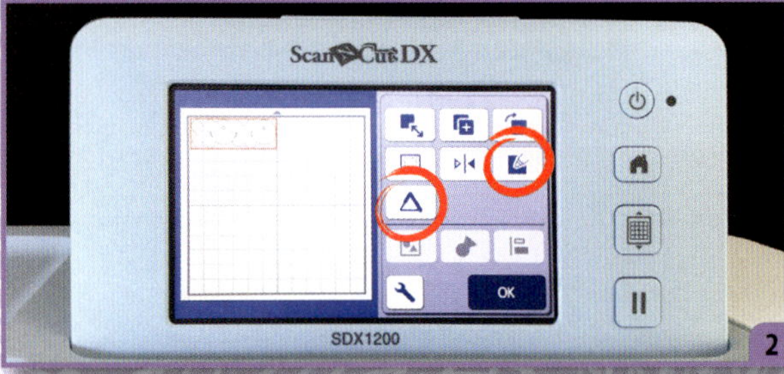

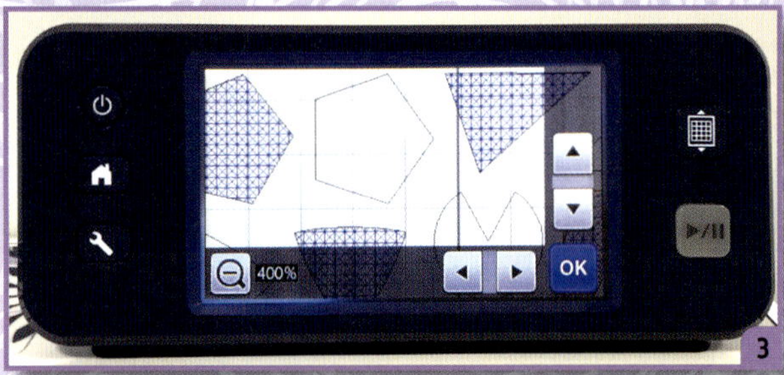

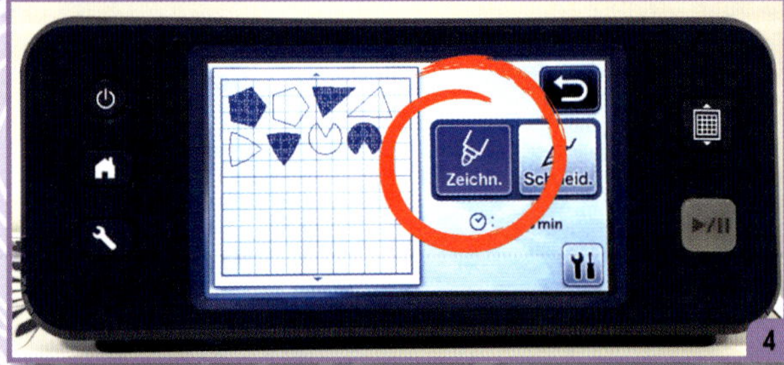

Die beiden Einstellungen darunter „Einstellung der Scan-/Schneidposition“ und „Messereinstellbereich“ lässt du am besten so, wie sie sind. Ein erfahrener Benutzer kann damit Änderungen vornehmen, falls die ScanNCut nicht mehr korrekt schneidet oder scannt, weil sie z. B. einen starken Stoß bekommen hat.

Hinter der Einstellung „Füll-/Zusätzliche Linie“ verbergen sich für Anfänger wieder interessantere Funktionen (Abb. 1).

Achtung! Diese Funktionen findest du bei der SDX1000 und der SDX 1200 an einer ganz anderen Stelle: im Bearbeiten-Bildschirm (Abb. 2).

Falls du den Einstellungspunkt „Füll-/Zusätzliche Linie“ nicht siehst, ist die Firmware deiner Maschine veraltet. Wie du ganz einfach ein Update deiner Firmware durchführen kannst, erfährst du auf S. 57.

Die Linienfunktionen brauchst du zum Zeichnen mit der Maschine. Du kannst damit Formen und Text mit Füllmustern füllen (Abb. 3). Es gibt verschiedene Füllmuster zur Auswahl, deren Ausrichtung und Dichte du einstellen kannst.

Im Bearbeiten-Bildschirm fügst du den Formen das Füllmuster hinzu.

Statt des Messers setzt du einfach einen Stifthalter mit Stift in die ScanNCut ein. Außerdem musst du die Schaltfläche „Zeichn.“ auswählen (Abb. 4).

Hinterher kannst du die Formen zusätzlich noch ausschneiden.

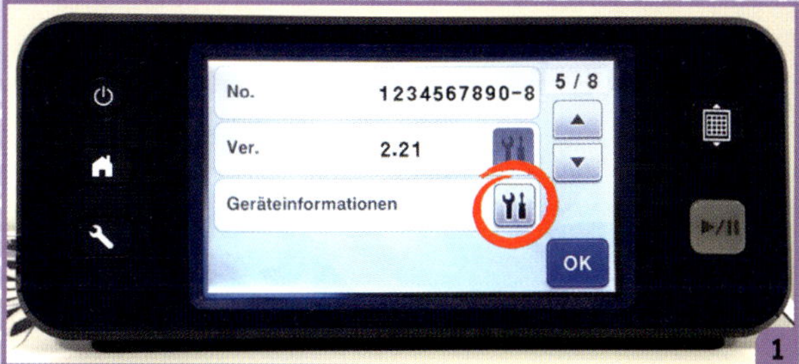

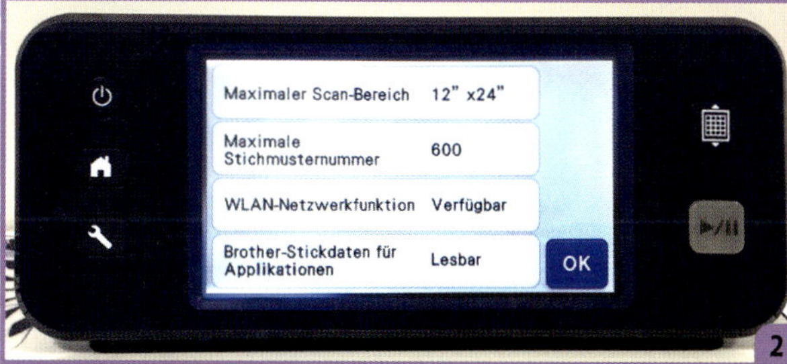

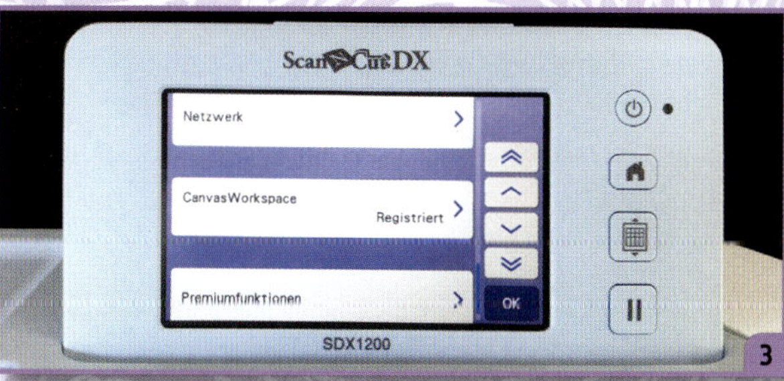

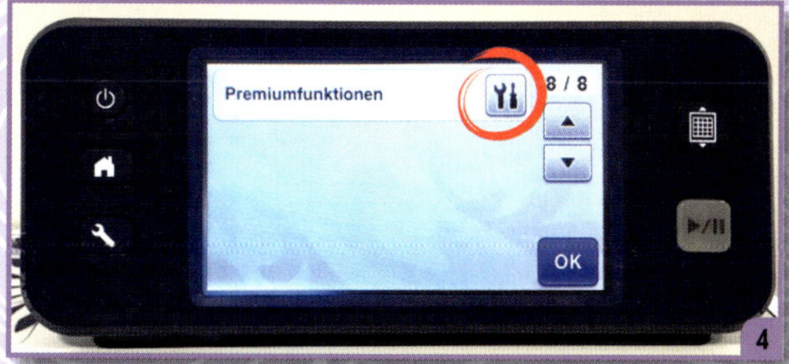

Die nächste Seite enthält viele wichtige Informationen über deine ScanNCut. Als Erstes erfährst du hier die individuelle Gerätenummer deiner ScanNCut.
Darunter siehst du die Version der Firmware, die auf deiner ScanNCut installiert ist. Hieran kannst du erkennen, ob deine Firmware auf dem aktuellen Stand ist.

Tippe, um weitere Geräteinformationen zu sehen, auf die Schaltfläche mit den Werkzeugen (Abb. 1). Hier siehst du, ob du mit der Standardschneidematte oder auch in doppelter Größe scannen kannst.

Mit „Maximale Stichmusternummer" ist die maximale Anzahl der Muster gemeint, die gleichzeitig verwendet werden können. Diese ist bei den verschiedenen Modellen der ScanNCut unterschiedlich (Abb. 2 und 3).

Ein weiterer Unterschied ist außerdem, dass die CM900 und die Geräte der DX-Serie ohne Kabel per WLAN mit einem Computer verbunden werden können, während die CM300 keine WLAN-Funktion besitzt.

Auf der nächsten Seite kannst du bei „Netzwerk" das WLAN-Netzwerk einrichten und bei „CanvasWorkspace" die Verbindung zum Online-Account herstellen, um CanvasWorkspace zu nutzen (Abb. 3).

Beides wird ab S. 106 bzw. 110 noch genauer erklärt.

Wenn du weiterblätterst, siehst du durch Antippen der Werkzeugschaltfläche außerdem, welche Premiumfunktionen du installiert hast (Abb. 4). Bei der CM300 befinden sich die Premiumfunktionen auf Seite 6.

Herz und Kopf der ScanNCut

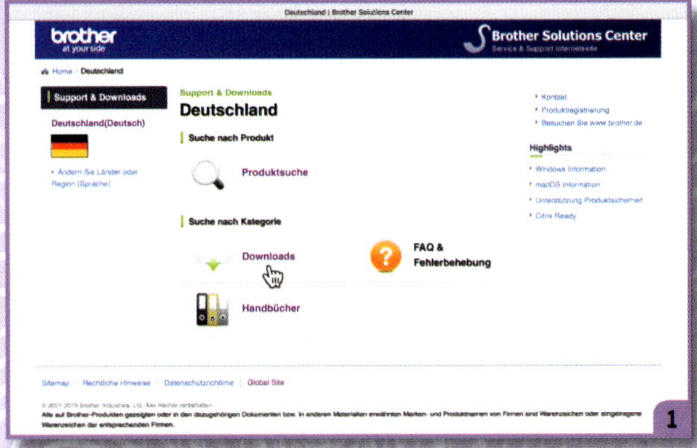

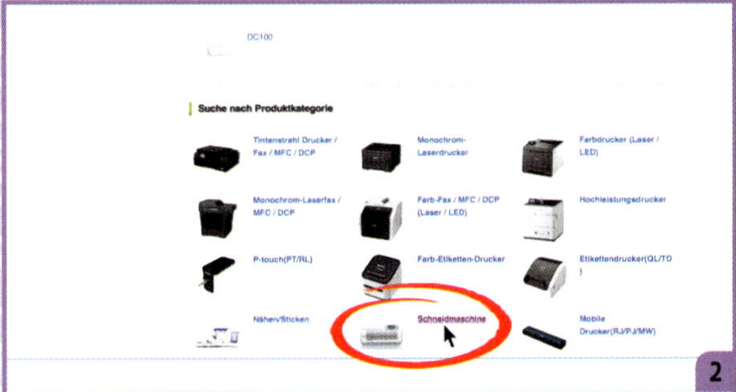

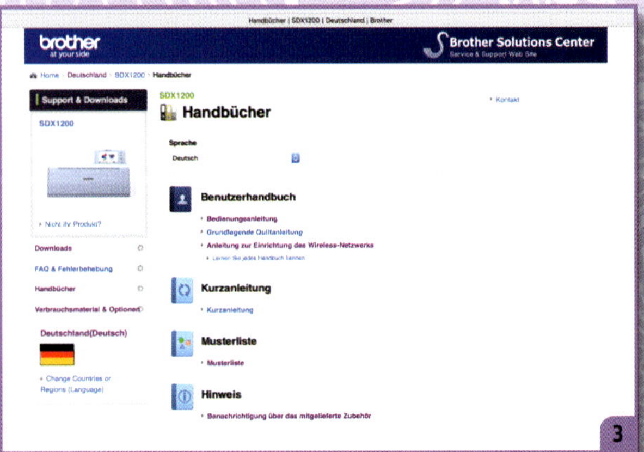

In deiner Maschine befindet sich ein kleiner Computer, weshalb du die ScanNCut auch ohne externen PC verwenden kannst.

Das Computerprogramm, das die Befehle verarbeitet, die du am Bildschirm eingibst und das die ScanNCut in Bewegung setzt, um sie auszuführen, nennt man „Firmware".

Brother ist ständig dabei, seine Maschinen zu verbessern. Durch Änderungen an der Firmware kannst du von den Verbesserungen profitieren, ohne eine neue Maschine kaufen oder deine ScanNCut zum Händler bringen zu müssen. Um aber diese Änderungen auf deinem Gerät zu installieren, musst du ein Update durchführen.

Je nachdem welches Gerät du hast und ob du die WLAN-Verbindung bereits eingerichtet hast, machst du das Firmware-Update mit einem USB-Stick oder automatisch.

Auf jeden Fall lohnt sich ein Blick in das Brother Solution Center. Hier findest du nicht nur die neueste Firmware zu deiner Maschine, sondern auch Handbücher, Tipps bei Problemen, Musterlisten und das passende Zubehör:

https://support.brother.com

Klicke auf „Downloads" (Abb. 1).
Dann wähle unten die Kategorie „Schneidmaschinen" und im nächsten Bildschirm das Modell, das du hast, aus (Abb. 2).

Links erscheint die Auswahl an Informationen, die genau zu deinem Maschinenmodell passen (Abb. 3).

Ein Firmware-Update durchführen

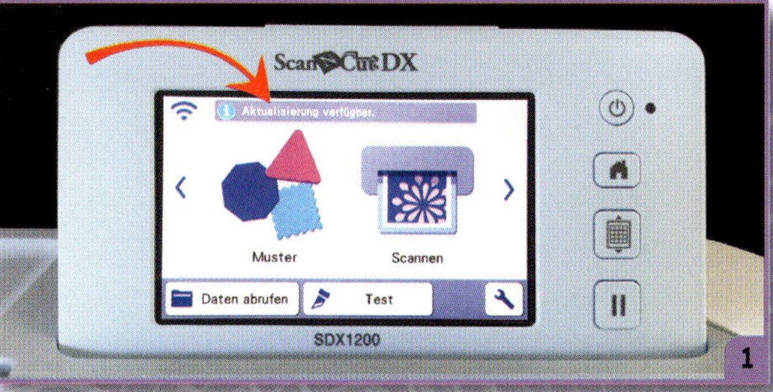

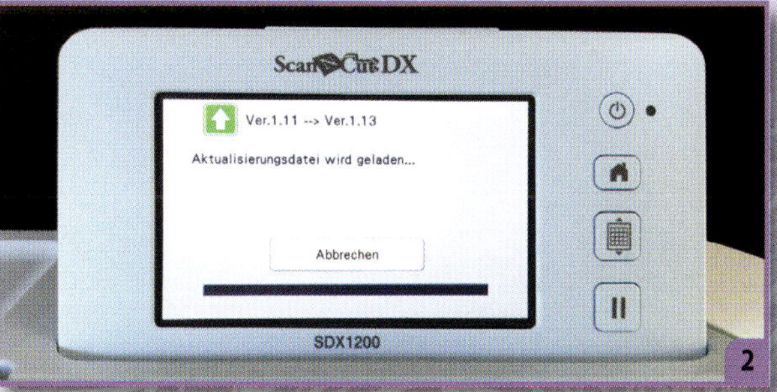

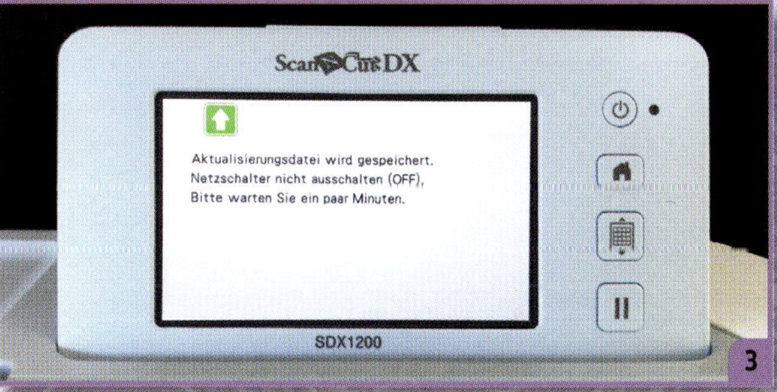

Am schnellsten und einfachsten geht die Firmware-Aktualisierung an der SDX1000 und der SDX1200, nachdem du das WLAN eingerichtet hast.

Sobald es eine neuere Firmware für dein Gerät gibt, siehst du am Startbildschirm oben eine Nachricht „Aktualisierung verfügbar!" (Abb. 1).

Tippe auf das „i" links neben der Aktualisierungsnachricht. Die Aktualisierung wird geladen und installiert (Abb. 2).

Du musst nur noch warten (Abb. 3).

Wenn der Bildschirm neu startet und das Brother-Logo angezeigt wird, ist der Installationsvorgang abgeschlossen. Sobald der Eingangsbildschirm erscheint, kannst du mit der Maschine weiterarbeiten.

Ein Firmware-Update durchführen

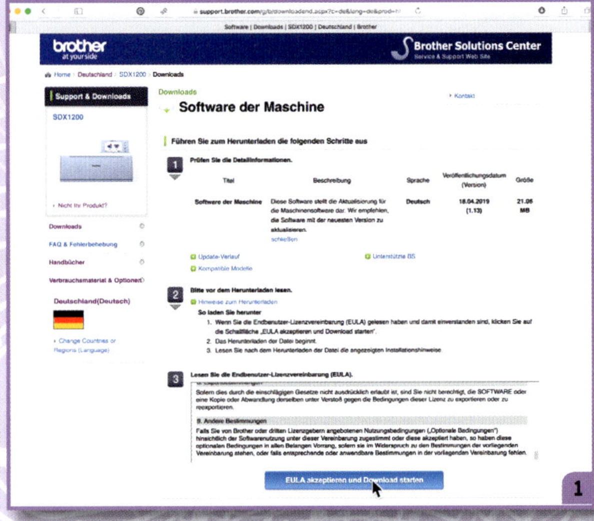

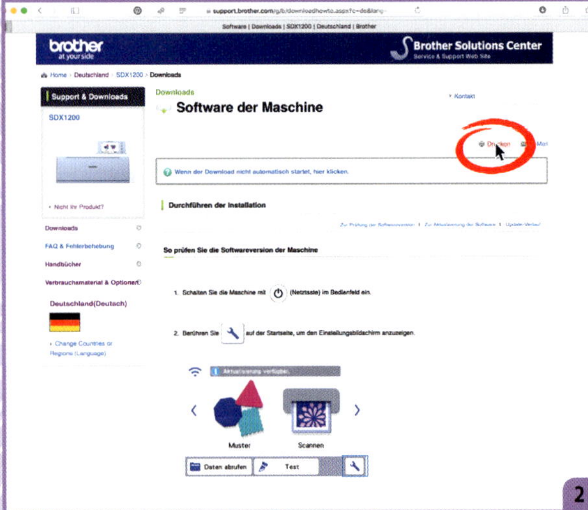

Für die Geräte der CM-Serie oder wenn du an deinem SDX-Gerät noch kein WLAN installiert hast, gehst du auf die Webseite des Brother Solutions Center:

https://support.brother.com

Wähle „Downloads" und dein Maschinenmodell. Deine Modellbezeichnung steht entweder links an der Oberseite deiner Maschine unter dem Logo oder vorne unter dem Touchscreen.

Dann wähle dein Betriebssystem. Klicke auf „Software der Maschine" und befolge genau die Schritte am Bildschirm. Akzeptiere die EULA und starte den Download (Abb. 1).

Falls du die ScanNCut nicht direkt neben deinem Computer stehen hast, drucke dir die Anleitung aus. Oben am Bildschirm gibt es dafür die Funktion „Drucken" (Abb. 2).

Sichere die heruntergeladene Datei auf einem leeren USB-Stick.

Achtung!
Nicht alle USB-Sticks funktionieren an der ScanNCut. Falls du Probleme mit einem Stick hast, suche am besten im Internet nach folgenden Schlagworten „Kompatibilitätsliste ScanNCut USB". Hier erfährst du, welche USB-Sticks konkret geeignet sind.

Tipp!
Kaufe dir am besten gleich zwei neue USB-Sticks, denn wenn du viel mit der ScanNCut arbeitest, wird dein Maschinenspeicher bald voll sein. Du kannst dann all deine erstellten Muster und Designs auch ganz einfach auf einem USB-Stick speichern. Den zweiten USB-Stick lässt du leer, um damit Firmware-Updates durchzuführen.

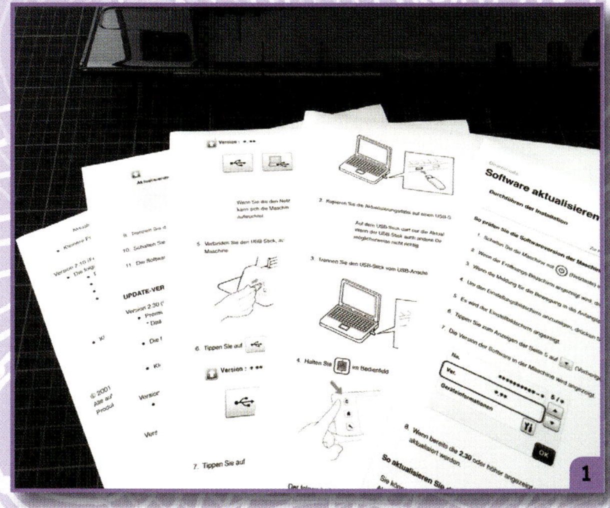

1

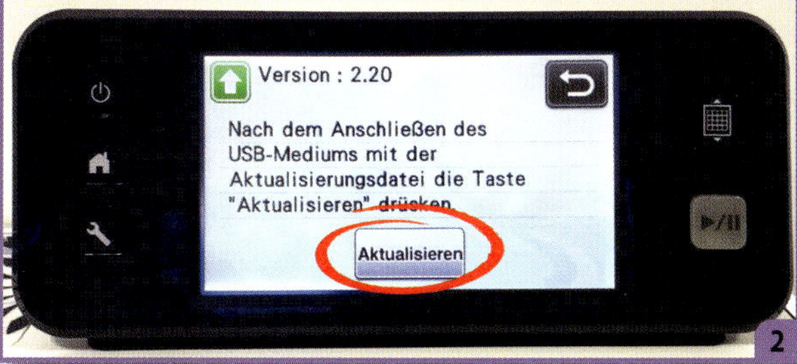

2

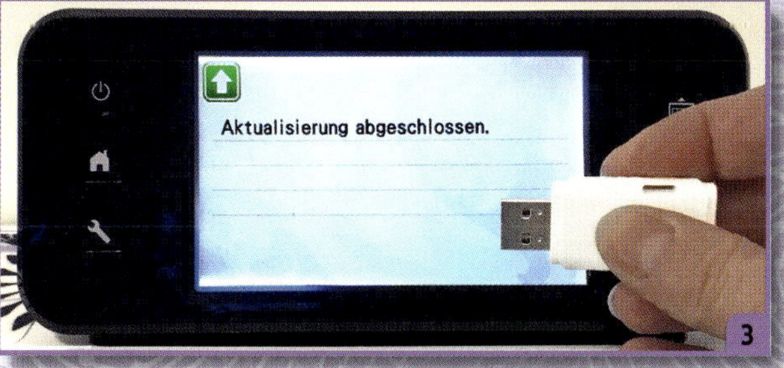

3

Die Vorgehensweise unterscheidet sich bei den verschiedenen Modellen.

Deshalb folge nun Schritt für Schritt den Anweisungen auf dem Bildschirm oder auf deinem Ausdruck. Die Anleitungen sind leicht verständlich und mit vielen Bildern ergänzt (Abb. 1).

Nach Abschluss der Installation kannst du die neue Versionsnummer in den Einstellungen sehen (Abb. 2 und 3).

Das Nacharbeiten der nachfolgenden Projekte ist mit allen Maschinenmodellen fast gleich. Deshalb werden sie am Beispiel der CM-Serie beschrieben.

Das zweite Projekt: selbst gemachte Notizbücher

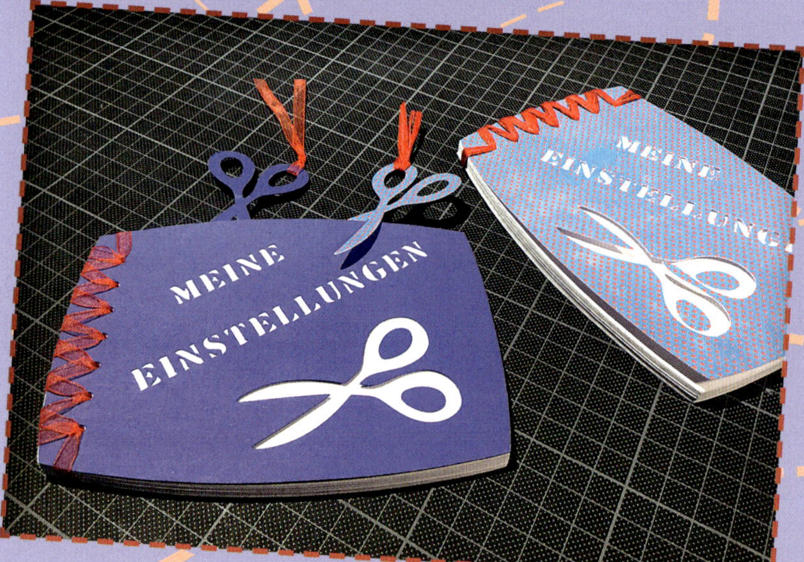

Tipp!
Unerlässlich beim Arbeiten mit der ScanNCut ist ein Notizbuch, in dem du alles notierst, was wichtig ist, z. B. deine erprobten Schneideeinstellungen, die Nummern von Schneidedateien und Tricks, die du gelesen hast.

Handgemachte Notizbücher sind auch immer ein tolles und preiswertes Geschenk. Und es ist sehr einfach, diese ganz persönlich und einzigartig zu gestalten.

Dafür brauchst du:

- 15-20 Bögen festes weißes DIN-A4-Papier
- einen Bogen farbigen DIN-A4-Karton
- 50 cm Band
- eine Stopfnadel
- Schere, Kleber

Die Basisseiten erstellen

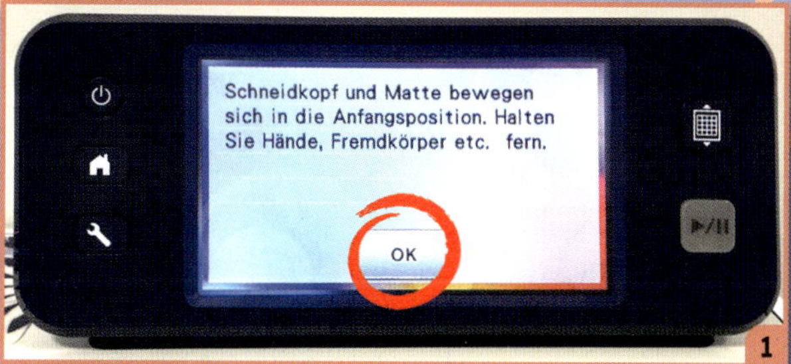

1

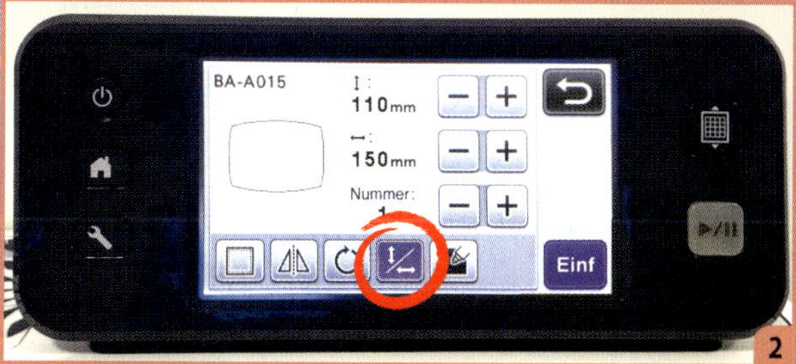

2

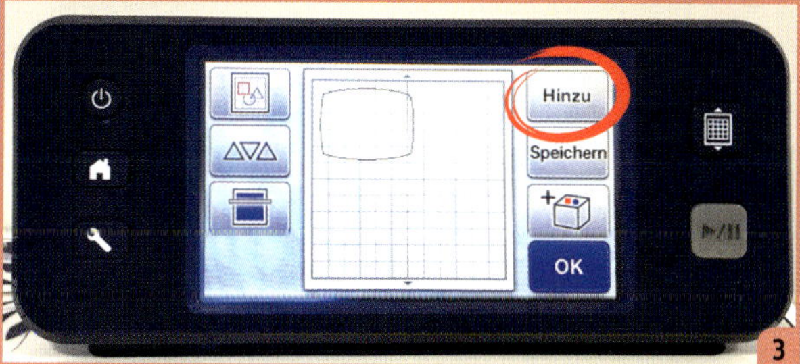

3

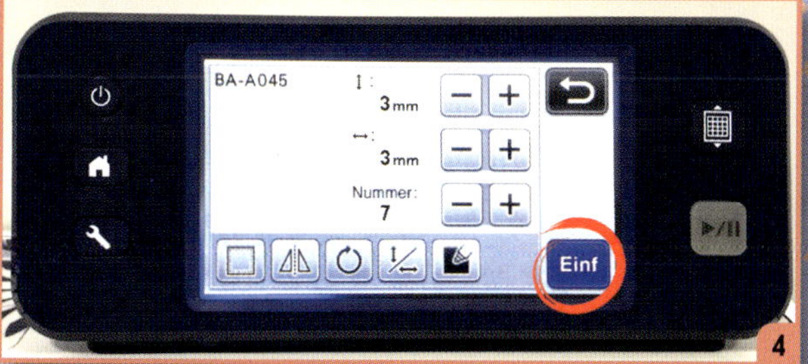

4

So geht's:

Zuerst erstellst du die weißen Seiten des Notizbuchs.

Schalte hierfür die ScanNCut ein und tippe wie gewohnt auf „OK“, sobald der Warnhinweis erscheint (Abb. 1).

Tippe links auf „Muster“ und wähle links die „einfachen“ Formen.

Suche dir ein Muster aus, das sich gut für Notizbuchblätter eignet. Im Beispiel wird Muster BA-015 verwendet. Vergrößere die Form auf 110 mm Höhe und 150 mm Breite.

Nach Eingabe der Höhe tippe die Schaltfläche mit dem Diagonalstrich und den beiden Pfeilen an, damit sich die Breite nicht proportional mitvergrößert (Abb. 2). So passen zwei Seiten auf einen DIN-A4-Bogen.

Gehe auf „Einf“ und tippe im Anschluss auf „Hinzu“ (Abb. 3).

Füge für die Löcher einen Kreis, z. B. das Muster BA-045, hinzu. Reduziere die Größe des Kreises auf 3 mm und erhöhe die Anzahl unter „Nummer“ auf 7. Gehe erneut auf „Einf“ (Abb. 4).

Nun siehst du alle acht Elemente auf dem Bildschirm. Tippe auf die Schaltfläche links oben, um in den Bearbeiten-Bildschirm zu gelangen.

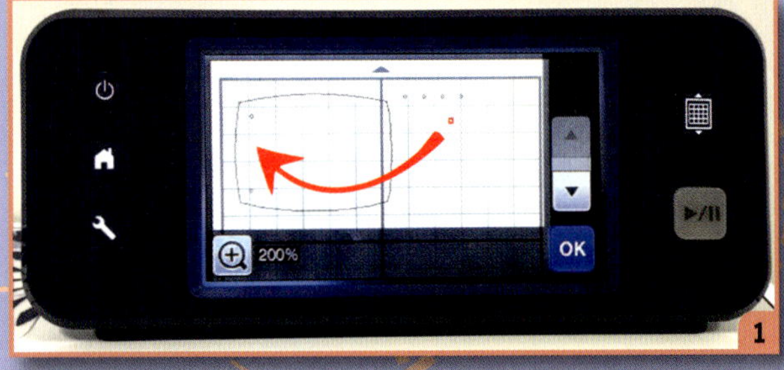

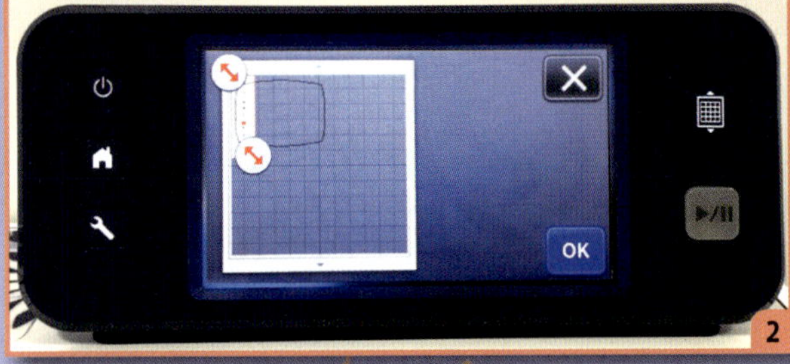

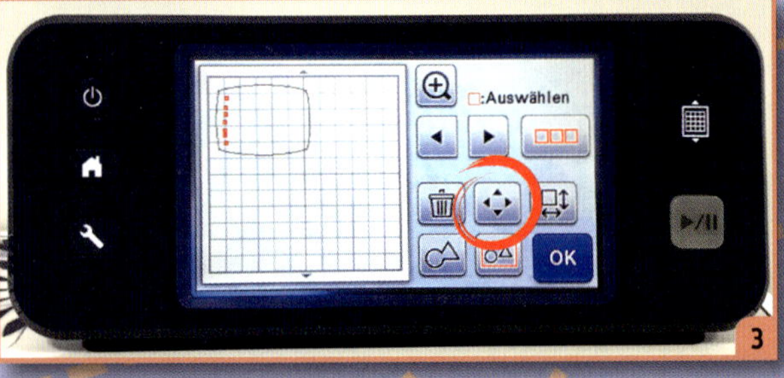

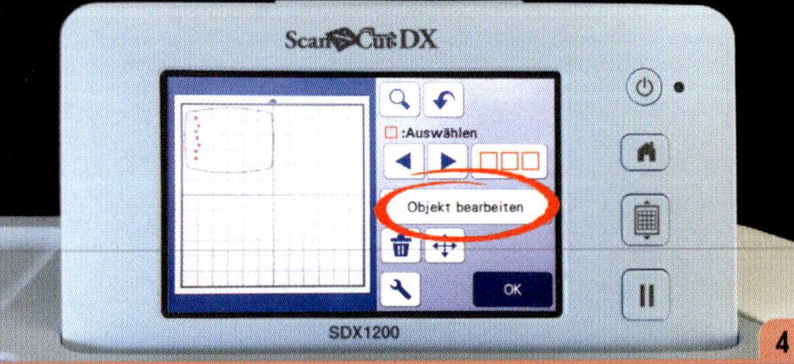

Gehe im Bearbeiten-Bildschirm in die Vergrößerung und schiebe mit dem Eingabestift die Punkte/Löcher in eine Reihe untereinander nach links. Nur das oberste und das unterste Loch müssen exakt platziert sein, nämlich ca. 15 mm innerhalb der Form (Abb. 1). Die Punkte dazwischen werden später automatisch ausgerichtet. Gehe nun auf „OK".

Wieder zurück im Bearbeiten-Bildschirm, tippst du oben rechts auf die drei roten Quadrate, um in den Auswahlbildschirm zu gelangen. Wähle die Funktion links und ziehe den Rahmen um die Lochreihe (Abb. 2). Gehe auf „OK".

Tippe nun bei Geräten der CM-Serie auf die Schaltfläche in der Mitte, um in den Bildschirm zum Ausrichten zu kommen (Abb. 3).

Bei Geräten der DX-Serie gehst du auf „Objekt bearbeiten", um weitere Optionen angezeigt zu bekommen (Abb. 4).

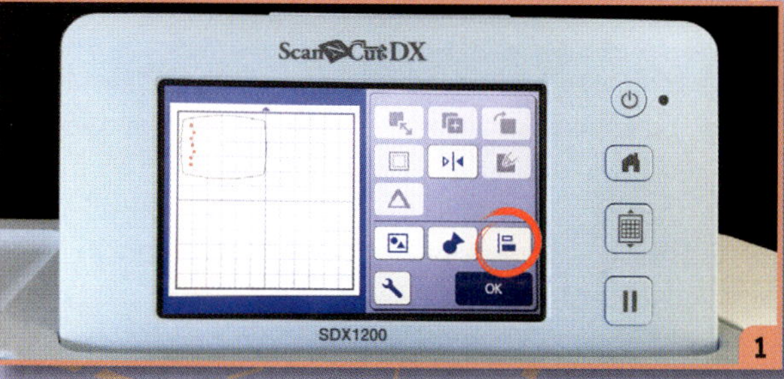

1

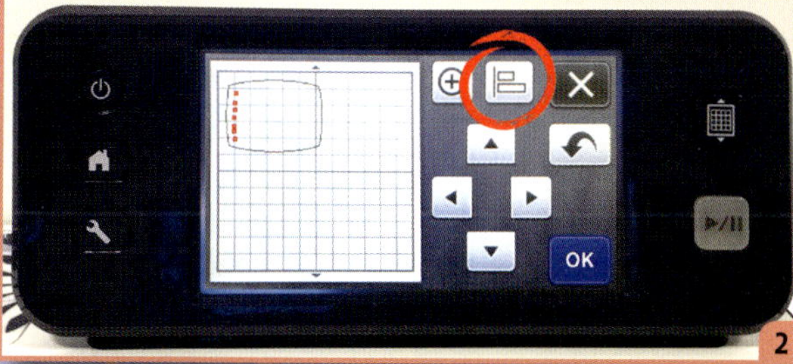

2

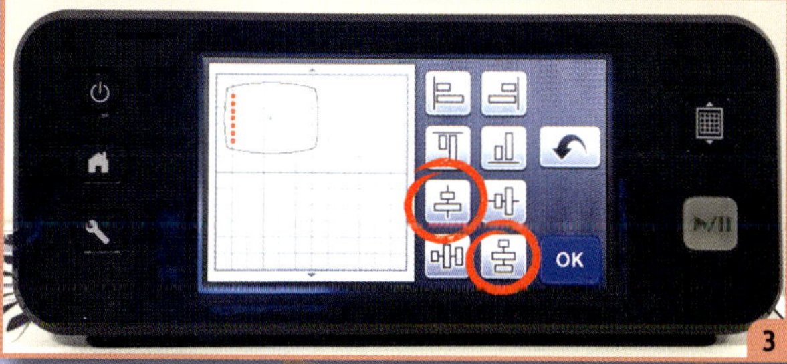

3

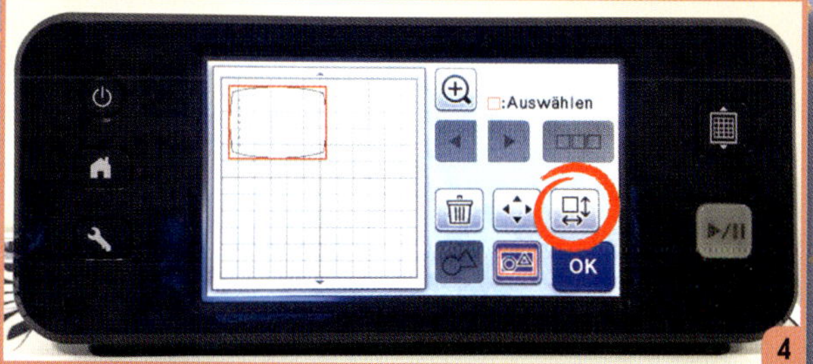

4

Nun tippe auf die Schaltfläche zum Ausrichten (Abb. 1 und 2).

Wähle zuerst das Symbol links, um alle Elemente mittig auszurichten, und im Anschluss die Schaltfläche rechts unten, um alle Löcher im gleichen Abstand zu verteilen (Abb. 3).

Gehe auf „OK" und noch einmal auf „OK".

Nun gruppiere die Lochreihe, solange noch alle Löcher zusammen ausgewählt sind.

Dann gehe durch Antippen der drei roten Quadrate in den Auswahlbildschirm und wähle die Option rechts, um alles auszuwählen.

Gruppiere alles. Als Nächstes duplizierst du die Notizbuchseite.

An den Geräten der CM-Serie tippst du auf die Schaltfläche rechts in der Mitte (Abb. 4).

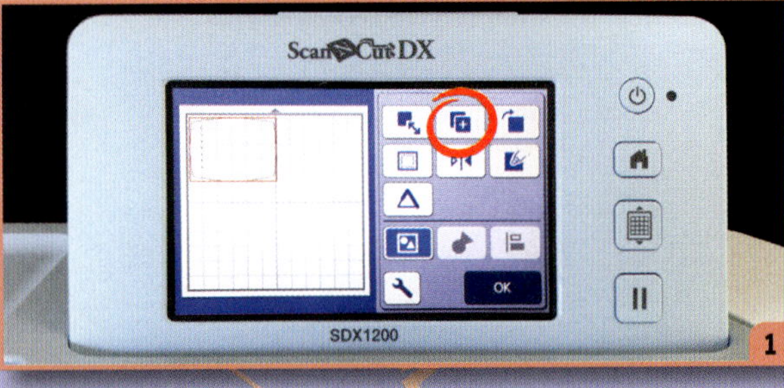

1

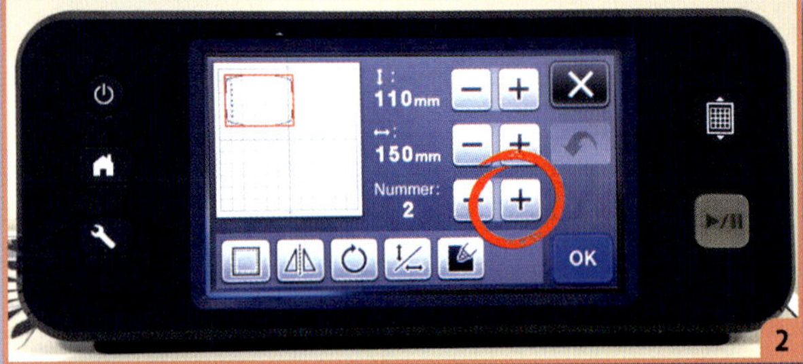

2

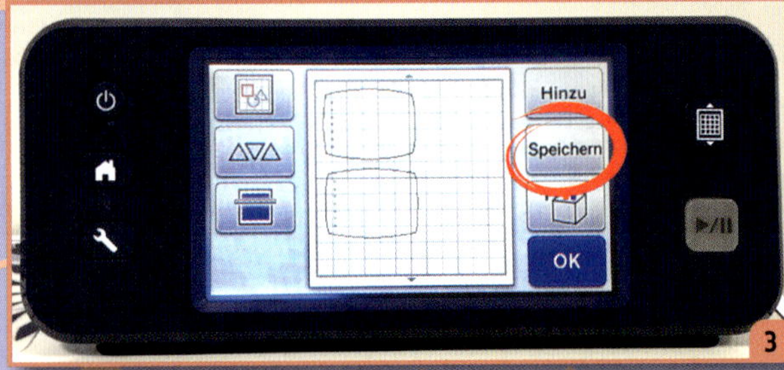

3

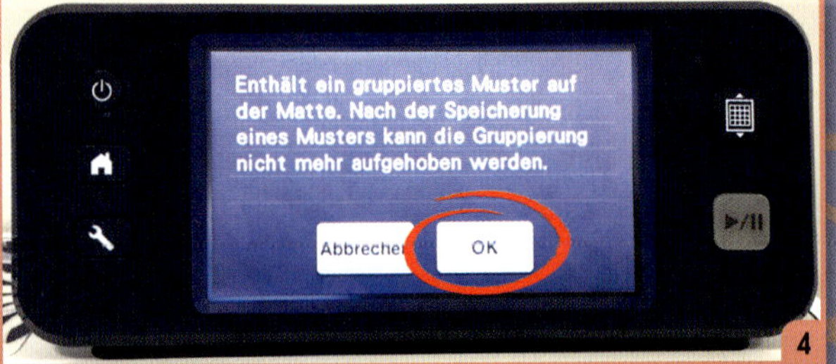

4

Falls du ein Gerät der DX-Serie hast, gehst du zuerst auf „Objekt bearbeiten". Dann siehst du oben in der Mitte das Symbol zum Replizieren (Abb. 1).

Erhöhe die Anzahl unter „Nummer" auf 2 (Abb. 2). Gehe auf „OK" und noch einmal auf „OK".

Schiebe das Duplikat mit etwas Abstand unter die erste Form. Jetzt hast du zwei Seiten deines Notizbuchs auf einem DIN-A4-Bogen. Bevor du mit dem Schneiden beginnst, speicherst du dein Projekt zur Sicherheit erst einmal ab. Tippe hierfür auf „Speichern" (Abb. 3).

Nun bekommst du eine Meldung, dass die Gruppierung nach dem Speichern nicht mehr aufgehoben werden kann (Abb. 4). Das ist in Ordnung. Klicke auf „OK" und dann noch einmal auf „OK", um in den Schneidebildschirm zu gelangen.

Mit der SDX1000 oder der SDX1200 wählst du „Schneid", achtest darauf, dass der Halbschnitt auf „OFF" ist und schneidest die gewünschte Anzahl Seiten.

Zum Schneiden mit der ScanNCut CM300–CM900 machst du die Einstellungen wie auf der nächsten Seite beschrieben.

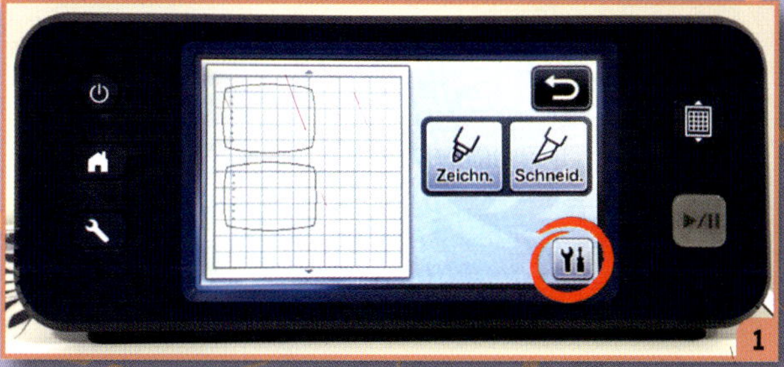

1

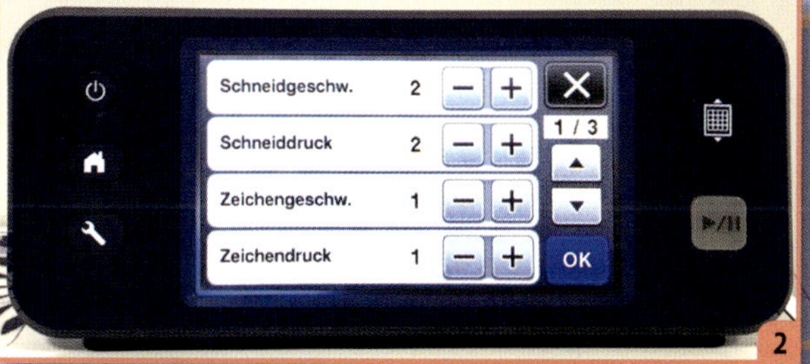

2

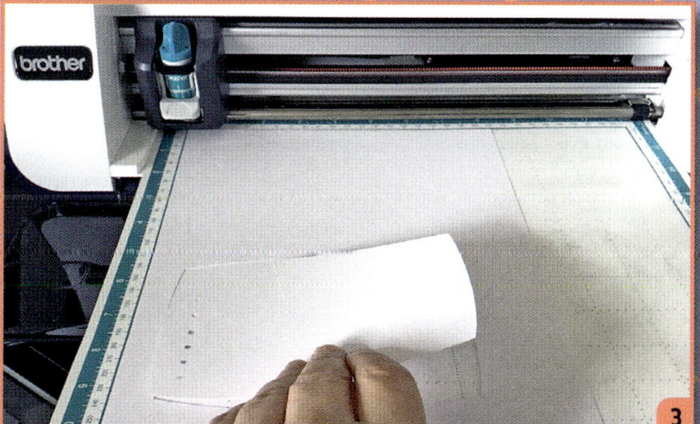

3

Wähle „Schneid." und tippe dann rechts unten auf die Schaltfläche mit den Werkzeugen, um die Schneideeinstellungen aufzurufen (Abb. 1).

Stelle sowohl die passende Schneidegeschwindigkeit als auch den richtigen Schneidedruck für dein Papier ein. Für Papier mit 185 g/qm passt ein Druck von 2 (Abb. 2). Dünnes Papier, z. B. Kopierpapier, schneidest du mit Schneidedruck 0. Gehe auf „OK".

Überprüfe nun, ob dein Messer auf die richtige Länge eingestellt ist. Entweder liest du hierfür die passende Messerlänge aus der Liste ab, die sich in der Kurzanleitung der Maschine befindet, oder du hältst das Messer dicht neben dein Papier. Die Klinge darf nur minimal länger sein, als das Papier dick ist (siehe auch S. 47).

Drehe die Kappe, um die richtige Messerlänge einzustellen. Lege anschließend den Messerhalter in den Wagen ein und drücke die Verriegelung nach unten. Lege dein Papier auf die Schneidematte und drücke es gut fest.

Tipp!

Verwende für starkes Papier die stark klebende Standardmatte. Für Kopierpapier nimmst du besser eine mittelstark oder leicht klebende Matte.

Lege die Matte gerade in die Führung ein, bis sie leicht unter der Rolle festgehalten wird. Drücke rechts neben dem Display auf die Transport-Taste. Die Matte wird nun eingezogen. Jetzt leuchtet die Start-/Stopp-Taste auf. Sobald du diese drückst, fängt die ScanNCut an zu schneiden. Löse die ausgeschnittenen Seiten im Anschluss vorsichtig von der Matte ab (Abb. 3).

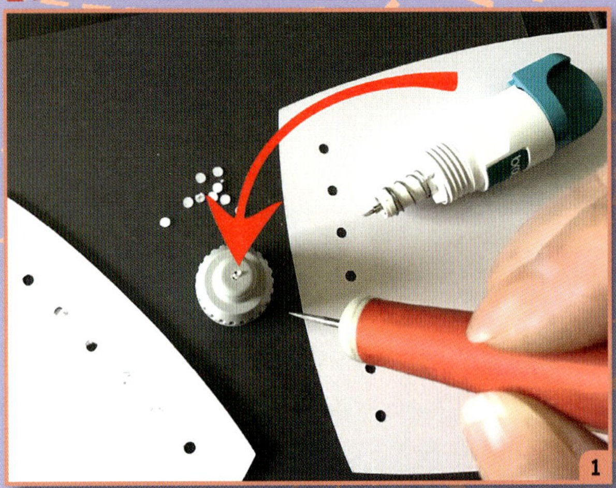
1

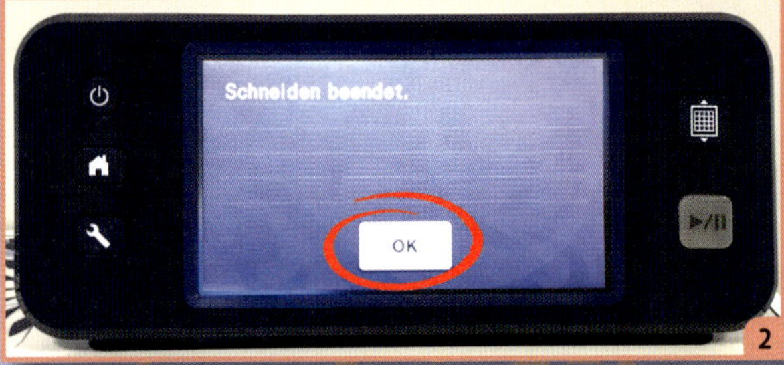

2

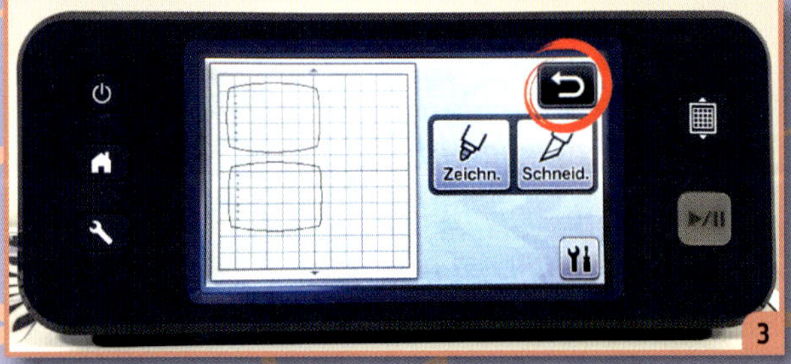

3

Beim Schneiden der vielen kleinen Löcher kann es leicht passieren, dass sich Schneidereste im Messer verfangen. Sobald du siehst, dass die ScanNCut nicht richtig schneidet, drücke die Start-/Stopp-Taste, um sie anzuhalten. Schau dir das Messer an. Wenn sich Stückchen darin befinden, drehe die Kappe ab und säubere sie. Puste das Messer aus und drehe die Kappe wieder darauf (Abb. 1).

Tipp!
Wenn du öfter viele Teile gleichzeitig schneidest, ist es praktischer, mit zwei Schneidematten gleichzeitig zu arbeiten. Dann kannst du die Schnittteile von der einen Matte abnehmen, während die zweite Matte bereits wieder schneidet. Das spart Zeit.

Und noch ein Tipp:
Kleine Schneidereste, wie z. B. die Ausschnitte der Löcher, kannst du sehr gut mit einer alten Kreditkarte von der Schneidematte schieben.

Schneide nun nacheinander so viele Seiten, wie dein Buch haben soll (Abb. 2).

Tippe, wenn du fertig bist, im Schneidebildschirm auf den dunkel hinterlegten Zurück-Pfeil rechts oben (Abb. 3).

Motive für das Titelblatt hinzufügen

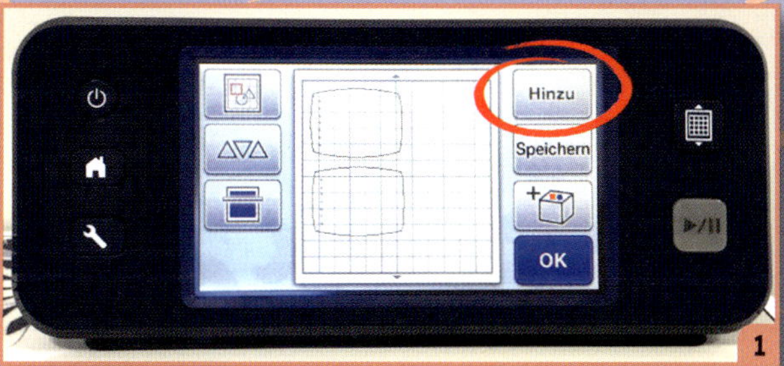

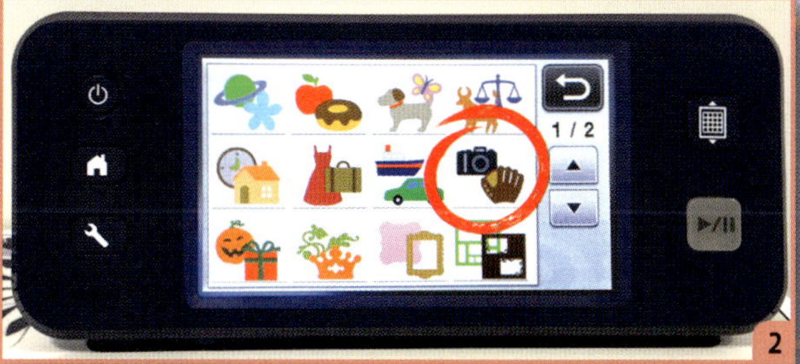

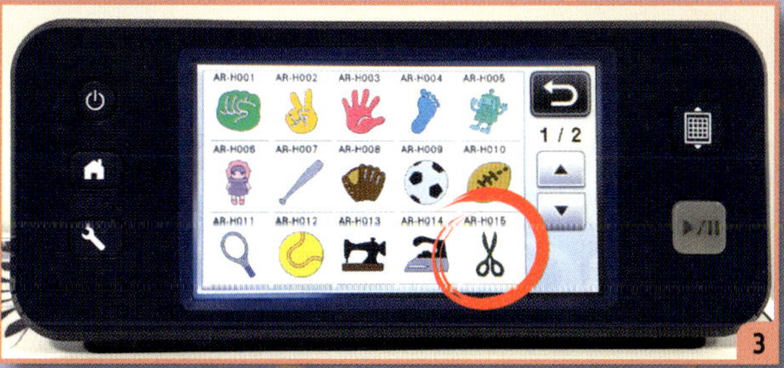

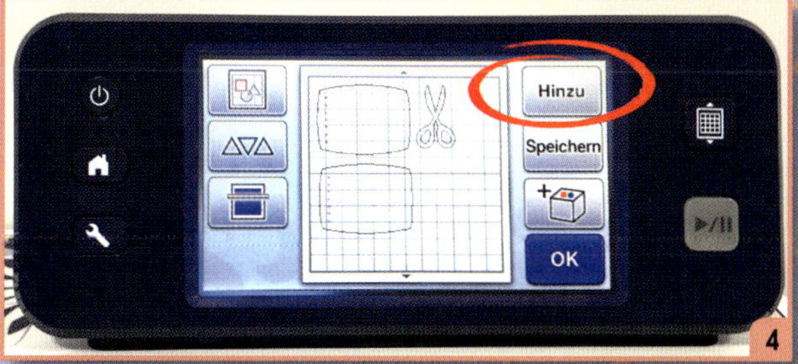

Tippe, wenn du wieder zurück im Ausgangsbildschirm angelangt bist, rechts oben auf „Hinzu" (Abb. 1).

Wähle oben die zweite Kategorie von links aus, in der du die „komplexen Formen" findest. Hierbei handelt es sich meist um Muster, die aus mehreren Elementen bestehen.

Bei den komplexen Formen findest du zahlreiche Unterkategorien, in denen die Muster thematisch aufgeteilt sind. Es gibt auch noch eine zweite Seite innerhalb der Unterkategorien, die oft übersehen wird.

Um das Notizbuch zu verzieren, tippst du ganz rechts auf die mittlere Kategorie, in der du Sport- und Hobby-Motive findest (Abb. 2).

Bei den Geräten der DX-Serie hat diese Kategorie ein anderes Bild. Du findest die Motive bei Zahnrad und Trompete.

Tippe anschließend rechts unten auf die Schere (AR-H015) (Abb. 3). Gehe auf „OK" und noch einmal auf „OK" sowie im Anschluss auf „Einf", ohne etwas zu verstellen oder zu ändern.

Tippe nun rechts oben auf „Hinzu", um einen Text hinzuzufügen (Abb. 4).

Dann tippe auf „Muster", um wieder in die Musterkategorie zurückzukommen.

Text hinzufügen

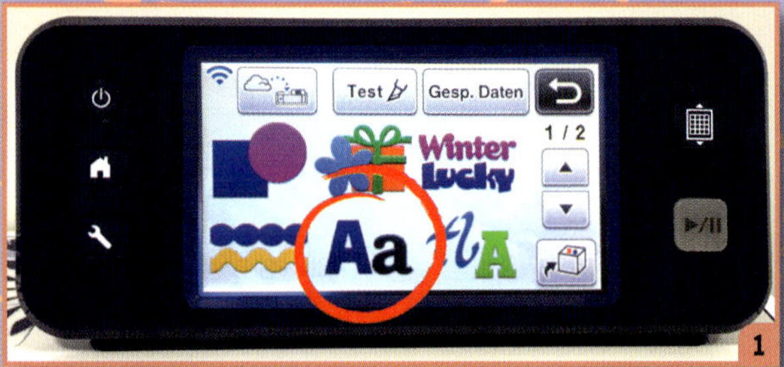

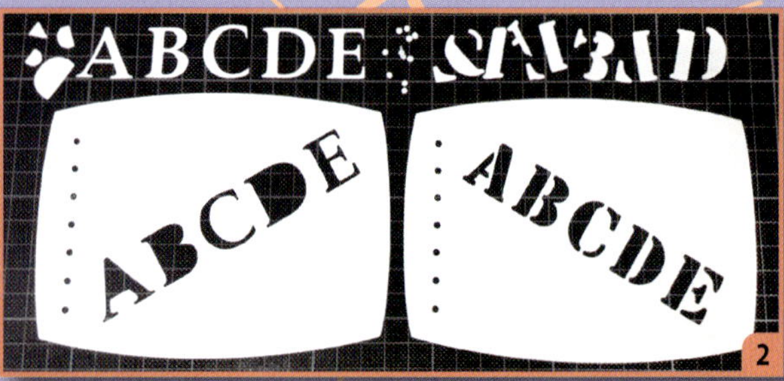

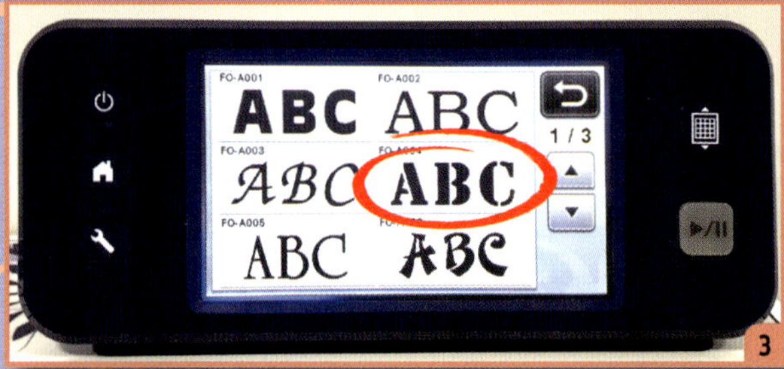

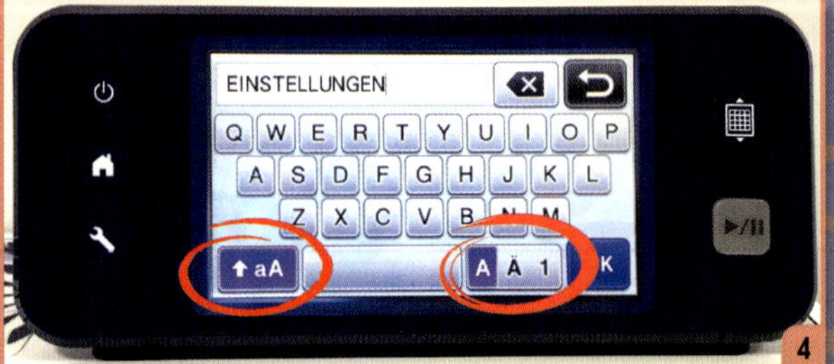

Tippe unten in der Mitte auf die Text-Kategorie (Abb. 1).

Achtung!
Wenn du einen Text ausschneidest, musst du dir grundsätzlich überlegen, ob du die ausgeschnittenen Buchstaben verwenden möchtest oder den Rand um die Buchstaben herum. Denn wenn du Schablonen schneiden möchtest, müssen innere lose Teile durch kleine Verbindungsstege mit dem Hintergrund verbunden sein. Das Gleiche gilt auch für Motive mit losen inneren Bereichen.

Beim Titelblatt des Notizbuchs soll die Schrift wie aus einer Schablone herausgeschnitten werden. Dafür wählst du am besten eine Stencil-Schriftart, bei der die inneren Bereiche der Buchstaben A, B, D, O usw. beim Schneiden nicht herausfallen, sondern mit dem Hintergrund verbunden sind (Abb. 2).

Die Schrift FO-A004, die bei allen Modellen verfügbar ist, ist z. B. solch eine Stencil-Schrift (Abb. 3).

Sobald du die Schrift ausgewählt hast, erscheint eine Tastatur (Abb. 4). Schreibe nun deinen Wunschtext und gehe danach auf „OK“.

Übrigens!
Mit den Umschalt-Schaltflächen unten links und rechts kannst du auf Kleinbuchstaben, Zahlen und Sonderzeichen umschalten (Abb. 4).

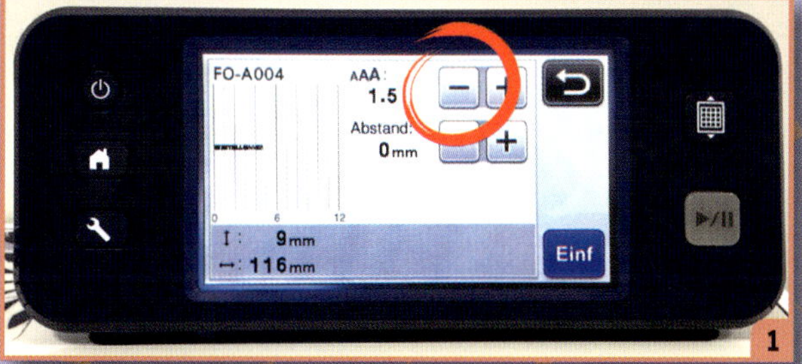

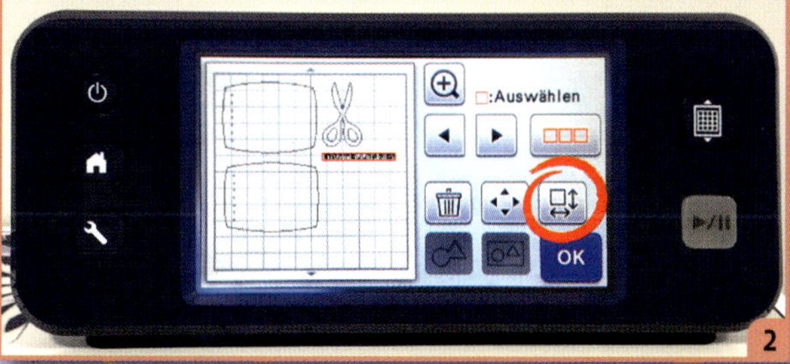

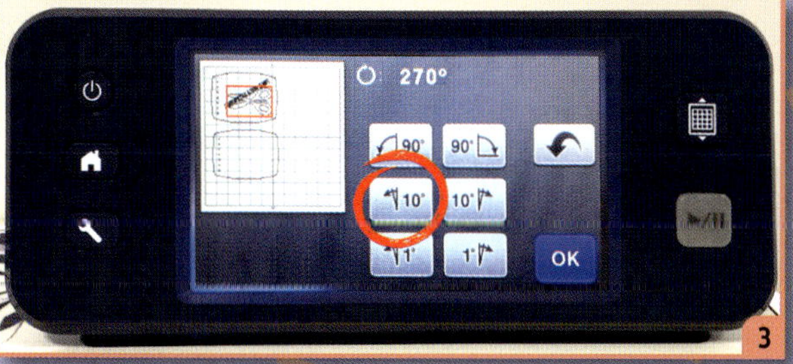

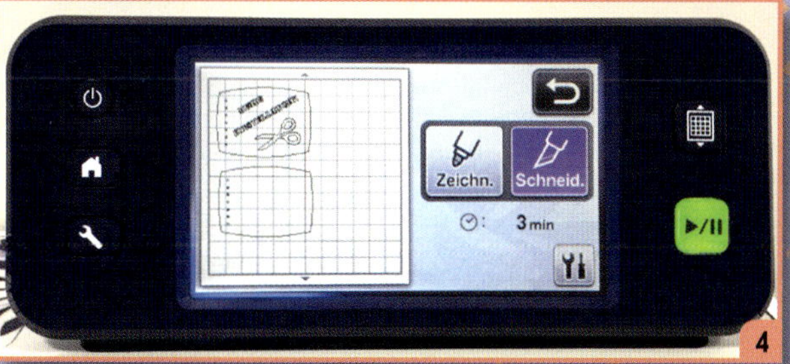

Im nächsten Bildschirm kannst du die Größe deines Textes anpassen (Abb. 1). Während du oben die Buchstabengröße veränderst, kannst du unten links sehen, wie sich das auf die Gesamtgröße deines Textes auswirkt. Der Text kann aber auch noch später im Bearbeiten-Bildschirm weiter vergrößert oder verkleinert werden. Gehe anschließend auf „Einf".

Tippe im Übersichtsbildschirm die Schaltfläche links oben an und anschließend im Bearbeiten-Bildschirm auf die Schaltfläche zum Bearbeiten (Abb. 2).

Wähle nun das Symbol zum Drehen aus und drehe den Schriftzug und die Schere einzeln in Zehn-Grad-Schritten so, wie du sie auf dem Titelbild haben möchtest (Abb. 3). Gehe im Anschluss auf „OK" und noch einmal auf „OK".

In der Vergrößerung kannst du noch einmal überprüfen, ob alle Elemente richtig auf der Titelseite angeordnet sind. Wenn alles passt, klickst du auf „OK" und noch zweimal auf „OK", bis du im Schneidebildschirm angelangt bist (Abb. 4).

Mache, falls nötig, die Einstellungen an Maschine und Messer.

Lege den Karton auf die Schneidematte und lege sie in die Maschine ein. Drücke die Transport-Taste.

Tippe auf „Schneid." und drücke die grün leuchtende Start-/Stopp-Taste.

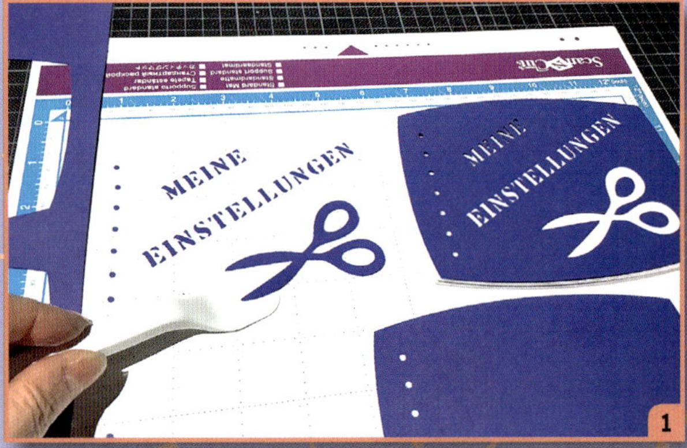

1

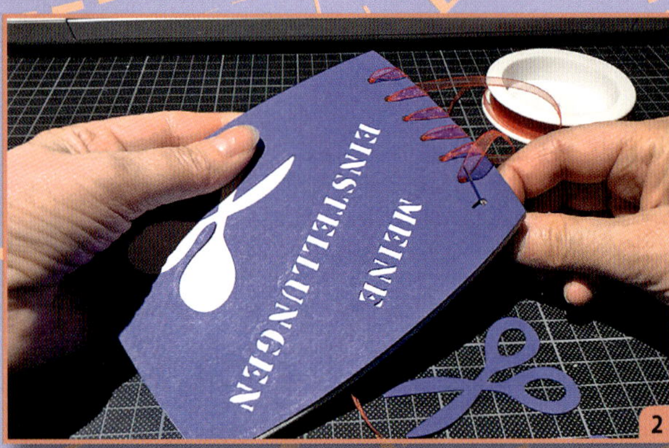

2

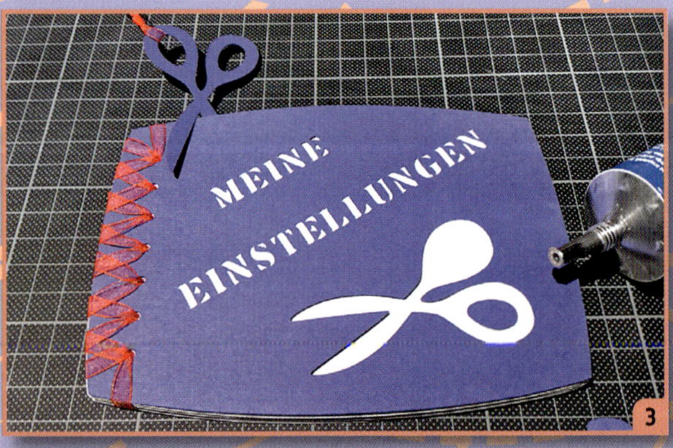

3

Wenn die ScanNCut fertig ist mit dem Schneiden, überprüfe zuerst, ob sie das Material gut durchgeschnitten hat. Ansonsten kannst du den Karton einfach noch einmal schneiden lassen.

Fahre nun die Matte aus und nimm die beiden ausgeschnittenen Notizbuchseiten ab. Mit dem Spatel oder einer alten Kreditkarte kannst du die Reste von der Matte schieben (Abb. 1).

Die Schere mitsamt den beiden herausfallenden Teilen des Griffs legst du zur Seite.

Lege jetzt den Stapel weißer Seiten zwischen die Kartonseiten des Notizbuchs.

Fädle das Band in die Stopfnadel ein und fange an einem Ende an, die Buchseiten durch die geschnittenen Löcher hindurch zusammenzunähen. Nähe einmal oben herum und dann überkreuzt wieder zurück zum Anfang (Abb. 2).

Verknote das Band auf der Rückseite und schneide die Enden kurz ab. Knote den Rest des Bändchens an den Griff der Schere.

Zuletzt klebst du noch die beiden aus dem Griff herausgefallenen Teile auf die erste weiße Seite des Notizbuchs an die passende Stelle (Abb. 3) – fertig!

Der Testschnitt

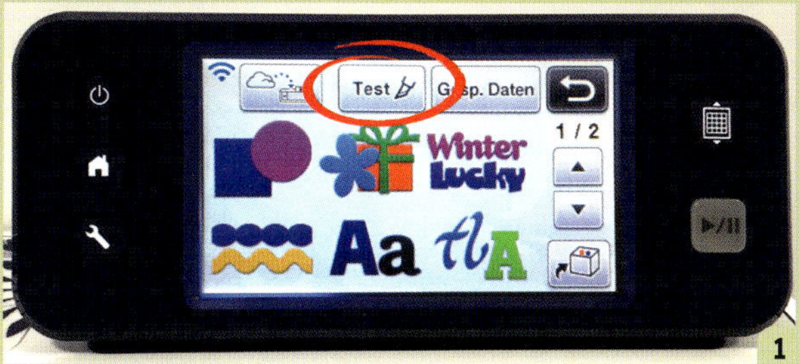

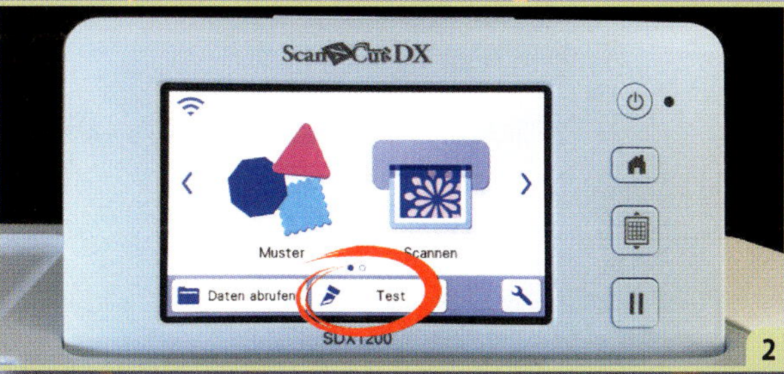

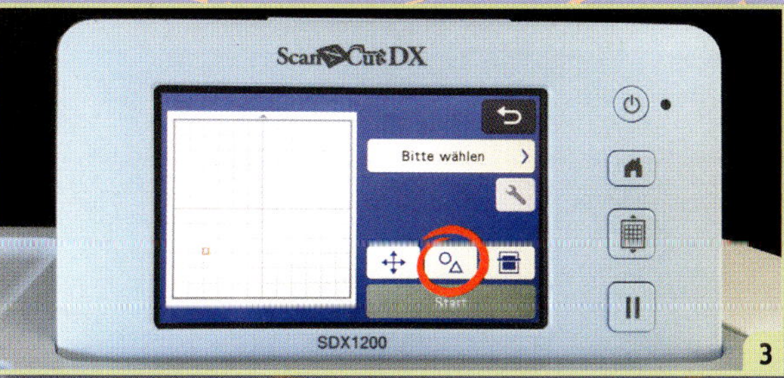

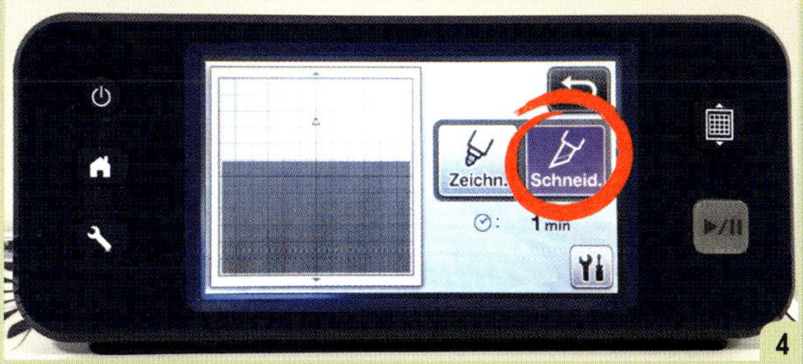

Eigentlich hätte dieses Kapitel gleich am Anfang des Buches stehen sollen. Aber ich habe es glatt vergessen, genauso wie ich immer vergesse, den Testschnitt zu machen. Denn wenn ich mit meiner Idee im Kopf an der ScanNCut arbeite, will ich ganz schnell ein Ergebnis sehen.

Wenn du wie ich ungeduldig und risikobereit bist, schneide drauflos. Nimm lieber erstmal eine Messerlänge und eine Druckstufe niedriger. Ab und zu geht eben mal eine Matte kaputt. Du kannst diese aber ganz einfach von hinten mit Packband bekleben und reparieren.

Wenn du jedoch eher der vorsichtige Typ bist, nutze unbedingt die Testschnitt-Funktion! Bereite dein Material vor, lege es auf die Schneidematte und fahre beides in die Maschine ein.

Gehe auf „Muster" und tippe auf die Schaltfläche „Test" (Abb. 1 und 2).

Du kannst zwischen verschiedenen Testformen auswählen (Abb. 3).

Die Form kannst du an eine beliebige Stelle schieben, an der der Testschnitt nicht stört. Du kannst auch einen Hintergrundscan machen.

Dann machst du deine Einstellungen und legst die Schneidematte mit deinem Material ein. Wähle „Schneid." und starte den Schnitt mit der Start-/Stopp-Taste (Abb. 4).

Wenn die kleine Testform perfekt geschnitten ist, waren deine Einstellungen gut. Ansonsten kannst du diese anpassen und einen weiteren Testschnitt machen.

Das dritte Projekt: bunte Blumenwiese

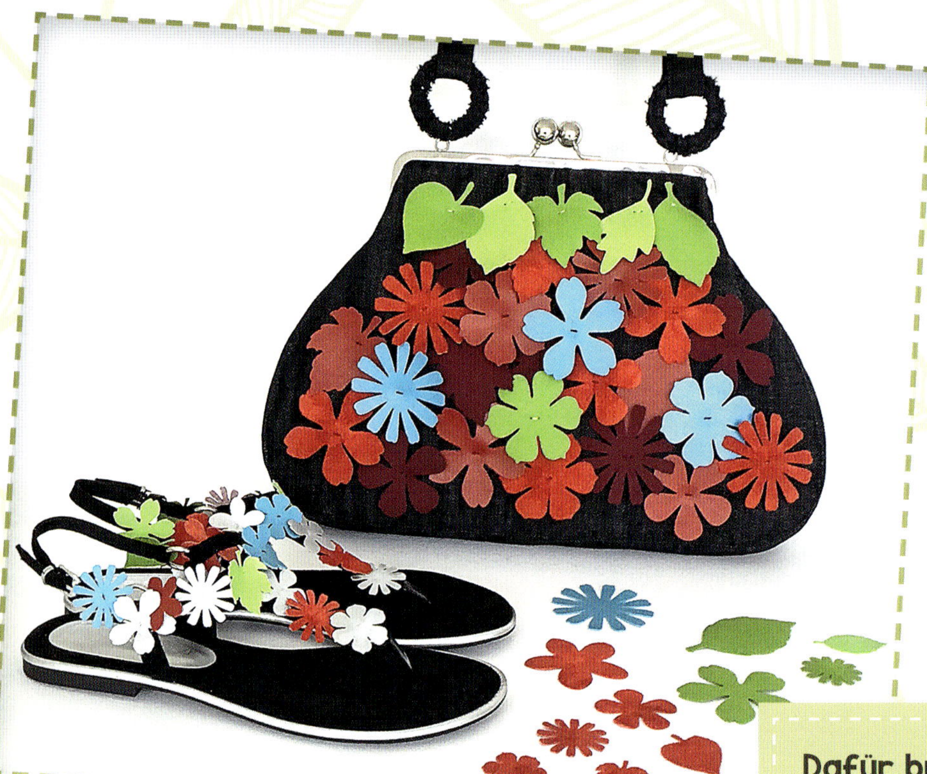

Das folgende Projekt ist ideal, um verschiedene Textilmaterialien auszuprobieren. Du kannst dafür auch Reste benutzen.

Dafür brauchst du:

- eine fertige Tasche
- ein Paar Riemchensandalen
- mehrere Stücke festen Canvasstoff, Kunstleder oder Leder in verschiedenen zusammenpassenden Farben
- ein Aufbügelblatt für Applikationen
- Nähnadel, Nähgarn, Schere

Stoff schneiden

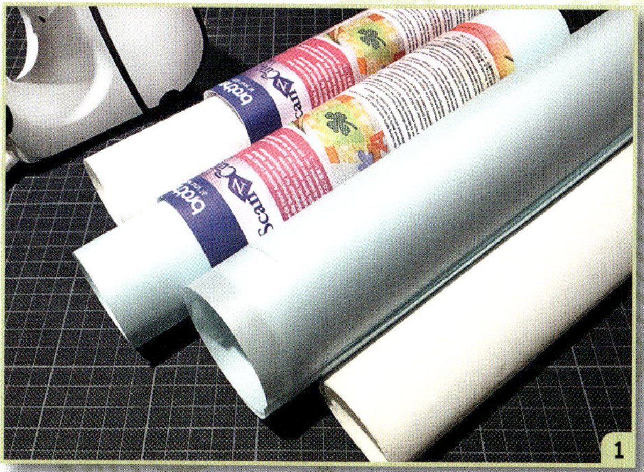

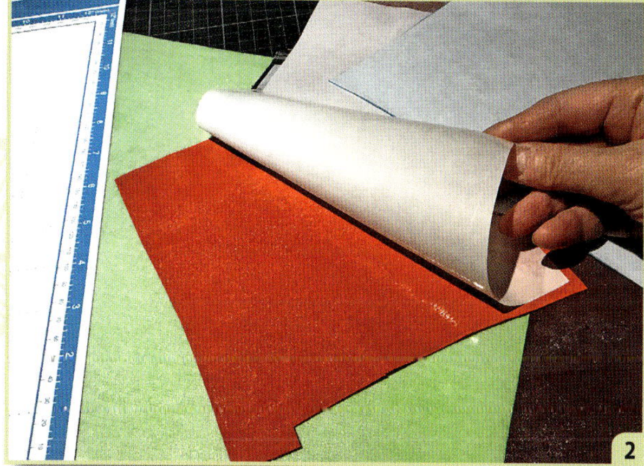

So geht's:

Um weiche Materialien wie Stoff und Kunstleder zu schneiden, musst du eine Verstärkung auf die Rückseite bügeln, damit das Material steifer ist und/oder sehr gut an der Matte klebt.

Dafür gibt es verschiedene Produkte und Möglichkeiten:
Für den Anfang ist es ratsam, die Aufbügelblätter oder die mehrfach verwendbare Klebefolie für Stoffschnitte von Brother zu verwenden, da sie speziell für die ScanNCut entwickelt wurden und sehr gut funktionieren (Abb. 1).

Zuerst bügelst du das Aufbügelblatt auf die Rückseite der Textilmaterialien, die du schneiden möchtest.

Stelle das Bügeleisen auf zwei Punkte ein. Die richtige Seite des Aufbügelblatts ist nicht so leicht zu erkennen. Probiere das Aufbügeln deshalb unbedingt zuerst an einer kleinen Ecke aus, damit du nicht aus Versehen das Bügeleisen mit dem Klebematerial verschmutzt. Schneide anschließend die Stücke grob mit der Schere zurecht.

Danach ziehst du das Papier ab (Abb. 2) und legst das Textilmaterial mit der Vorderseite nach oben und dem leicht glänzen den Aufbügelfilm nach unten an die obere Kante der Schneidefläche auf deine Schneidematte.

Lege die Schneidematte zur Seite. Als Nächstes bereitest du deine Motive am Bildschirm der ScanNCut vor.
Dazu wählst du mit dem Eingabestift am Touchscreen „Muster" und anschließend oben in der Mitte die komplexen Muster.

Tippe links oben die Kategorie mit der Blume an (Abb. 3).

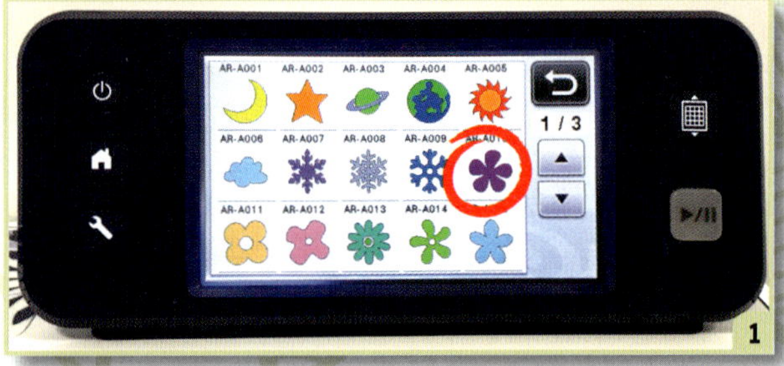

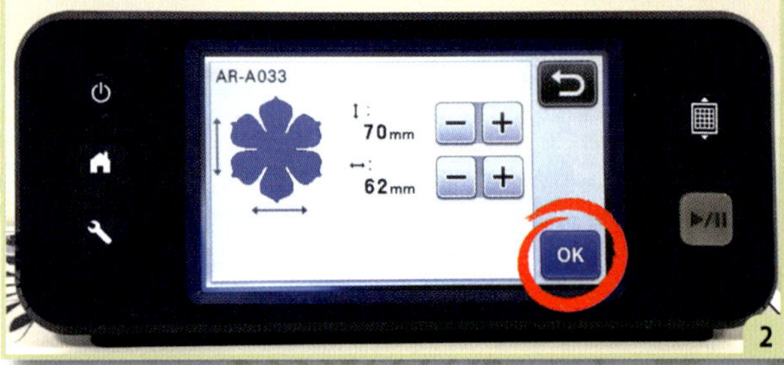

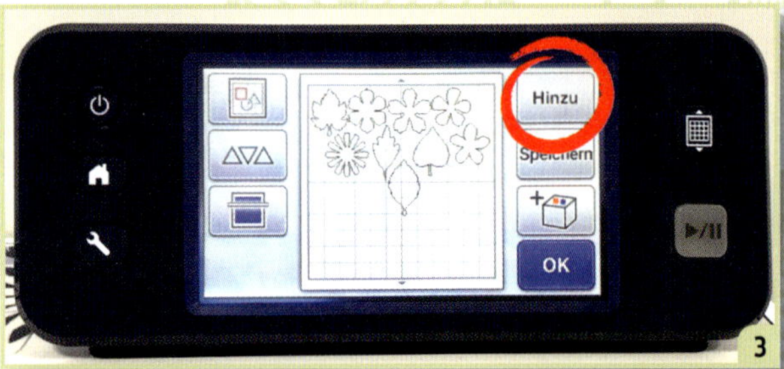

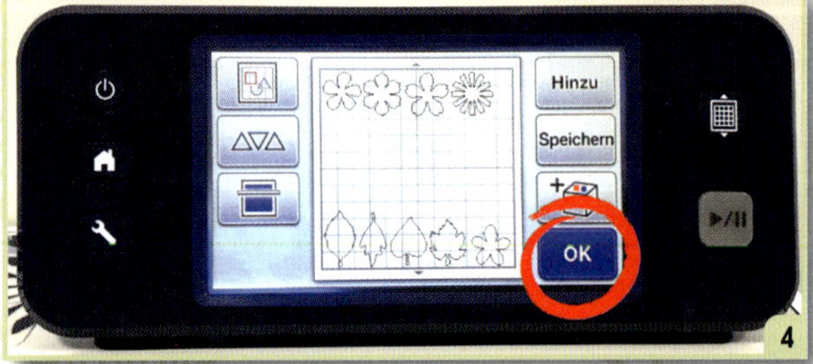

In dieser Musterkategorie findest du verschiedene Blumen- und Blattmotive. Je nach Gerätemodell hast du vielleicht nicht alle auf den Bildern gezeigten Motive.

Wähle eine Blume aus (Abb. 1). Überlege dir, wie groß die Motive für dein Projekt werden sollen. Für die Tasche sind 6–7 cm ideal. Stelle die gewünschte Größe ein und gehe auf „OK" (Abb. 2).

Tippe im Übersichtsbildschirm oben rechts auf „Hinzu", um das nächste Motiv hinzuzufügen (Abb. 3).

Wähle aus der gleichen Kategorie ein weiteres Muster aus und füge so alle Motive hinzu, die du aus den vorbereiteten Textilmaterialien ausschneiden möchtest.

Verschiebe die Muster einzeln mit dem Eingabestift und ordne sie so an, dass sich eine Reihe oben und eine Reihe unten an der Kante befindet.

Am besten, du sortierst sie gleich ein wenig nach Farben – die Blumen nach oben für buntes Material und die Blätter nach unten, um sie aus grünem Material auszuschneiden. Tippe im Anschluss wieder auf „OK" (Abb. 4).

Eine aktive und eine passive Schneidefläche

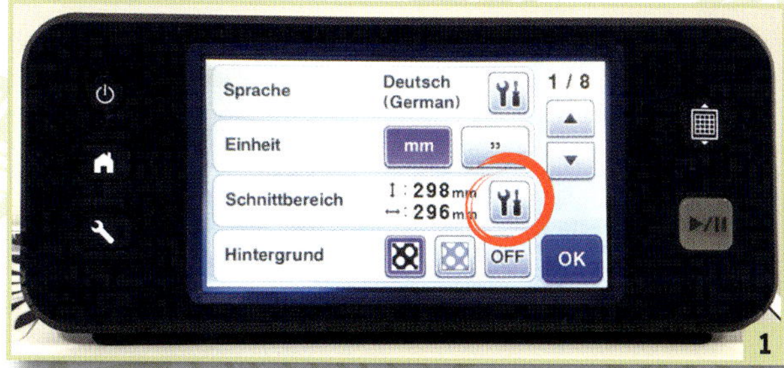

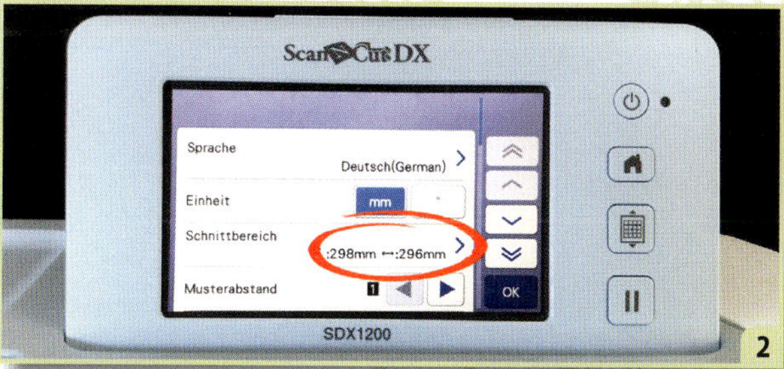

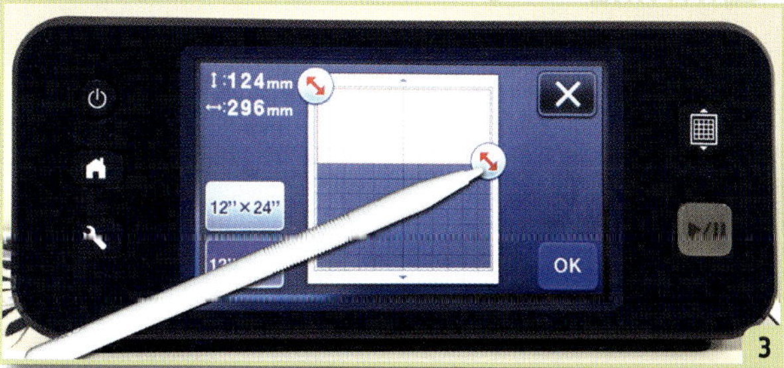

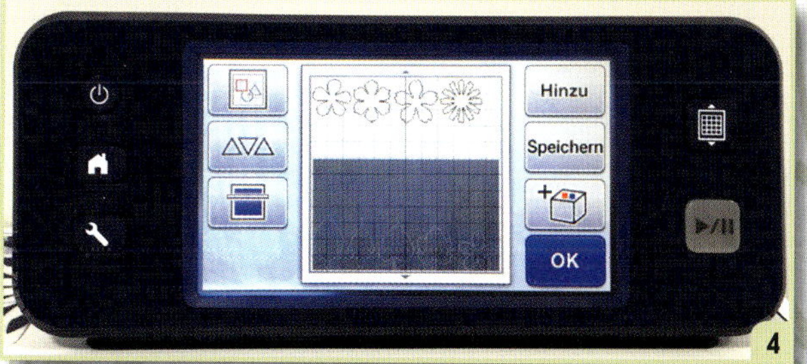

Du kannst in den Einstellungen festlegen, dass die Maschine nur einen Teil der Mattenfläche schneiden soll.
So kannst du bei mehreren Durchgängen immer die Motive, die du gerade aus dem jeweiligen Material schneiden möchtest, in den aktiven Schneidebereich schieben.

Dazu drückst du auf die Werkzeug-Taste, um zu den Einstellungen zu gelangen. Tippe in der Zeile „Schnittbereich" rechts auf die Schaltfläche mit den Werkzeugen (Abb. 1 und 2).

Mit dem Eingabestift verschiebst du den unteren rechten Pfeil weiter nach oben (Abb. 3). Alles, was weiß angezeigt wird, ist die aktive Schneidefläche.

Die dunklere Fläche unten ist der passive Arbeitsbereich. Alle Motive, die dort platziert sind, werden nicht ausgeschnitten.

So kannst du oben immer das Material und die Motive anordnen, die du als Nächstes schneiden möchtest, und in der unteren Hälfte kannst du die Motive platzieren, die du gerade nicht schneiden möchtest. Gehe anschließend auf „OK".

Jetzt siehst du deine Motive auf der aktiven und der passiven Arbeitsfläche liegen (Abb. 4).

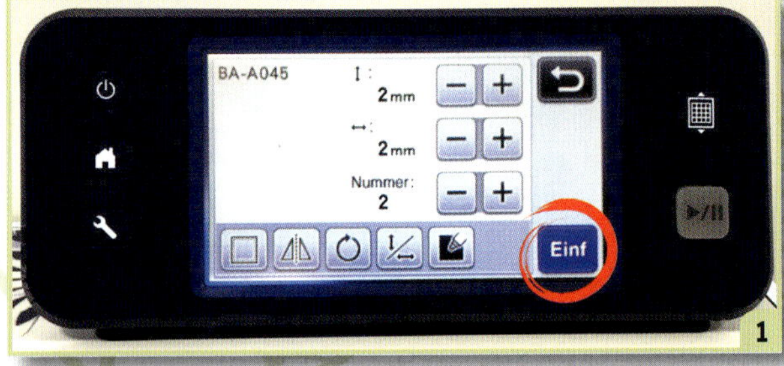

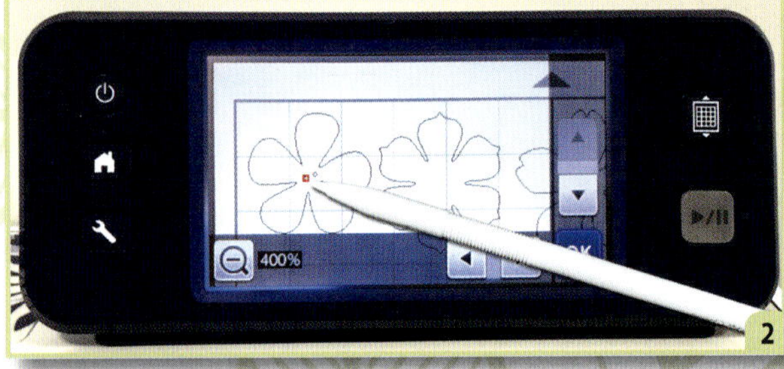

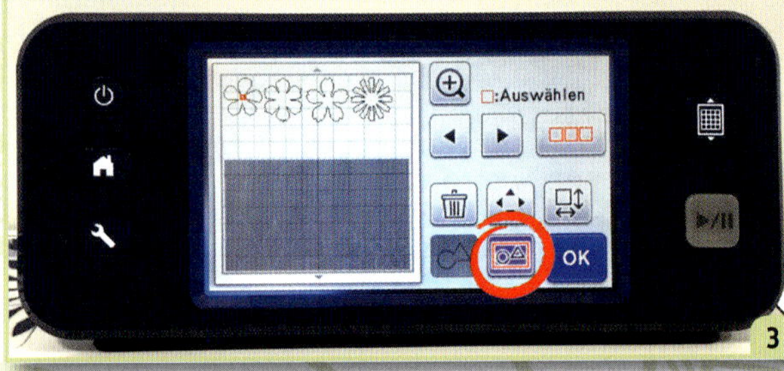

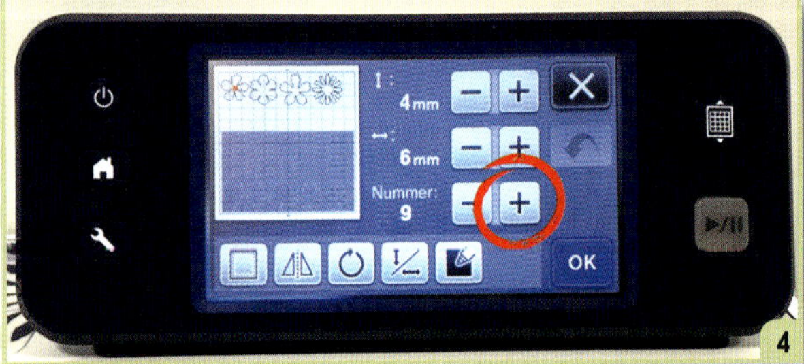

Als Nächstes fügst du den Motiven kleine Löcher zum Annähen hinzu. Gehe rechts oben auf „Hinzu".

Wähle links oben in der Kategorie „einfache Formen" den Kreis BA-A045 aus.

Reduziere die Größe auf 2 mm Höhe und 2 mm Breite und erhöhe die Anzahl unter „Nummer" auf 2. So erhältst du zwei Kreise mit je 2 mm Durchmesser. Gehe auf „Einf" (Abb.1).

Tippe im Übersichtsbildschirm auf die Schaltfläche oben links und anschließend ganz oben im Bearbeiten-Bildschirm auf die Schaltfläche mit dem Plus in der Lupe, um in die Vergrößerung zu gelangen.

Verschiebe die beiden Kreise auf der Blume so, dass die zwei Löcher wie bei einem Knopf einen Abstand zum Annähen haben (Abb. 2). Mit den Pfeiltasten kannst du die Ansicht nach oben, nach unten, nach rechts und nach links bewegen. Gehe auf „OK".

Wähle nun beide Löcher aus, um sie zu gruppieren. Dazu tippst du auf die drei roten Quadrate zum Auswählen. Im Auswählen-Bildschirm tippst du nacheinander beide Kreise an. Gehe auf „OK".

Gruppiere die zwei Kreise (Abb. 3).

Vervielfältige die beiden gruppierten Löcher. Gib bei „Nummer" die Zahl deiner Motive auf der gesamten Arbeitsfläche ein (Abb. 4). Gehe auf „OK".

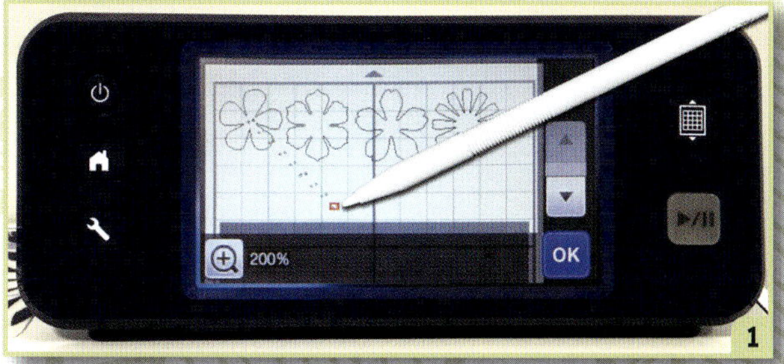

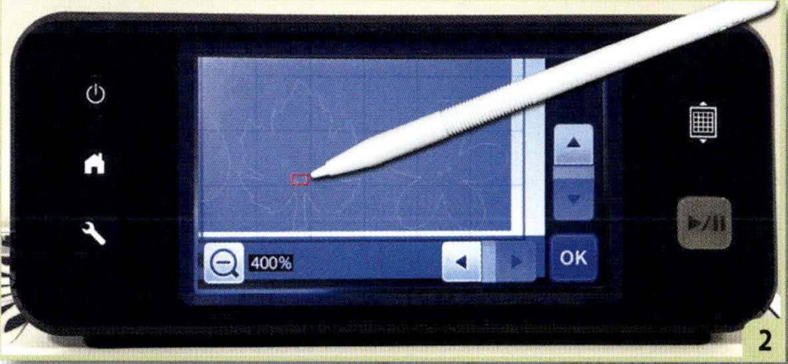

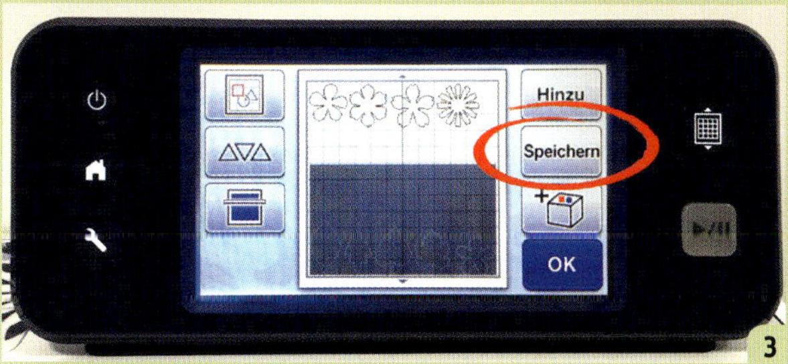

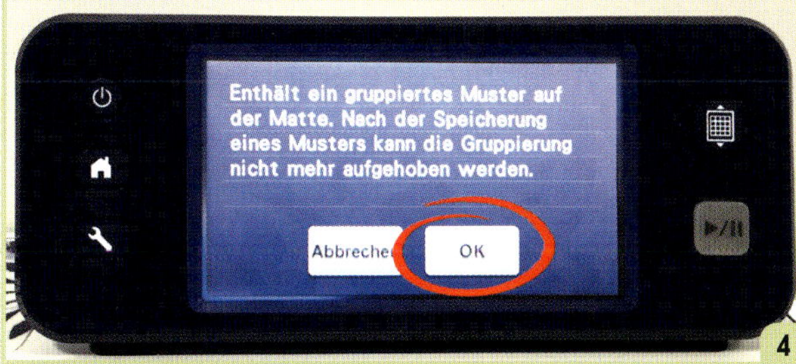

Gehe erneut in die Vergrößerung und schiebe die Löcher jeweils mittig auf die Blumen und über die Stiele der Blätter, bis jedes Motiv mit zwei Löchern versehen ist (Abb. 1 und 2).

Nun wähle im Auswählen-Bildschirm jeweils ein Motiv und die dazugehörigen Löcher aus.

Gehe auf „OK“ und dann auf das Gruppieren-Symbol.

Dann gehst du wieder in den Auswählen-Bildschirm und wählst das nächste Motiv und die dazugehörigen Löcher aus und gruppierst beides.

Das wiederholst du für alle Motive, sodass jedes Motiv samt Löchern gruppiert ist. Mit ein bisschen Übung geht das ganz schnell.

Arbeite sorgfältig, nicht dass am Ende Motive miteinander gruppiert sind, denn du musst diese später einzeln verschieben können.

Achtung!
Bei allen Elementen und Motiven, die du gruppiert speicherst, lässt sich die Gruppierung nach dem Speichern nicht mehr aufheben.

Gehe auf „OK“ und anschließend auf „Speichern“, da du die Projektdaten später noch benötigst (Abb. 3).

Es kommt nun wieder der Warnhinweis, den du mit „OK“ bestätigen kannst (Abb. 4).

Gehe noch zweimal auf „OK“, bis du im Schneide-Bildschirm angelangt bist.

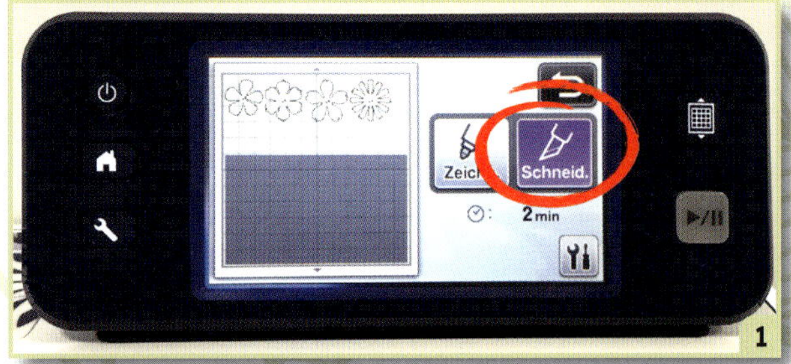

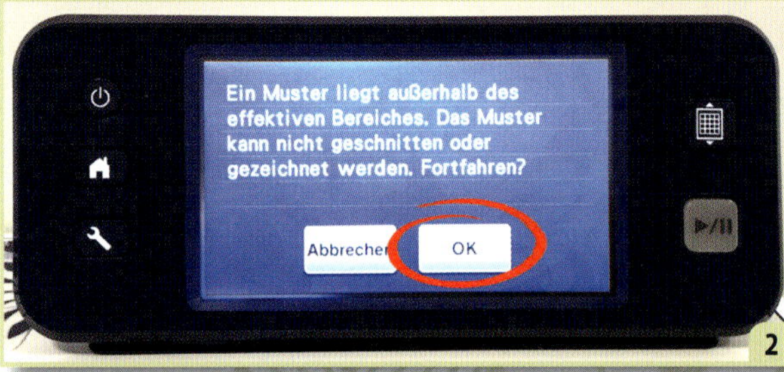

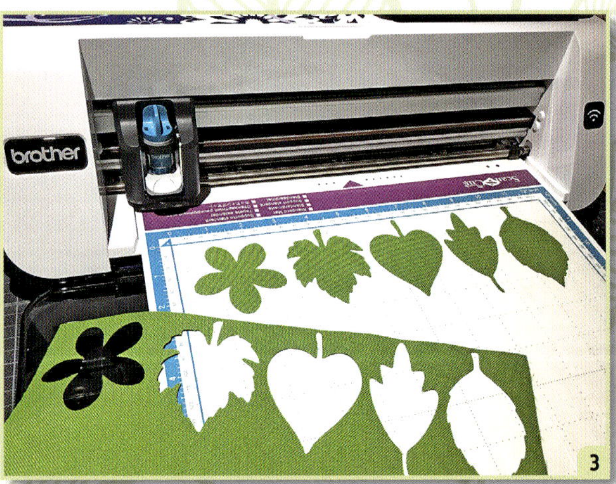

Tippe auf die Schaltfläche mit den Werkzeugen, um in die Einstellungen zu kommen.

Für das Automatikmesser wählst du Halbschnitt „OFF“.

Für die manuelle Einstellung gilt Folgendes:

Für kräftige Textilmaterialien, wie z. B. das hier verwendete Leder oder Kunstleder, ist ein Schneidedruck von 3–4 passend. Wähle für die kurvigen Blumen und Blätter die Geschwindigkeit 2. Gehe auf „OK“.

Stelle das Messer auf die richtige Länge ein. Halte hierfür die Klinge neben dein Material. Die Klinge darf nur minimal länger sein als das Material dick ist, siehe hierzu auch S. 47.

Drücke nun das Material für den ersten Schneidedurchgang (die oberste Blumenreihe) auf der Schneidematte gut fest. Lege die Schneidematte in die ScanNCut ein und klicke oben rechts auf die Transport-Taste, um die Matte einzufahren.

Tippe im Anschluss am Bildschirm auf „Schneid.“ (Abb. 1) und zudem rechts vom Display die Start-/Stopp-Taste,
um den Schneidevorgang zu starten. Die Fehlermeldung bestätigst du mit „OK“ (Abb. 2), da es ja Absicht ist, dass einige Teile außerhalb des Schneidebereichs liegen.

Nach dem Schneiden tippst du auf den Zurück-Pfeil, um die Motive für das nächste Material neu anzuordnen. Du kannst diese einfach mit dem Eingabestift einzeln verschieben.

Lege nun das nächste Material auf die Schneidematte auf und schneide so lange, bis du genügend Blumen und Blätter hast (Abb. 3).

Kleine Verzierungen aus Resten

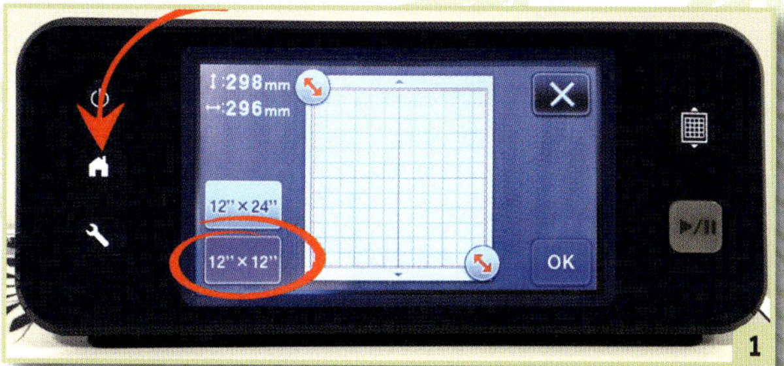

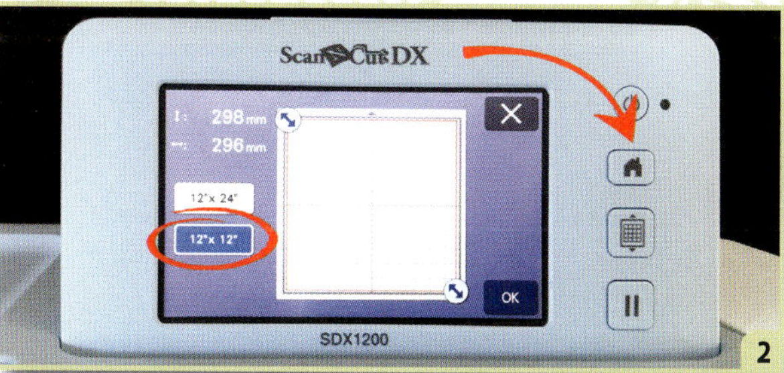

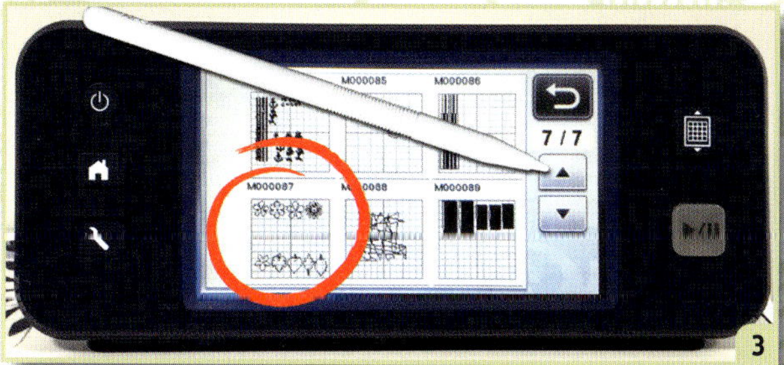

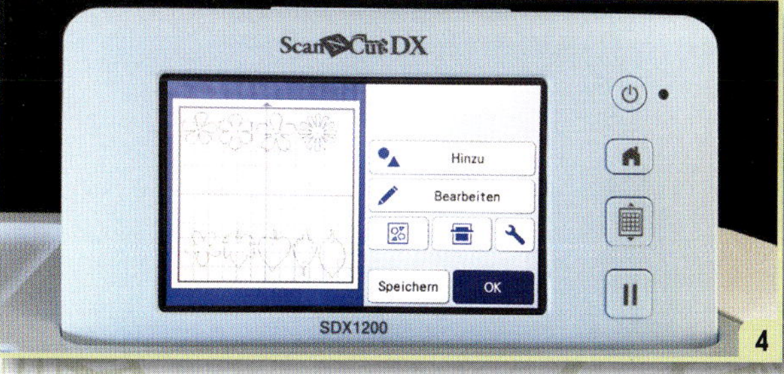

Für die Sandalen brauchst du kleinere Blüten und Blätter, die du gut aus Materialresten ausschneiden kannst. Hierfür benötigst du wieder den vollen Schnittbereich.

Falls die Blumen vom letzten Schneiden noch auf dem Bildschirm sichtbar sind, musst du zuerst auf die Home-Taste drücken (Abb. 1 und 2). Falls du das Projekt nicht, wie auf S. 77 beschrieben, gespeichert hast, speichere es jetzt, sonst sind die Daten gelöscht.

Gehe anschließend in die Einstellungen und stelle den Schnittbereich wieder auf die volle Größe deiner Schneidematte ein (Abb. 1 und 2).

Rufe die gespeicherte Blumendatei aus dem Maschinenspeicher auf (Abb. 3 und 4).

Tippe im Übersichtsbildschirm auf die Schaltfläche, um in den Bearbeiten-Bildschirm zu gelangen.

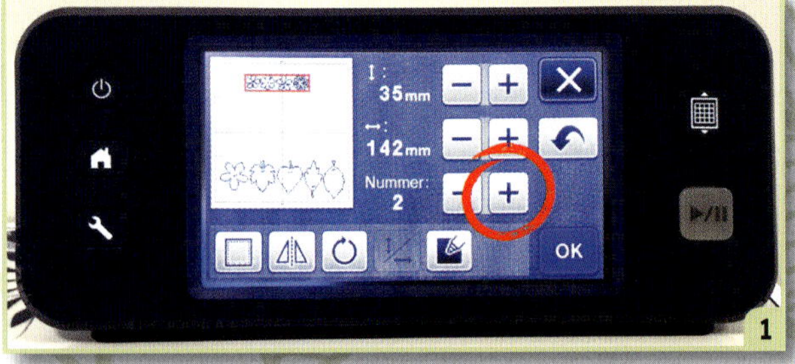

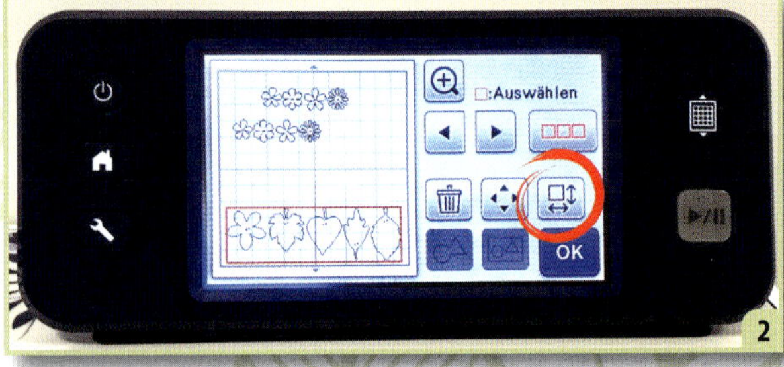

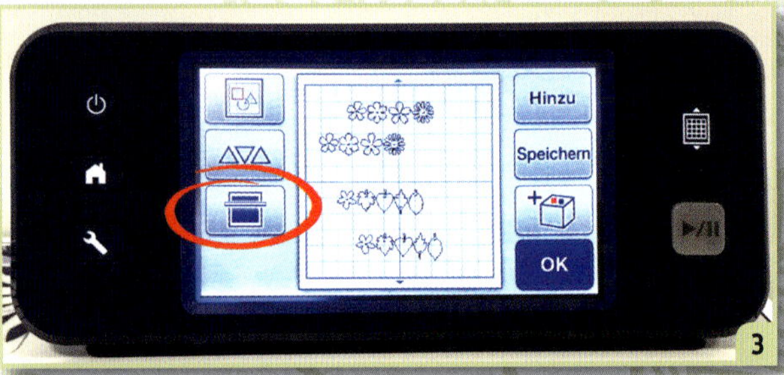

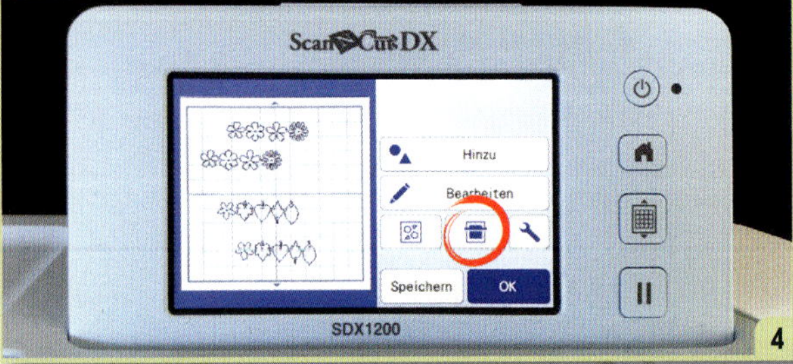

Wähle die gesamte obere Blumenreihe aus und gruppiere sie. Verkleinere die Blumen auf etwa die halbe Größe. Erhöhe die Stückzahl unter „Nummer“ auf 2 (Abb. 1). Gehe auf „OK“.

Verkleinere und dupliziere die untere Reihe auf die gleiche Weise (Abb. 2).

Jetzt legst du deine mit dem Aufbügelblatt vorbereiteten Materialreste auf die Schneidematte und drückst sie gut fest.

Lege die Matte in die ScanNCut ein und drücke die Transport-Taste, um die Matte einzufahren.

Nun machst du einen Hintergrundscan. Tippe dazu auf die Schaltfläche mit dem Quadrat und dem Querstreifen (Abb. 3 und 4).

Drücke die Start-/Stopp-Taste, um den Scan zu starten.

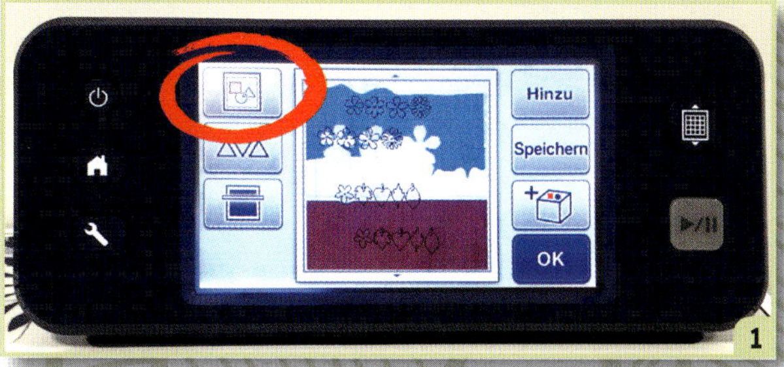

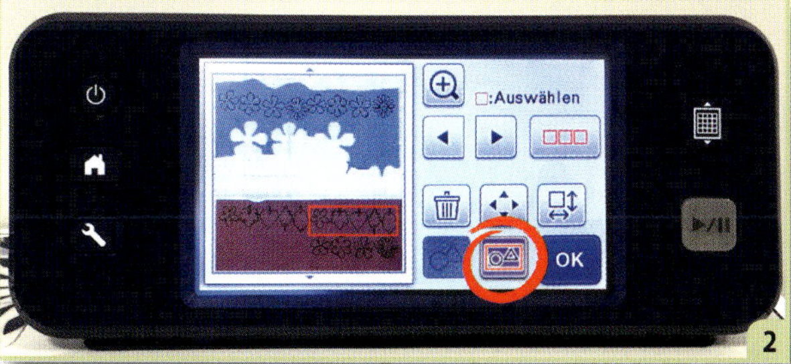

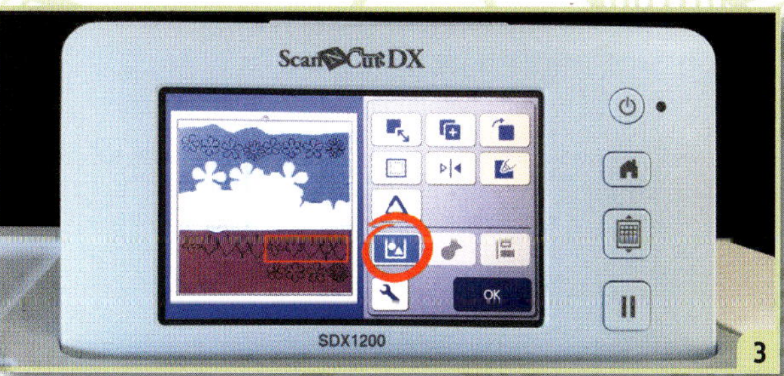

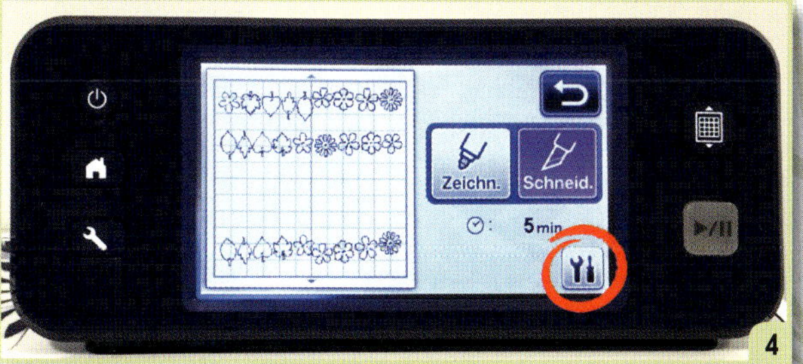

Nach dem Scanvorgang siehst du deine Materialreste auf dem Bildschirm. Wähle die Schaltfläche, um in den Bearbeiten-Bildschirm zu gelangen (Abb. 1).

Schiebe nun mit dem Eingabestift die Motive so auf die eingescannten Materialreste, dass sie nicht zu dicht am Rand liegen. Du kannst die Motive auch weiter duplizieren oder drehen, falls genügend Platz auf deinen Materialstücken ist.

Wenn du nicht die ganzen Reihen, sondern nur einzelne Motive verschieben möchtest, wählst du eine Reihe aus und tippst auf die Gruppieren-Schaltfläche, um die Gruppierung aufzuheben (Abb. 2 und 3).

Nun siehst du einen roten Rahmen um jedes Motiv und kannst diese einzeln bewegen.

Wenn du ein Gerät der CM-Serie besitzt, gehe in die Einstellungen (Abb. 4) und passe die Geschwindigkeit und den Schneidedruck an. Gehe auf „OK". Stelle das Messer auf die richtige Länge ein und tippe auf „Schneid.". Drücke auf die Start-/Stopp-Taste, um den Schneidevorgang zu starten.

Mit einem Gerät der DX-Serie wählst du „Schneid.", achtest darauf, dass der Halbschnitt auf „OFF" gestellt ist, und tippst auf die Schaltfläche „Start".

Leder und Kunstleder schneiden

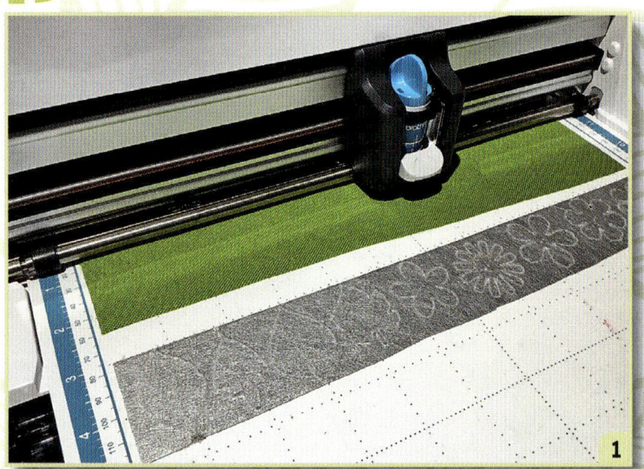
1

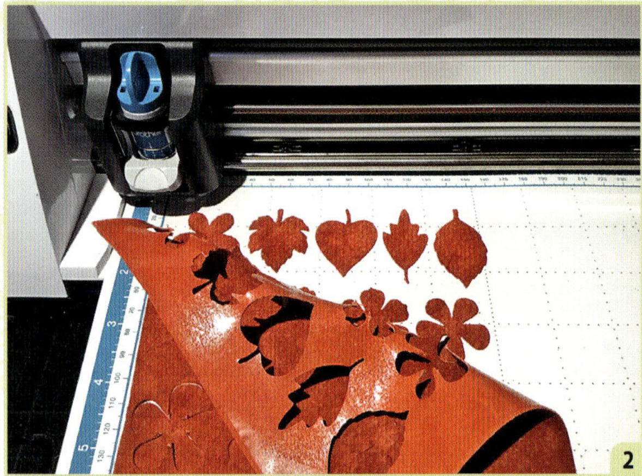
2

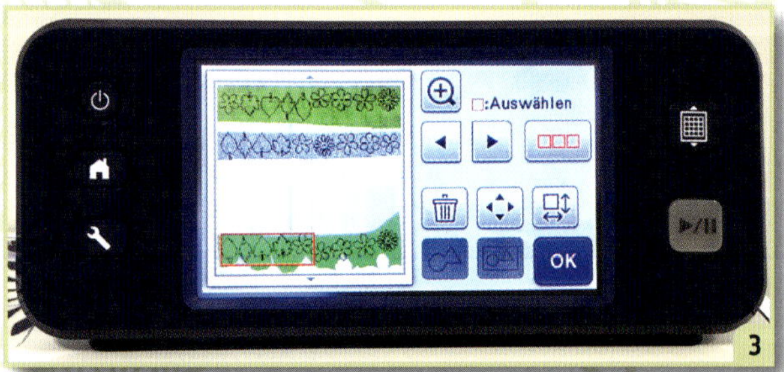

3

Tipps:

- ✂ Die ScanNCut schneidet problemlos nicht allzu dickes Leder, Wildleder, Kunstleder und veganes Leder (Abb. 1 und 2).
- ✂ Du solltest für schwere Materialien eine sehr gut klebende Schneidematte haben.
- ✂ Bei dehnbaren und weichen Materialien muss mit speziellem Aufbügelmaterial gearbeitet werden.
- ✂ Die Aufbügelblätter von Brother haben eine sehr glatte Oberfläche, die dazu führt, dass Stoff, aber auch Wildleder und Kunstleder sehr sicher auf der Matte klebt und so beim Schneiden nicht verrutscht.
- ✂ Zum Stoffeschneiden kannst du auch mit Sprühstärke und verschiedenen steifen Bügeleinlagen und Aufbügelpapier experimentieren. Das Ergebnis ist immer auch von der Art des Materials abhängig.
- ✂ Schwere und harte Materialien wie Wildleder oder veganes Leder solltest du immer mit einem hohen Schneidedruck, z. B. 4 oder 5, schneiden.
- ✂ Wenn du eine SDX1000 oder SDX1200 mit Messerautomatik hast, brauchst du keine zu Einstellungen machen. Dicke Materialien schneidet die Maschine ganz von selbst in mehreren Durchgängen.
- ✂ Um schwieriges Material auszuprobieren, empfiehlt es sich, statt des Testschnittes gleich ein richtiges Motiv auszuschneiden, aber eben nur eines und nicht gleich eine ganze Schneidematte voll (Abb. 3).

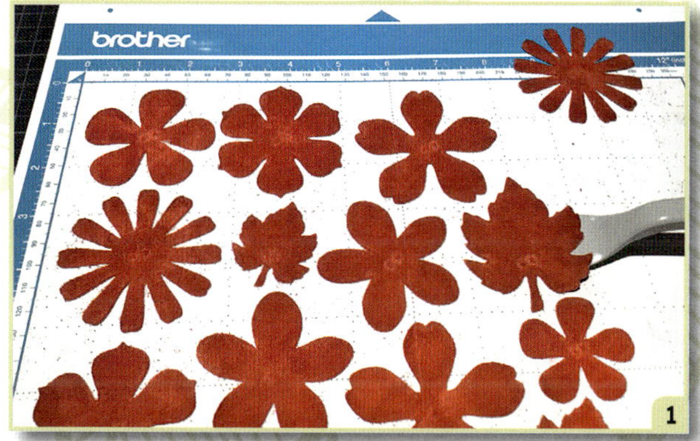

1

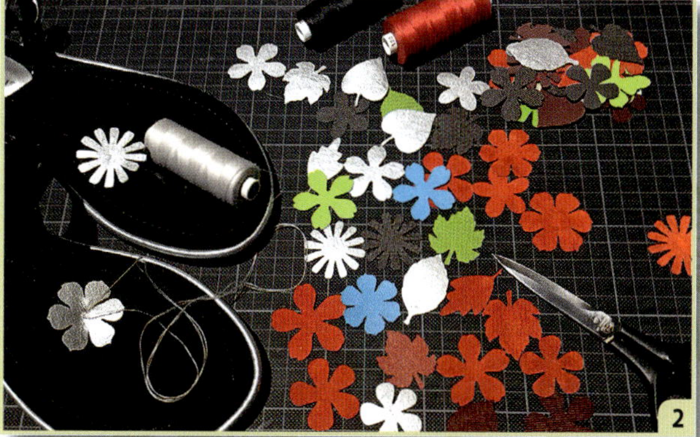
2

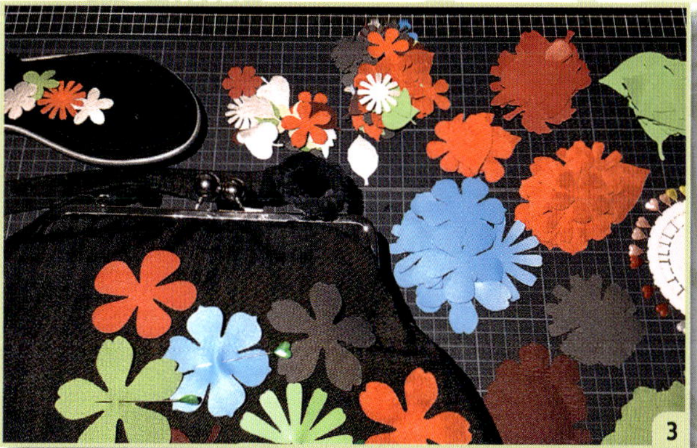
3

Wenn du alle Blumen und Blätter ausgeschnitten und von der Schneidematte heruntergenommen hast, geht es ans Handarbeiten (Abb. 1).

Lege dir deine Tasche, die Sandalen, eine dicke Nähnadel, Nähgarn und eine Schere zurecht (Abb. 2). Stecke die einzelnen Blüten und Blätter zuerst provisorisch fest, um zu sehen, wie es am schönsten aussieht (Abb. 3).

Dann nähst du die Teile durch die extra ausgeschnittenen kleinen Löcher mit doppeltem Faden am Stoff der Tasche und am Leder der Schuhe fest – gehe dabei so vor, als würdest du einen Knopf annähen.

Bewahre übrig gebliebene Blumen und Blätter auf, diese kannst du prima als Deko verwenden oder Grußkarten damit verzieren. Da auf der Rückseite des Materials das Aufbügelblatt verwendet wurde, welches beim Heißwerden am Untergrund haftet, kannst du die Blumen und Blätter auch aufbügeln und als Applikationen verwenden.

Die Scannen-Funktion deiner ScanNCut

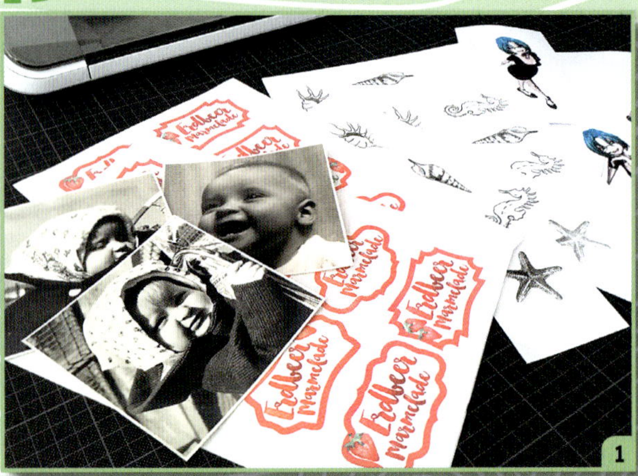
1

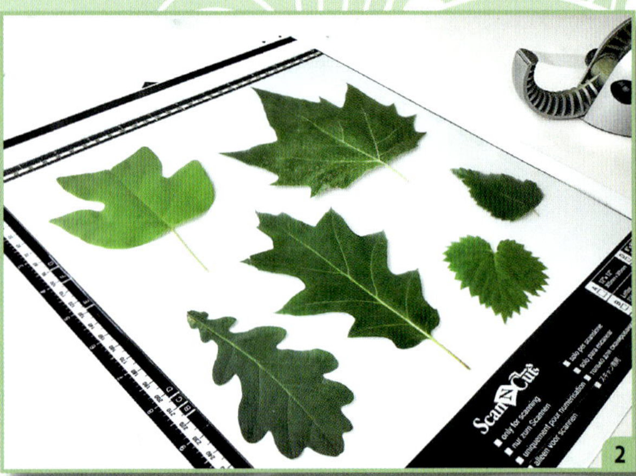
2

Zum Scannen brauchst du zunächst einmal Vorlagen, die du scannen und schneiden möchtest (Abb. 1).

Dafür eignen sich alle Arten von bedruckten Materialien:

- selbst ausgedruckte Grafiken und Bilder
- eigene Zeichnungen
- Fotos
- Stempelabdrücke
- Geschenkpapier
- Magazinseiten
- mit Motiven bedruckte Stoffe etc.

Du kannst zwischen drei Möglichkeiten wählen, wie du das Material weiterverarbeiten möchtest:

- einscannen und direkt ausschneiden
- einscannen, Schnittlinien erstellen lassen und diese für später speichern
- einscannen und das gescannte Bild als Grafikdatei auf dem Computer speichern

Auf den folgenden Seiten findest du zu allen Möglichkeiten Beispiele zum Mitmachen. Dazu brauchst du aber als Erstes bedrucktes Material, das du scannen kannst.

Man kann übrigens auch Materialien scannen, die dir vielleicht gar nicht in den Sinn kommen, z. B. echte Blätter und getrocknete Blumen aus dem Garten (Abb. 2).

Nicht ganz flache, stark glänzende und andere schwierige Materialien scannst du am besten mit der als Zubehör erhältlichen Scan-Matte für die ScanNCut.

Ein paar Worte zum Copyright

In Deutschland und in den meisten anderen Ländern der Welt sind Fotos, Texte, Grafiken und Bilder grundsätzlich urheberrechtlich geschützt. D. h., dass derjenige, der sie fotografiert, geschrieben, gezeichnet, gemalt oder am Computer erstellt hat, der Urheber ist und das alleinige Recht besitzt, zu entscheiden, wer sein Werk benutzen darf.

Viele denken allerdings, alles, was im Internet zu finden ist, darf benutzt werden. Tatsächlich darfst du nur die Bilder herunterladen und für deine eigenen Kreationen verwenden, bei denen ausdrücklich dabeisteht, dass du sie verwenden und auch bearbeiten darfst.

Achtung: „Kostenlos herunterladen" heißt in den meisten Fällen auch wirklich nur „herunterladen" – nicht aber kostenlos „benutzen".

Viele Fotos und Grafiken darfst du jedoch für private Zwecke verwenden. Aber Vorsicht: Schon das Zeigen von Fotos der so erstellten Kreationen auf Facebook oder auf einem Blog mit Werbung darauf kann als kommerziell angesehen werden und Ärger verursachen.

Auf der sicheren Seite bist du, wenn du nur Vorlagen verwendest, die du entweder selbst erstellt hast, oder es sich um Dateien mit klaren Nutzungsbedingungen handelt.

Du kannst außerdem für wenig Geld Grafiksammlungen von Designern kaufen. Diese Bilder kannst du dann selbst ausdrucken und Schnittlinien daraus erstellen. Wenn du im Internet auf Englisch suchst, erhältst du eine sehr viel größere Auswahl an Dateien, daher lohnt es sich, ein deutsch-englisches Wörterbuch zur Hand zu haben.

Unter folgenden Stichworten findest du Grafiken, bei denen meist deutlich angegeben ist, wie du sie benutzen darfst:

- ✂ digital scrapbooking
- ✂ cliparts
- ✂ vector images

Du kannst auch die Anwendungen in die Suchmaschine eingeben und dann einfach die Begriffe „digital" oder „printable" hinzufügen, z. B.:

- ✂ printable labels
- ✂ digital stickers
- ✂ digital printables

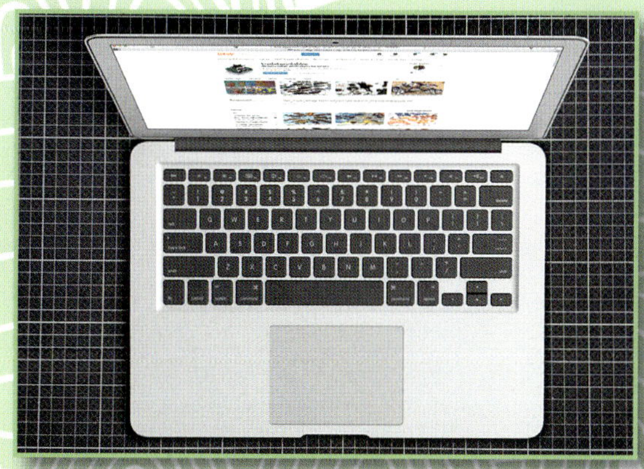

Wenn du ein konkretes Motiv suchst, gibst du den Motivwunsch einfach bei den Suchwörtern zusätzlich mit an. Über die Bildersuche kannst du direkt die Bilder sehen.

Wenn du mehr Zeit hast und auf die jeweiligen Links klickst, die auf deine Suchanfrage hin aufgelistet werden, und dort ein bisschen stöberst, kannst du tolle Webseiten und Blogs finden, die du über die Bildersuche vielleicht nicht gefunden hättest.

Das vierte Projekt: Aufkleber selber machen mit Direktschnitt

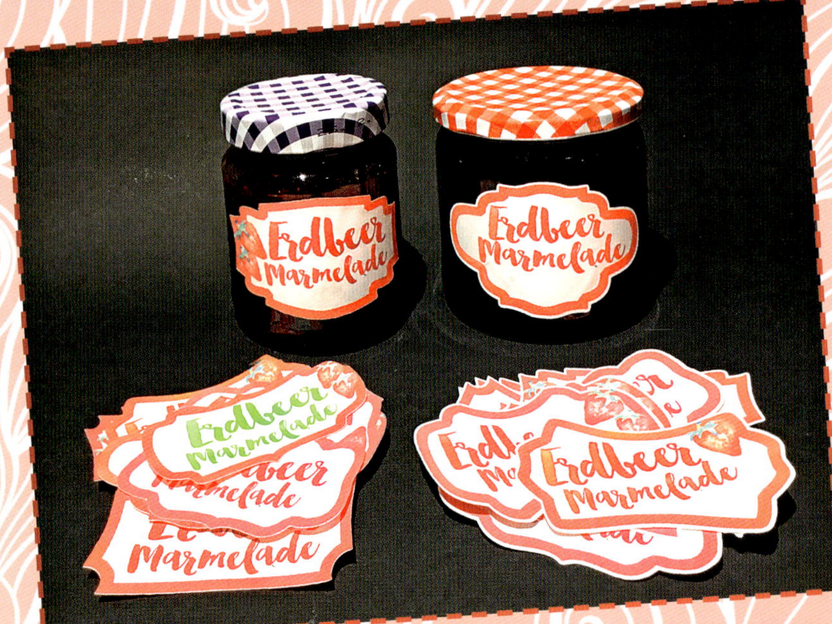

Mit der ScanNCut und der Direktschnitt-Funktion kannst du ganz einfach Sticker und Etiketten selbst erstellen.

Dafür brauchst du:

- einen Computer und einen Drucker
- ein paar Bögen bedruckbares, ganzseitiges Etikettenpapier in DIN A4
- eine digitale Bildvorlage schöner Etiketten auf weißem Grund

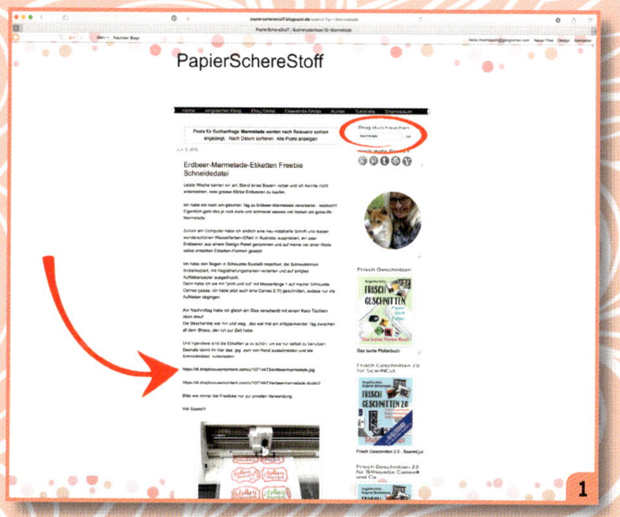
1

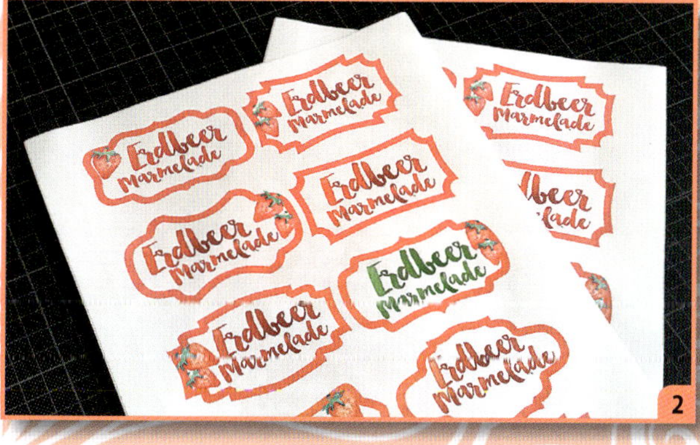
2

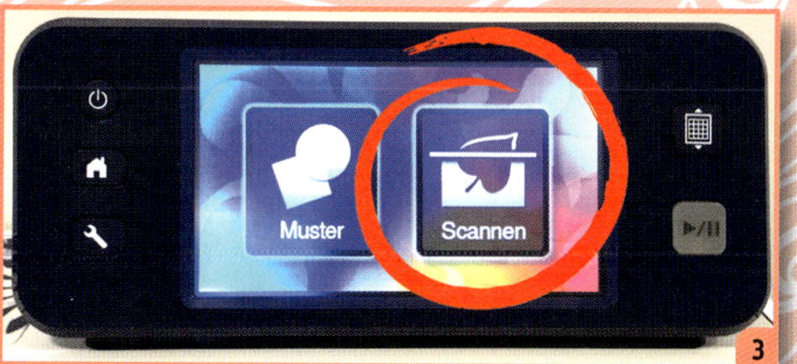

3

So geht's:

Du kannst für dieses Projekt jede Vorlage nehmen, die sich für Aufkleber eignet, d. h. alle Vorlagen, die gut sichtbare, geschlossene Außenkanten haben.

Die Bilddatei zum Ausdrucken für die im Beispiel verwendeten Erdbeermarmeladen-Labels kannst du dir kostenlos von meinem Blog herunterladen: **papierscherestoff.blogspot.de** (Abb. 1).

Dort gibt du oben rechts im Suchfeld „Marmelade" ein und klickst auf „Los". So findest du den entsprechenden Beitrag. Unten im Text des Beitrags findest du den Link mit der Endung .jpg. Klicke darauf, öffne die Datei auf deinem Computer und drucke sie auf dem Etikettenpapier mindestens zweimal aus (Abb. 2). Die weitere Bearbeitung findet an der ScanNCut statt.

Schneide zur Übung die Etiketten zuerst direkt und ohne Rand aus. Danach schneidest du sie noch einmal mit einem kleinen Außenrand, der sogenannten Versatzlinie, aus.

Klicke nun im Ausgangsbildschirm auf die rechte Schaltfläche „Scannen" (Abb. 3).

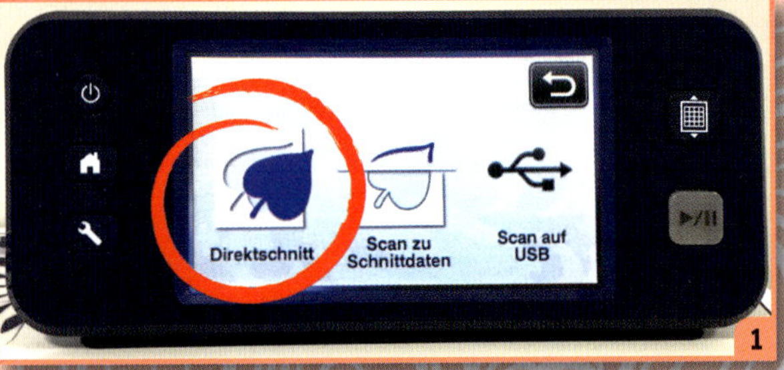

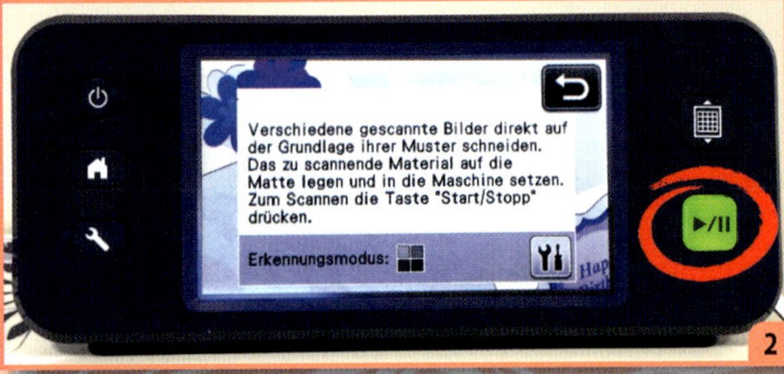

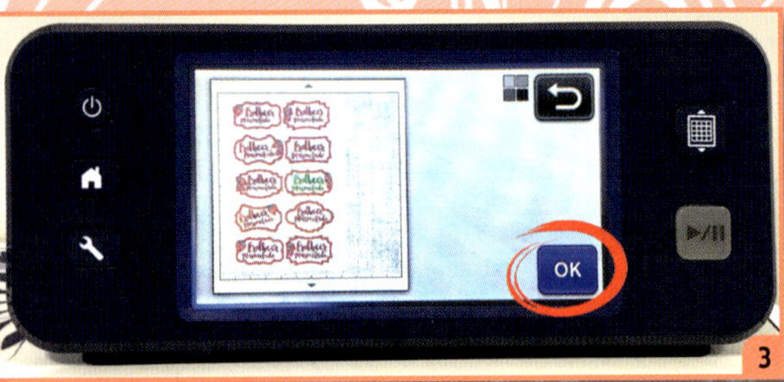

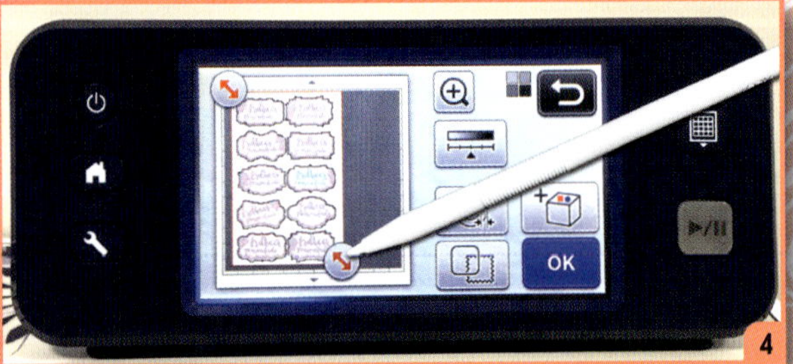

Du hast jetzt drei Möglichkeiten zur Auswahl (Abb. 1):

- **Direktschnitt**
- **Scan zu Schnittdaten**
- **Scan auf USB**

Wähle die Option **Direktschnitt** und wähle als Gerät zur Konvertierung das linke Symbol für die Maschine aus.

Auf dem Bildschirm siehst du jetzt die Anweisung, dass du das zu scannende Material auf die Matte legen sollst.

Unten beim „Erkennungsmodus" kannst du außerdem auswählen, ob du in Farbe oder in Schwarz-Weiß scannen möchtest.

Bei Ausdrucken mit einfarbigen, klaren Kanten, wie bei den Marmeladenetiketten, ist es okay, in Schwarz-Weiß zu scannen.

Lege deinen ausgedruckten Etikettenbogen auf die Schneidematte, drücke ihn gut fest und lege ihn in die Maschine ein.

Drücke rechts oben neben dem Display den Transport-Knopf zum Einfahren der Matte. Darunter leuchtet nun die Start-/Stopp-Taste auf (Abb. 2). Jetzt ist die ScanNCut bereit zum Scannen. Drücke die Start-/Stopp-Taste.

Die ScanNCut scannt nun die Schneidematte. Danach siehst du das Ergebnis auf dem Bildschirm. Gehe auf „OK" (Abb. 3). Die Schneidematte bleibt währenddessen in der Maschine.

Schiebe mit dem Eingabestift den Rahmen an den Pfeilen kleiner, sodass er nur die Etiketten einrahmt (Abb. 4). Gehe erneut auf „OK".

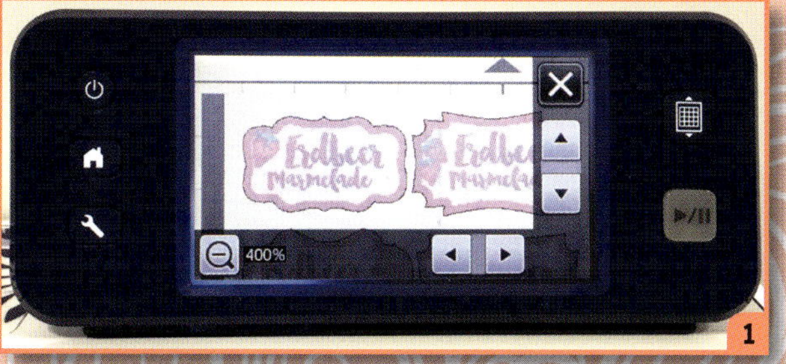

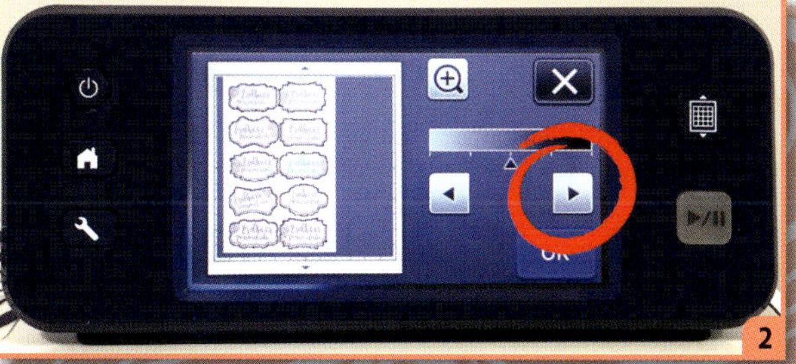

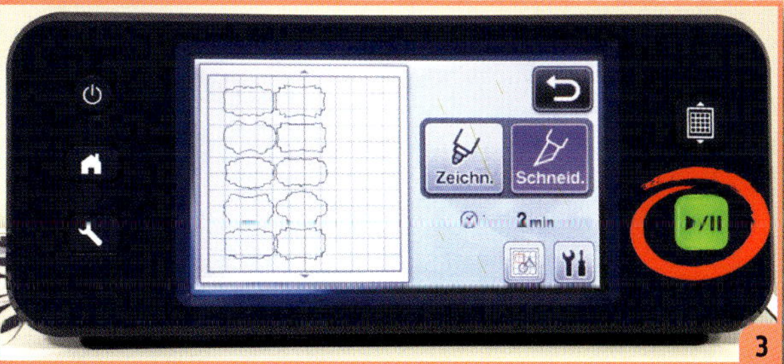

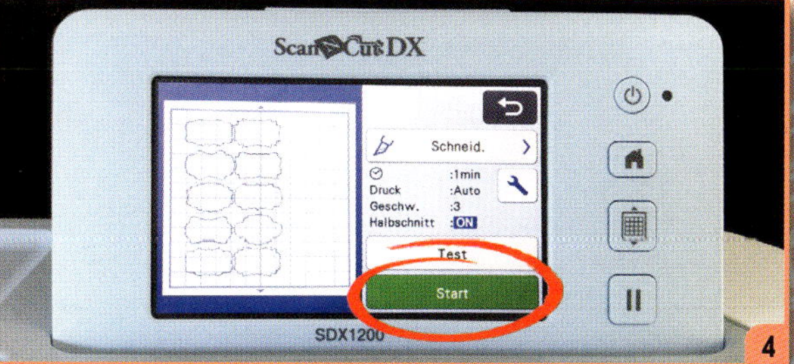

Wenn die schwarzen Linien um die Etiketten herum gut aussehen, kannst du einfach auf „OK“ gehen und schneiden.

Mithilfe der Vergrößerung kannst du dir das Ergebnis auch noch einmal genauer anschauen (Abb. 1).

Falls du aber etwas verbessern möchtest, tippe den Schwarz-Weiß-Verlaufsbalken an.

Im nächsten Bildschirm kannst du mit den Pfeilschaltflächen den Kontrast entweder erhöhen (Abb. 2) oder verringern und feststellen, ob die von der ScanNCut nachgezeichneten Schnittlinien dadurch besser werden.

Gehe im Anschluss auf „OK“ und noch einmal auf „OK“.

Bei den Geräten der CM-Serie gehe jetzt in die Einstellungen und passe Schneidegeschwindigkeit und Schneidedruck an. Dann hast du die Wahl:

Mit Messerlänge 1 ritzt du das Papier lediglich an und das Trägerpapier bleibt intakt. Mit Messerlänge 2 schneidest du die Etiketten komplett durch.

Dann tippe auf „Schneid.“ und drücke die Start-/Stopp-Taste (Abb. 3).

Bei den Geräten der DX-Serie gehst du auf „Bitte wählen“, und wählst „Schneid.“ aus. Zum Schneiden von Etiketten stellst du den Halbschnitt auf „ON“. So ritzt du das Papier nur an und das Trägerpapier bleibt intakt (Abb. 4).

Oder du wählst den Halbschnitt „OFF“. Dann werden deine Etiketten exakt entlang der Außenränder komplett ausgeschnitten.

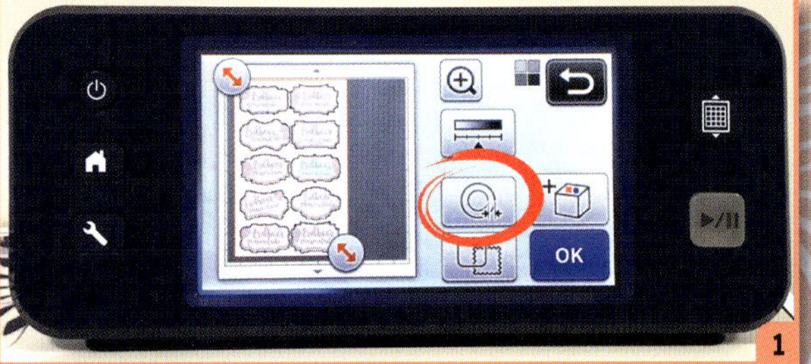

1

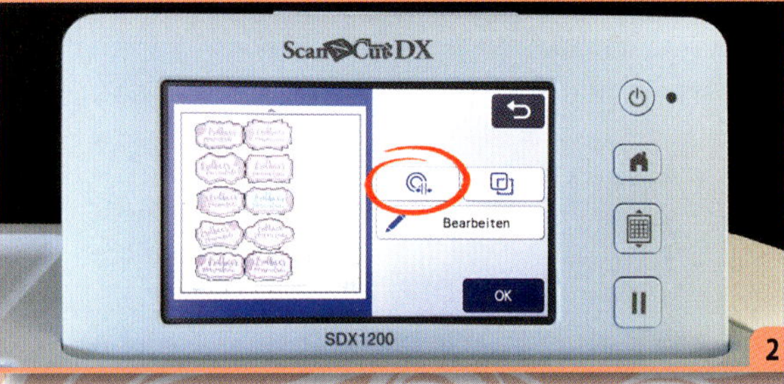

2

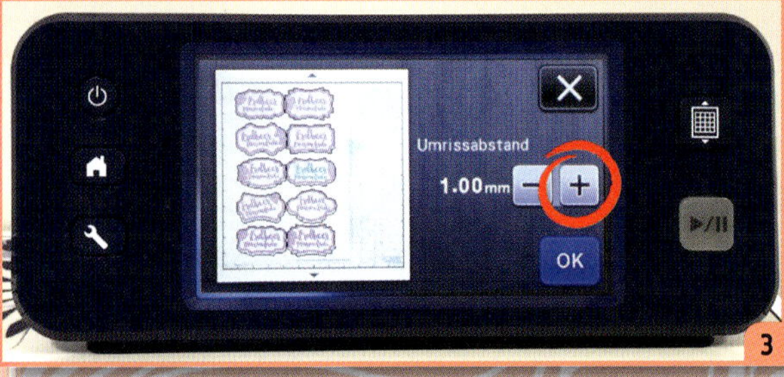

3

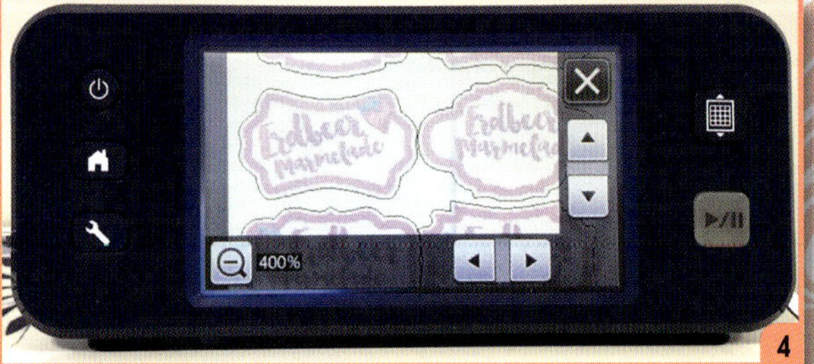

4

Jetzt legst du den zweiten ausgedruckten Etikettenbogen auf die Schneidematte und drückst ihn gut fest.

Achtung!
Beim Direktschnitt musst du jede Seite, die du schneiden möchtest, wieder neu scannen, damit die ScanNCut die Lage der Motive richtig erkennt.

Wiederhole die Schritte von S. 87 ff. und fahre wie folgt fort:

Nachdem du den Rahmen um die angezeigten Etiketten kleiner geschoben hast, tippst du die Schaltfläche mit den beiden ineinanderliegenden Kreisen an (Abb. 1 und 2).

Es öffnet sich der Bildschirm, um die Versatzlinie zu erstellen. Mit den Plus- und Minusschaltflächen gibst du den gewünschten Abstand zum Muster ein. Die Skala reicht von 1–10 mm (Abb. 3).

Achte darauf, dass die Motive sich nicht mit der Versatzlinie überlappen.

Gehe in die Vergrößerung, um die Lage der Schnittlinien zu prüfen. Wenn die Motive, wie es hier der Fall ist, sehr dicht liegen, kannst du nur 1 mm Abstand wählen (Abb. 4).

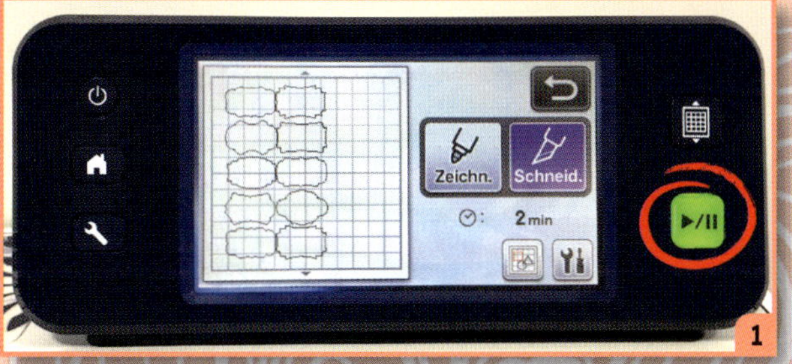

1

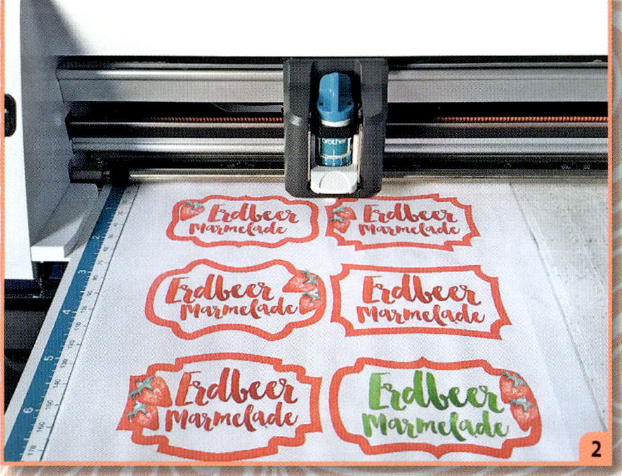

2

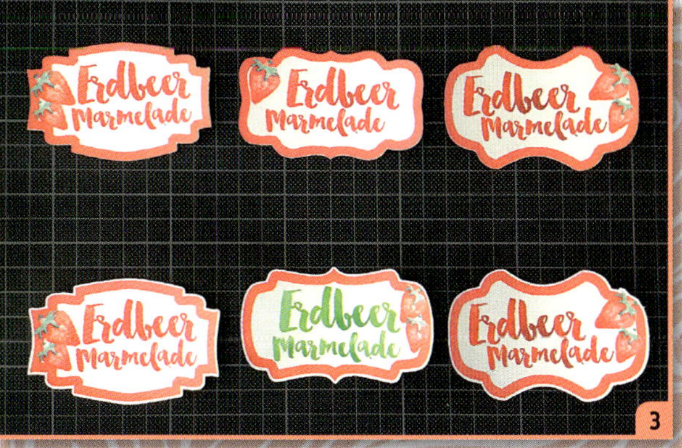

3

Gehe auf „OK". Tippe zweimal auf „Schneid.", bis die Start-/Stopp-Taste leuchtet (Abb. 1).

Wenn du zwischendurch nichts anderes geschnitten hast, kannst du die Schnitt-und Messereinstellungen des letzten Schnitts benutzen.

Schneide nun auch diesen Etikettenbogen aus (Abb. 2).

In Abb. 3 siehst du den Unterschied zwischen den beiden Schneidemöglichkeiten: **Oben** ist die Version **ohne Versatzlinie** zu sehen, bei der direkt um das Muster herum geschnitten wurde; **unten** siehst du die Etiketten **mit 1 mm Versatzlinie**.

Das fünfte Projekt: Stempelabdrücke mit Direktschnitt

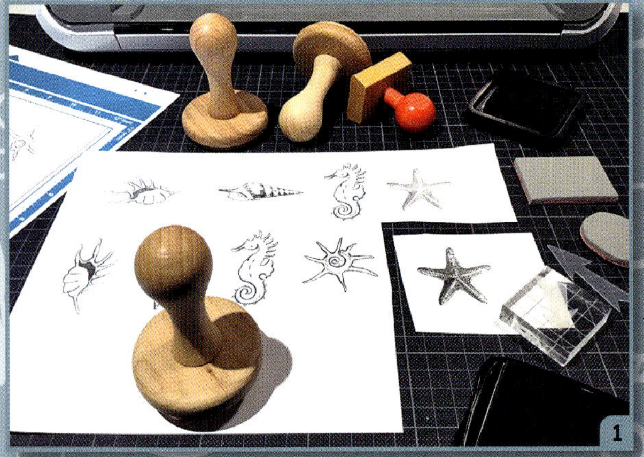

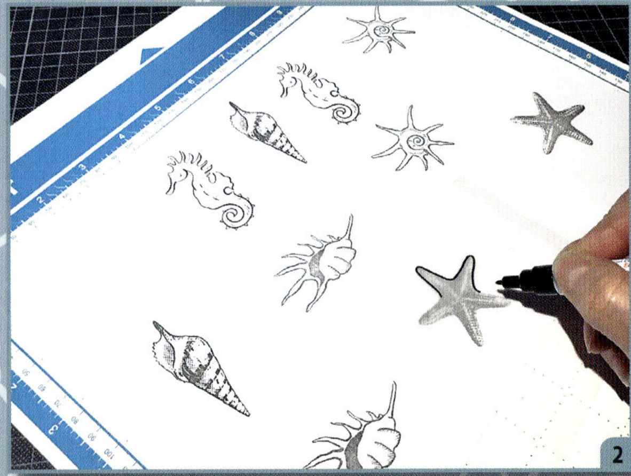

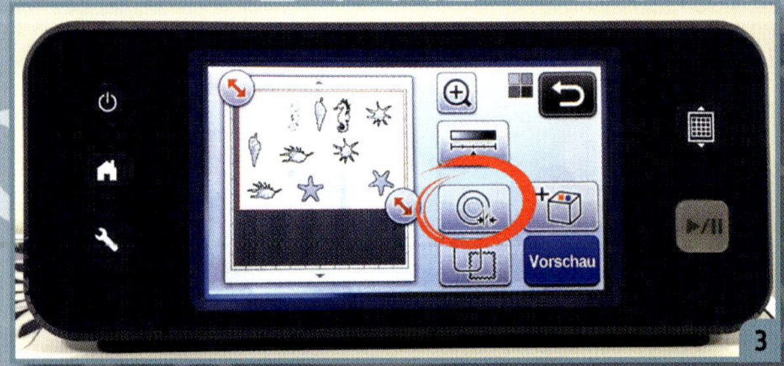

So geht's:

Stempelabdrücke kannst du, wie zuvor beschrieben, ebenfalls mit der Direktschnitt-Funktion scannen und ausschneiden (Abb. 1).

Damit die ScanNCut die Kanten gut erkennen kann, muss der Stempelabdruck deutlich sein und vor allem eine geschlossene Kontur aufweisen. Bei offenen Konturen solltest du daher mit einem Stift die Linie schließen, bevor du die Motive scannst.

Aber auch komplizierte und weniger deutliche Motive kannst du direkt scannen und schneiden, indem du ein Stück Transparentpapier über den Stempelabdruck auf der Schneidematte klebst und die Konturen mit einem schwarzen Stift nachzeichnest (Abb. 2).

Lege die Schneidematte mit dem Papier und dem auf den Stempelabdrücken aufgeklebten Transparentpapier in die ScanNCut ein und fahre die Matte ein.

Wähle zuerst „Scannen" und anschließend „Direktschnitt". Drücke auf den Transport-Knopf, um den Scan zu starten.

Die Matte bleibt nach dem Scannen in der Maschine.

Wenn deine Stempelabdrücke auf dem Bildschirm zu sehen sind, gehe auf „OK". Jetzt schiebe den Rahmen wieder kleiner, sodass nur die Motive eingerahmt sind. Tippe auf die Schaltfläche, um eine Versatzlinie hinzuzufügen (Abb. 3).

Wähle aus, wie breit der Rand um die Stempelmotive herum sein soll. Gehe nun auf „OK".

Bereinigen von Scanergebnissen

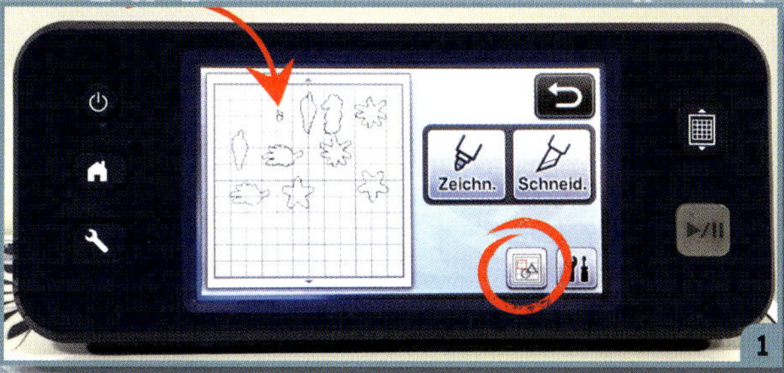

1

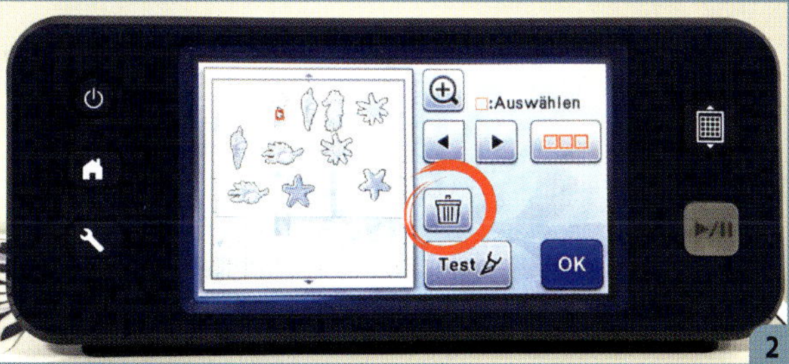

2

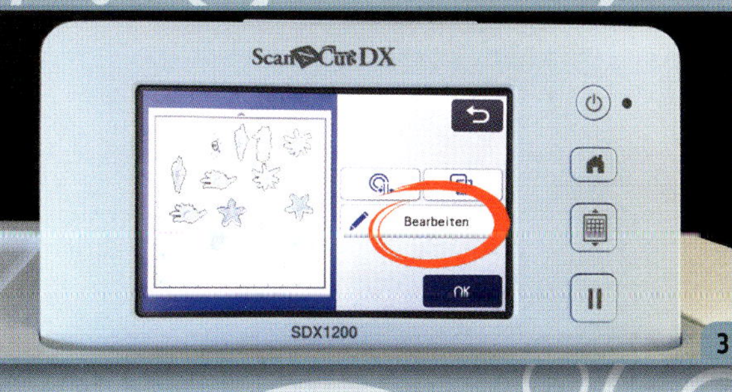

3

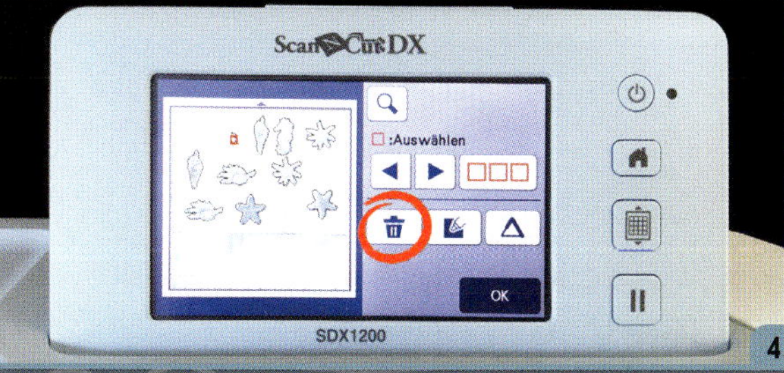

4

Möglicherweise hast du kleine Unsauberkeiten mitgescannt, also Fragmente, die du vor dem Schneiden löschen möchtest.

An Geräten der CM-Serie geht das so:

Im Schneidebildschirm findest du unten direkt neben den Werkzeugen eine Schaltfläche, mit der du zu einem vereinfachten Bearbeiten-Bildschirm gelangst. Klicke diese an (Abb. 1).

Wähle die Fragmente direkt durch Antippen mit dem Eingabestift aus oder benutze die Pfeiltasten und tippe dann auf das Papierkorbsymbol, um die Fragmente zu löschen (Abb. 2).

An den Geräten der DX-Serie tippst du nach dem Scannen auf „Bearbeiten" (Abb. 3).

Dann tippe die Objekte oder Fragmente, die du löschen möchtest, an und wähle im Anschluss das Papierkorbsymbol (Abb. 4).

Die Frage, ob du die ausgewählten Daten löschen möchtest, bestätigst du mit „OK".

Alle Stempelabdrücke, die beim ersten Versuch nicht richtig erkannt wurden, kannst du bei einem zweiten Durchgang nochmals versuchen einzuscannen.

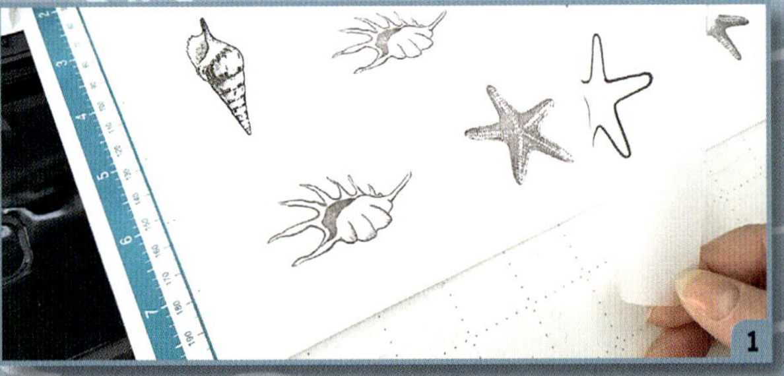
1

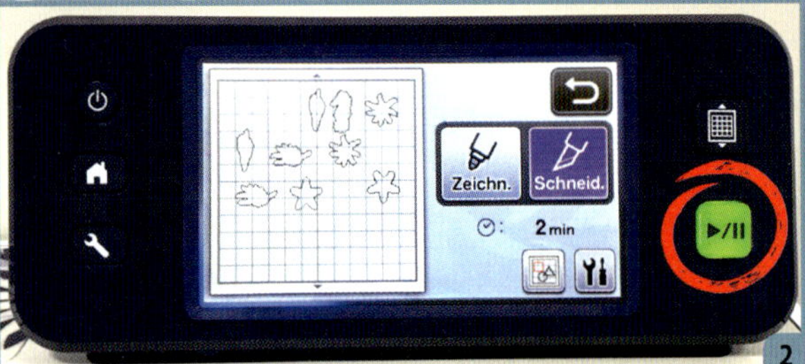

2

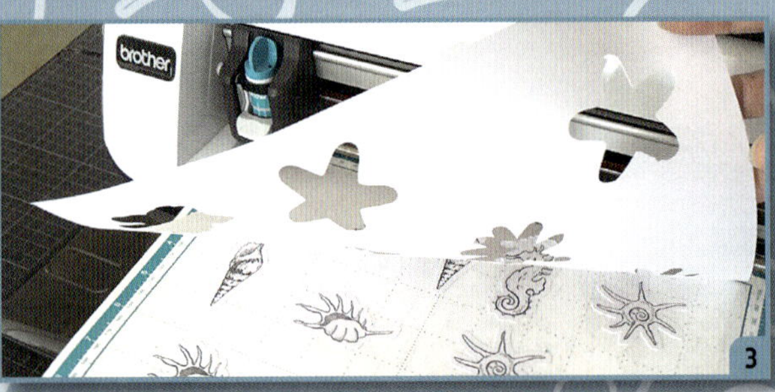

3

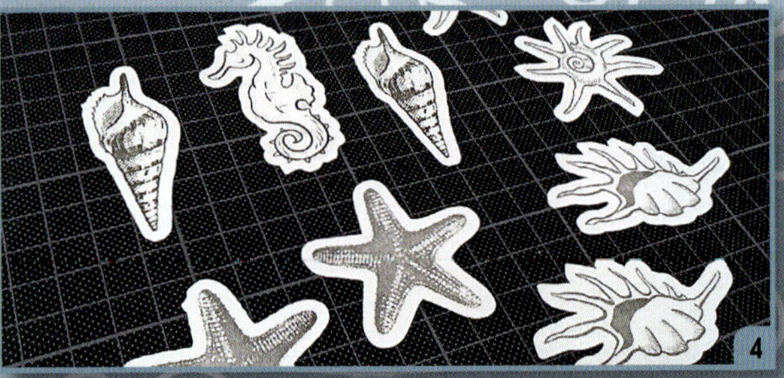
4

Entferne vor dem Schneidevorgang das Transparentpapier, auf das du die Konturen nachgezeichnet hast (Abb. 1).

Gehe auf „OK“ und noch einmal auf „OK“, um wieder in den Schneidebildschirm zu gelangen.

Falls nötig, passt du nun die Schneideeinstellungen – Geschwindigkeit, Druck und Messerlänge – an.

Wähle anschließend „Schneid.“ und drücke die Start-/Stopp-Taste, um die ScanNCut zu starten (Abb. 2).

Deine Stempelabdrücke werden jetzt ausgeschnitten (Abb. 3 und 4).

Scan zu Schnittdaten

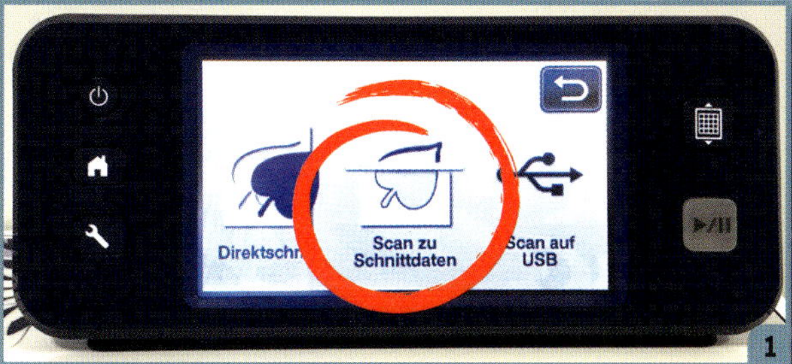

1

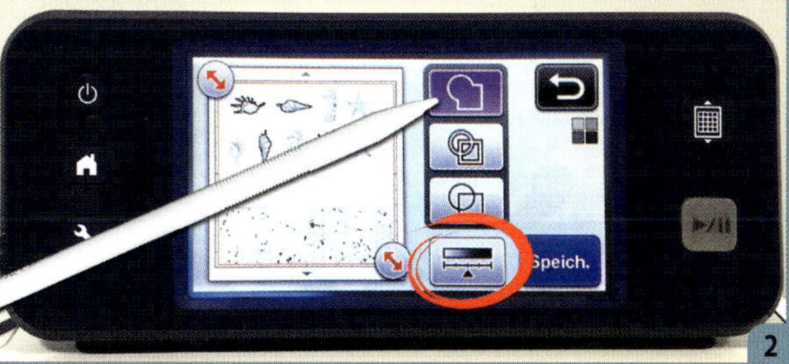

2

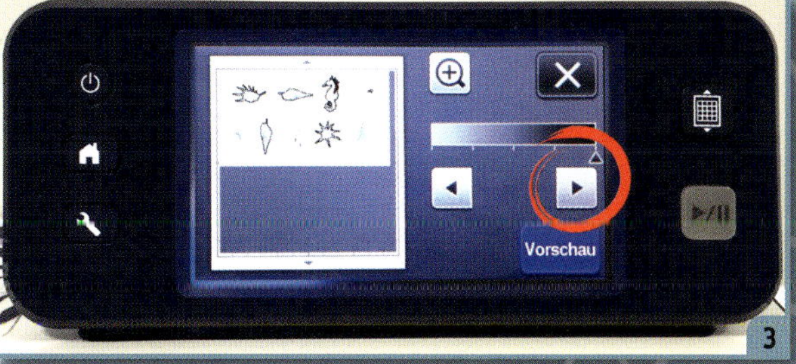

3

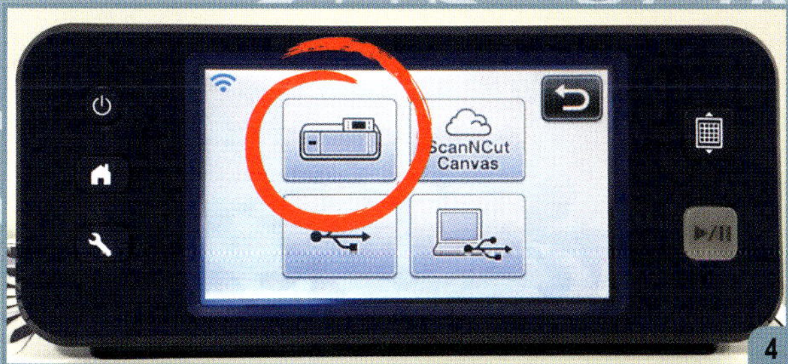

4

Wenn du Bilder für den Direktschnitt scannst, kannst du diese nicht für eine spätere Verwendung speichern, deshalb musst du, wenn du die Bilder weiterverwenden möchtest, die Option „Scan zu Schnittdaten" wählen (Abb. 1).

Du kannst auf diese Weise jede beliebige Form einscannen, speichern und dann aus dem Material deiner Wahl ausschneiden.

Lege hierfür das Bild oder die Elemente, die du einscannen möchtest, auf die Schneidematte und fahre diese ein.
Wähle „Scannen" und dann „Scan zu Schnittdaten". Wenn du wie hier z. B. Stempel einscannst, solltest du im Erkennungsmodus „schwarz-weiß" scannen.

Sobald die Motive auf dem Bildschirm sichtbar sind, musst du eine Wahl treffen, wie die Motive nachgezeichnet werden sollen. Mit Antippen der obersten Schaltfläche werden die Umrisse bzw. die äußeren Konturen der Motive als Schnittlinien nachgezeichnet.

Du hast auch hier wieder die Möglichkeit, mithilfe des Schwarz-Weiß-Kontrastes die Linien noch zu verbessern (Abb. 2 und 3) – siehe hierzu auch S. 89.

Tippe nun auf „Speich", wähle die Maschine links oben (Abb. 4) als Speicherort und bestätige deine Eingabe mit „OK".

Nach dem Speichern drückst du links vom Bildschirm in der Mitte die „Home-Taste" und anschließend auf „OK", um die Scanfunktion zu verlassen.

Achtung!
Wenn du im Erkennungsmodus „Farbe" gewählt hast und du farbig gescannt hast, sieht die Anzeige ein klein wenig anders aus und du hast nur zwei Optionen, die Motive nachzuzeichnen. Probiere es am besten einfach aus.

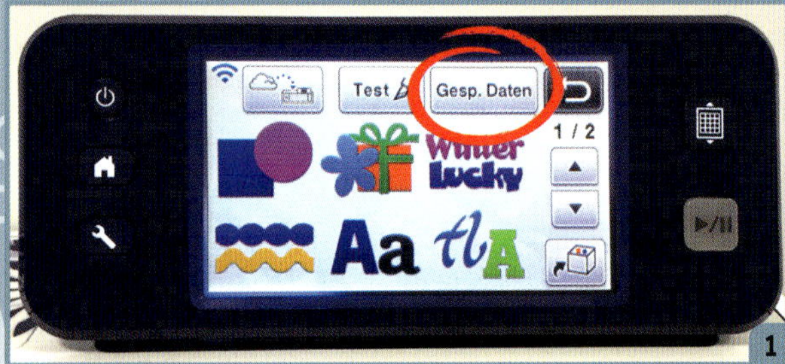

1

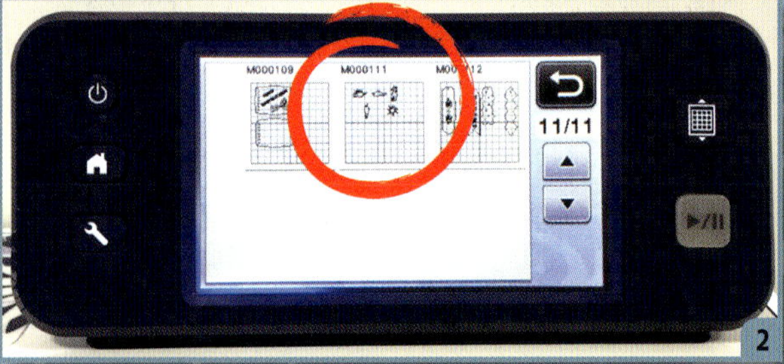

2

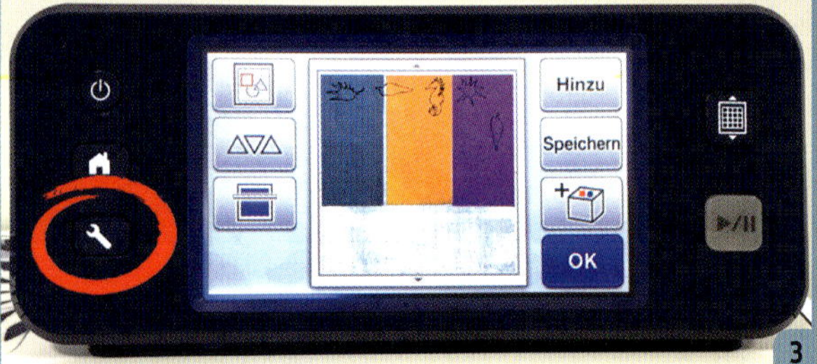

3

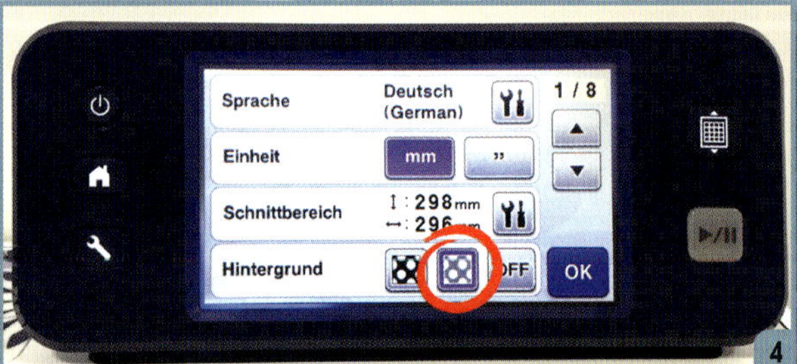

4

Nun musst du die gespeicherte Datei wieder aus dem Maschinenspeicher abrufen. Wähle „Muster" und tippe im Musterbildschirm auf „Gesp. Daten" bzw. auf „Daten abrufen" (Abb. 1).

Suche mit den Pfeiltasten rechts die Seite, auf der deine Motive gespeichert wurden, und tippe diese an (Abb. 2). Gehe im Anschluss auf „OK".

Lege nun dein Material, aus dem du deine Formen ausgeschnitten haben möchtest, auf die Schneidematte.

Hier im Beispiel wurde gefärbtes, veganes Leder verwendet. Da dies aber sehr dick und steif ist, muss die Schneidematte sehr gut kleben. Befestige im Zweifelsfall die Ränder zusätzlich mit Klebeband an der Matte.

Starte nun den Hintergrundscan.

Tipp!
Wenn du die Schnittlinien auf dem farbigen Hintergrundbild nicht gut erkennen kannst, gehe in die Einstellungen (Abb. 3). Ganz unten kannst du die Hintergrundfarbe von dunkel auf hell ändern (Abb. 4).

Gehe nun auf „OK". Tippe, wenn du wieder im Ausgangsbildschirm angelangt bist, auf die Schaltfläche, um den Bearbeiten-Bildschirm aufzurufen.

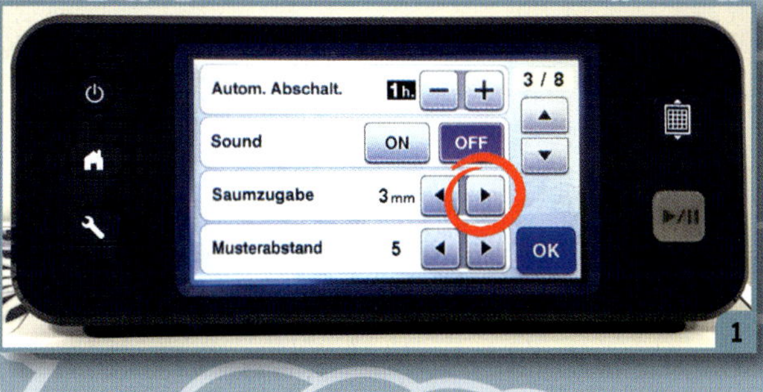

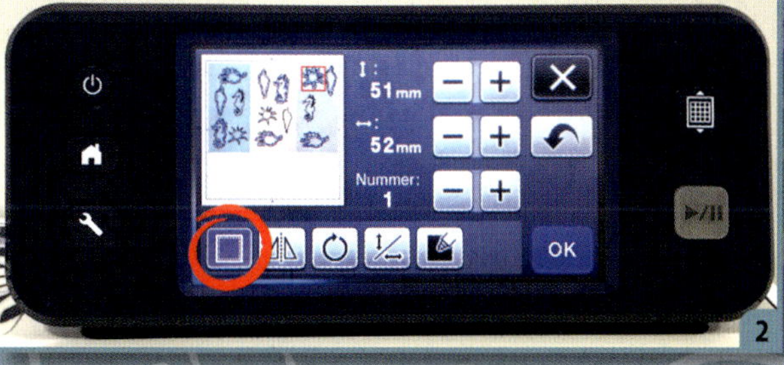

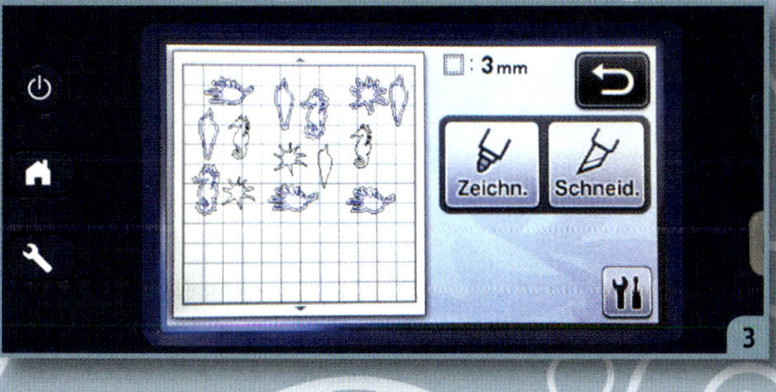

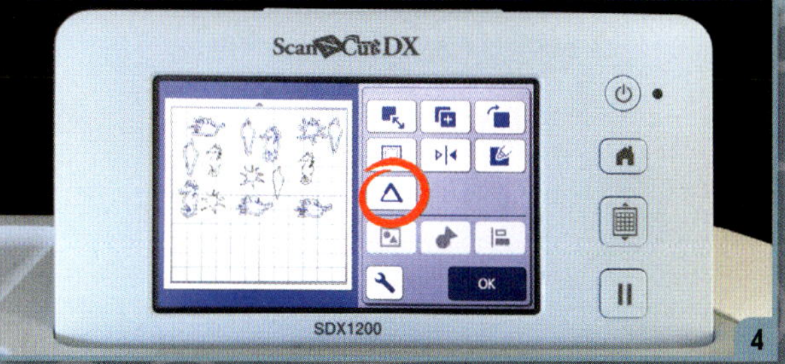

Du kannst einigen oder allen Motiven eine Versatzlinie hinzufügen.

An den Geräten der CM-Serie geht das so:

Gehe in die Einstellungen und setze die Saumzugabe auf deinen gewünschten Wert. 3 mm ist die Mindestbreite (Abb. 1). Gehe auf „OK“.

Im gleichen Bildschirm ganz links unten aktivierst du jeweils für das ausgewählte Motiv die Versatzlinie (Abb. 2). So kannst du im gleichen Schneidevorgang sowohl Motive mit als auch Motive ohne Versatzlinie schneiden.

Gehe auf „OK“ und noch einmal auf „OK“. Im Schneidebildschirm siehst du bei den Motiven mit Versatzlinien außen herum die schwarze Schnittlinie sowie innen eine blaue Linie, welche nicht geschnitten wird (Abb. 3).

An den Geräten der DX-Serie gibt es eine spezielle Funktion im Objekte-Bearbeiten-Bildschirm. Tippe auf das Dreieckssymbol.

Setze „Zusätzliche Linie“ auf „ON“, „Anz. zusätzl. Zeilen“ auf 1 und wähle den gewünschten Linienabstand. Dann tippe auf „OK“ (Abb. 4).

Schneide nun deine Motive mit der ScanNCut aus.

Scan auf USB zur Verwendung am Computer

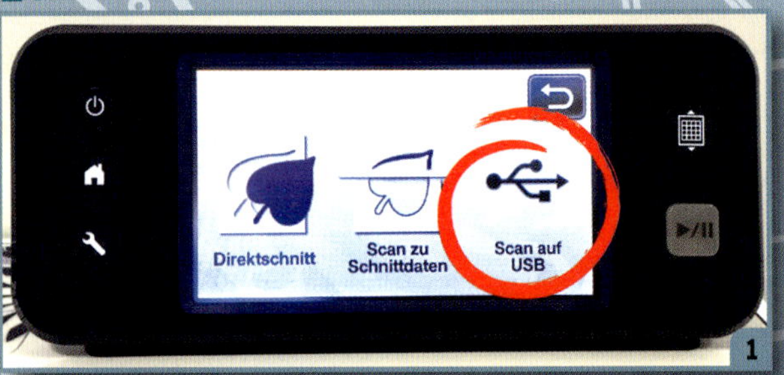

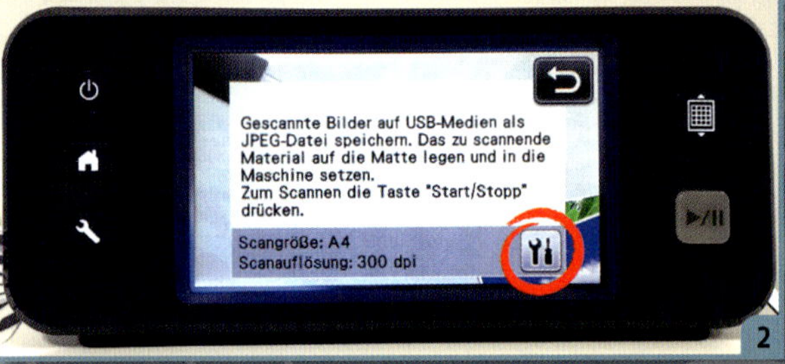

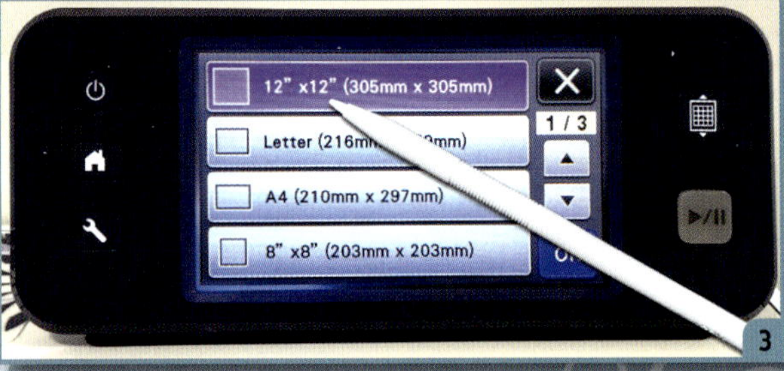

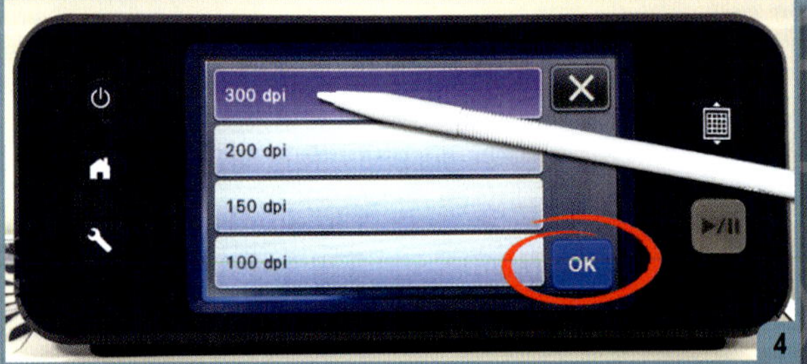

Zum Scannen und Archivieren von Fotos und Bildern steckst du zuerst einen USB-Stick hinten rechts in den USB-Ausgang deiner Maschine.

Bereite deine Scanvorlagen vor und lege sie auf die Schneidematte oder auf die von Brother speziell für reflektierende und schwierige Materialien entwickelte Scan-Matte.

Wähle „Scannen" sowie anschließend „Scan auf USB" (Abb. 1).

Im nächsten Bildschirm tippst du unten rechts auf das Werkzeugsymbol (Abb. 2).

Stelle nun jeweils die Scangröße sowie die Bildqualität ein, indem du rechts die Werkzeug-Schaltfläche antippst.

Die Scangröße wählst du entsprechend deiner Vorlagen (Abb. 3). Es gibt hier übrigens insgesamt drei Seiten zur Vorauswahl der Scangröße – nicht nur die sichtbaren Zeilen. Diese kannst du mit den Pfeiltasten rechts aufrufen.

Die Scanauflösung wählst du entsprechend des Verwendungszwecks. Die höchste Auflösung (Abb. 3) nimmst du für Bilder, die du ausdrucken oder in höchster Qualität archivieren möchtest (Abb. 4). Die in dieser Auflösung gescannten Bilder nehmen aber relativ viel Speicherplatz in Anspruch.

Dateien, die du nur am Bildschirm benutzten möchtest, kannst du in der kleinsten Auflösung (100 dpi) speichern. Sie brauchen am wenigsten Speicherplatz.

Gehe anschließend auf „OK".

Bilder und Dokumente scannen und speichern

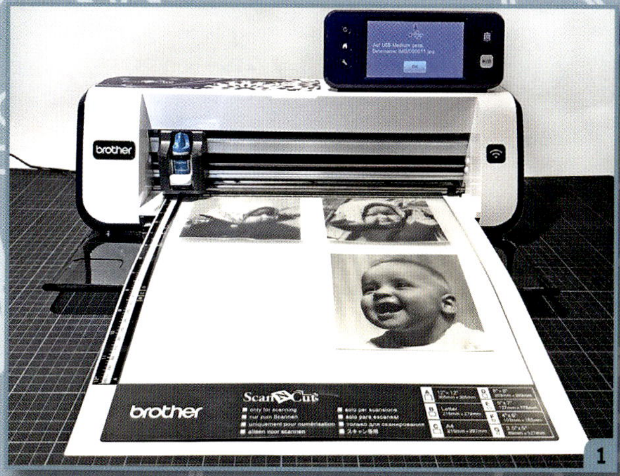

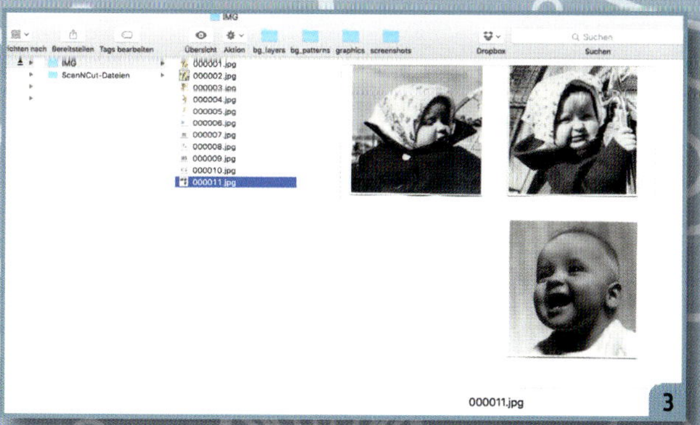

Lege die Schneidematte in die Maschine ein (Abb. 1) und drücke die Transport-Taste, um sie einzufahren.

Jetzt leuchtet die Start-/Stopp-Taste auf. Drücke sie, um den Scanvorgang zu starten.

Tippe nach dem Scannen auf „OK“ (Abb. 2) und fahre die Schneidematte aus.

Ziehe anschließend den USB-Stick aus der Maschine heraus und schließe ihn an deinen Computer an.

Dort befindet sich nun ein Ordner namens „IMG“. Darin befinden sich deine gescannten und auf USB-Stick gespeicherten Bilder im JPG-Format (Abb. 3).

Übrigens!
Es wird immer die ganze in den Einstellungen voreingestellte Mattengröße als ein komplettes Bild gespeichert. Im Beispiel sind daher alle drei Bilder in einer Datei zusammen abgespeichert. Wenn du Bilder einzeln speichern möchtest, musst du diese auch einzeln einscannen.

Die Bilddateien kannst du nun auf deinen Computer übertragen, archivieren, teilen und ganz nach Belieben bearbeiten.

Das sechste Projekt: federleicht

Im nächsten Projekt fertigst du eine eigene Zeichnung an, aber keine Sorge, du musst dafür kein Künstler sein. Die ScanNCut zeichnet das Muster später mehrfach auf Schrumpfplastik – auch Schrumpffolie genannt. Aus den bemalten und im Backofen geschrumpften Federn kannst du z. B. Schmuck und Anhänger herstellen.

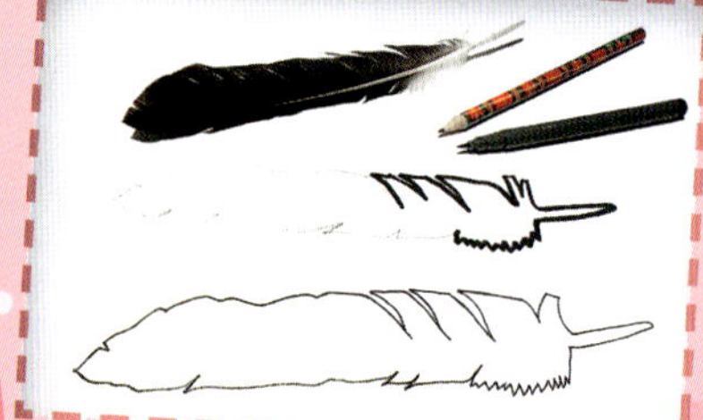

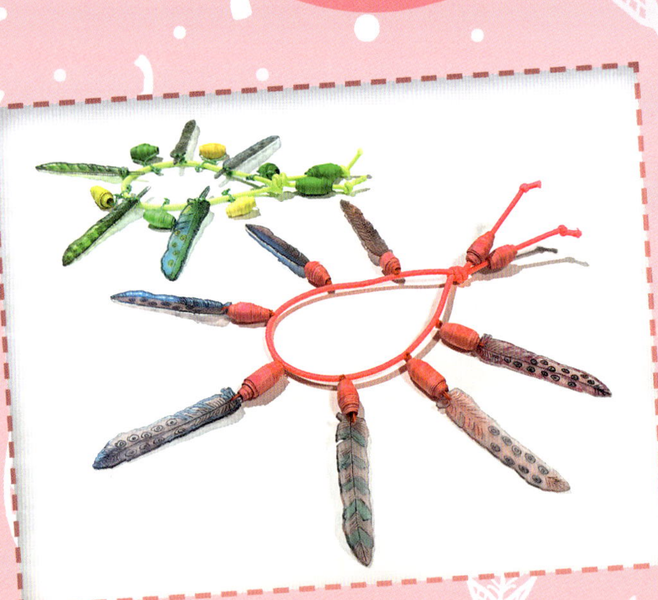

Dafür brauchst du:

- eine Vogelfeder
- einen schwarzen Filzstift
- einen Bogen weißes Papier
- einen Stiftehalter für die ScanNCut
- einen passenden Stift in Schwarz
- ein paar Bögen weißes Schrumpfplastik
- Buntstifte oder bunte Filzstifte
- Backpapier, Backblech

Außerdem braucht du für das Armband noch:

- 40 cm neonfarbiges Gummiband
- Garn zum Annähen
- ein paar Papierperlen (Anleitung siehe S. 107)

Für die Papierperlen brauchst du:

- doppelseitige Klebefolie
- Tonpapier
- breite Filzstifte
- Papierlack

Eine Feder zeichnen und einscannen

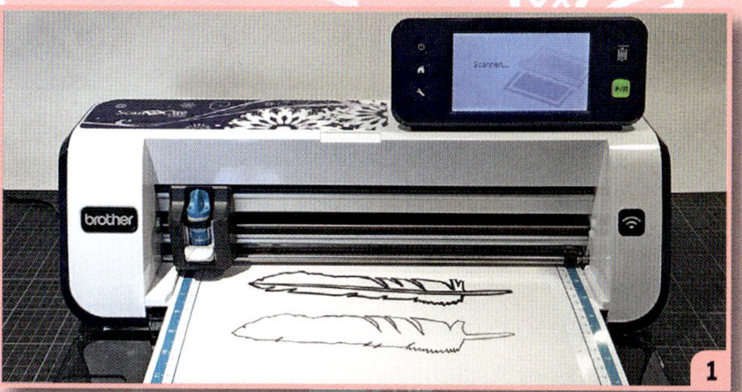

1

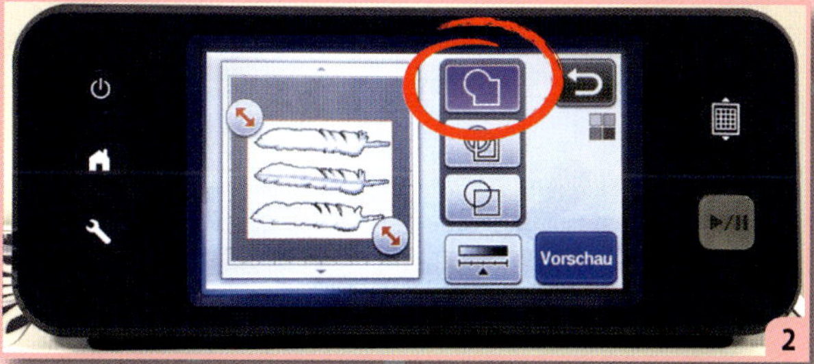

2

3

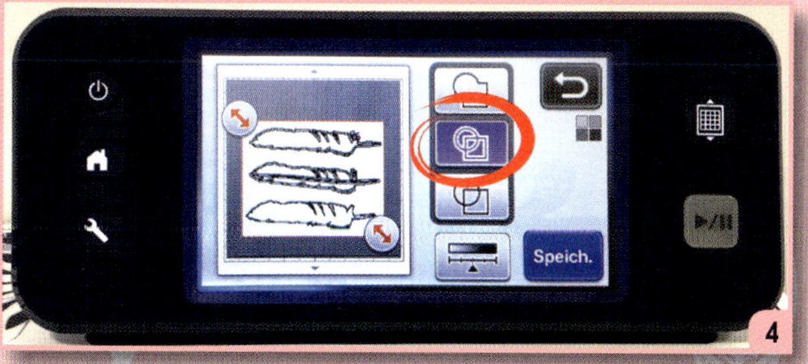

4

So geht's:

Lege die Vogelfeder flach auf das Papier und zeichne mit dem Filzstift darum herum. Wenn du dir unsicher bist, zeichne die Linie zuerst mit einem Bleistift vor.

Besonders schön wird die Feder, wenn du sie vor dem Zeichnen etwas ausfranst und dann die Details nachzeichnest. Du kannst von einer Feder auch mehrere Versionen zeichnen.

Lege deine Zeichnungen auf die Schneidematte und fahre sie in die Maschine ein (Abb. 1).

Wähle „Scannen" und „Scan zu Schnittdaten" und beim Erkennungsmodus Schwarz-Weiß. Drücke anschließend die Start-/Stopp-Taste, um den Scanvorgang zu starten.

Wenn du das gescannte Bild auf dem Bildschirm siehst, verkleinere den Rahmen um die Federn herum. Wähle die obere Option „Umrisse" (Abb. 2).

Speichere nun die Daten im Maschinenspeicher.

Wenn du nach dem Speichern auf „OK" gehst (Abb. 3), gelangst du wieder zurück zur Ansicht des gescannten Bildes.

Jetzt wähle die mittlere Option „alle Linien" (Abb. 4) und speichere auch diese Daten im Maschinenspeicher. Gehe auf „OK".

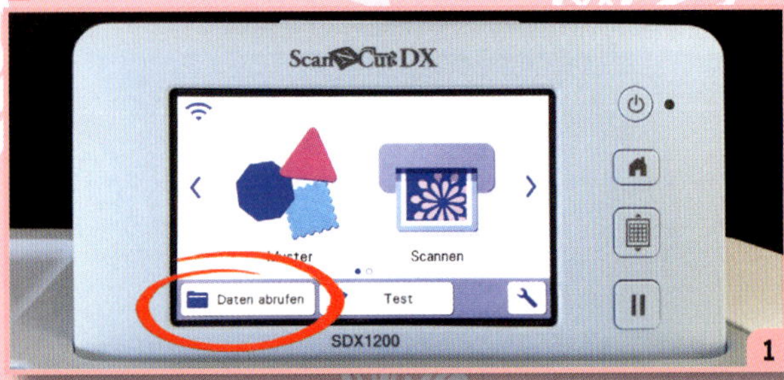

1

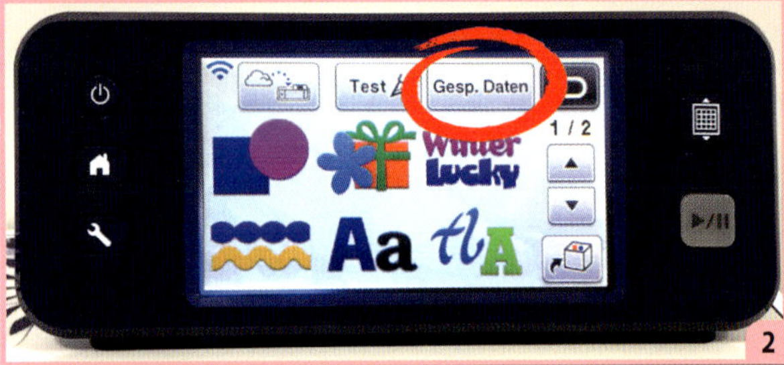

2

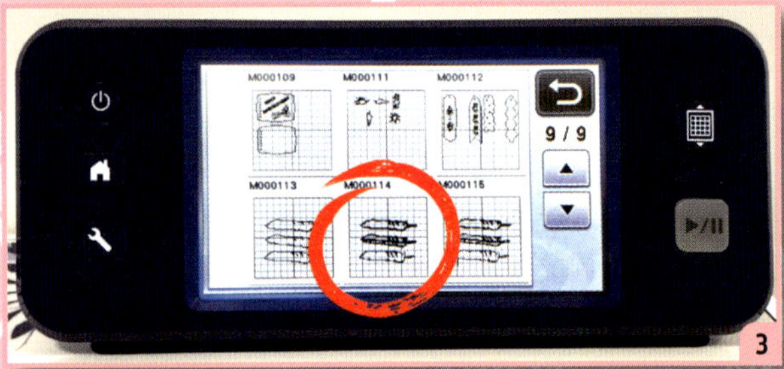

3

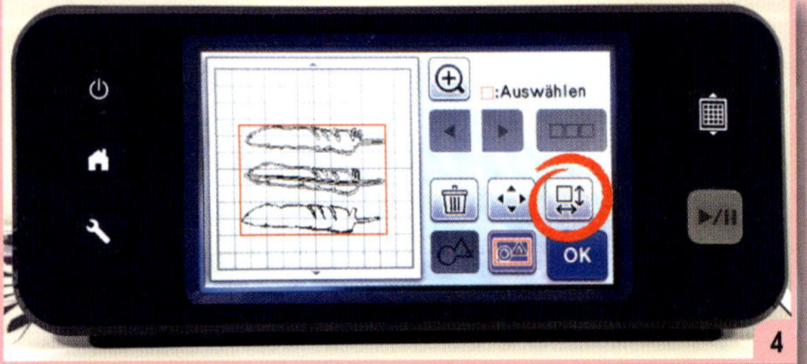

4

Drücke jetzt die Home-Taste, um neu zu starten.

Bei der SDX1000 und SDX1200 siehst du dann unten links die Schaltfläche „Daten abrufen", um zuvor gespeicherte Daten aus der Maschine oder vom USB-Stick abzurufen (Abb. 1).

Bei der CM300-CM900 rufst du zuerst die Kategorie „Muster" auf und tippst dann ganz oben auf „Gesp. Daten" (Abb. 2).

Wähle die zuvor gespeicherten Daten aus und zwar die mittlere Option, bei der alle Linien nachgezeichnet sind (Abb. 3).

Wähle die zuvor gespeicherten Daten aus, und zwar diejenigen, die du mit der mittleren Option gescannt hast, bei der alle Linien nachgezeichnet sind (Abb. 3). Dann tippe auf die Schaltfläche rechts, um die Objekte weiter zu bearbeiten (Abb. 4).

Verkleinere die Federn, sodass sie ca. doppelt so groß sind, wie die fertig geschrumpften Teile später sein sollen. Erhöhe die Anzahl der Federn unter „Nummer", um die Schrumpfplastikbögen optimal auszufüllen.

Gehe auf „OK".

Verschiebe die Motive so, dass sie sich nicht überschneiden und zugleich optimal auf das Material passen.

Gehe auf „OK", um in den Schneidebildschirm zu gelangen.

Zeichnen mit dem Schneideplotter

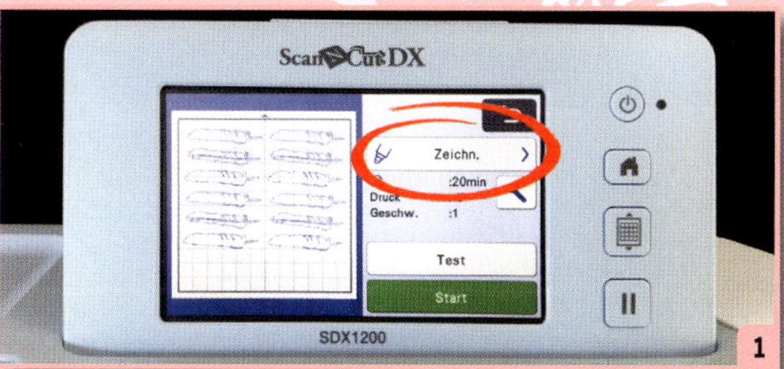

1

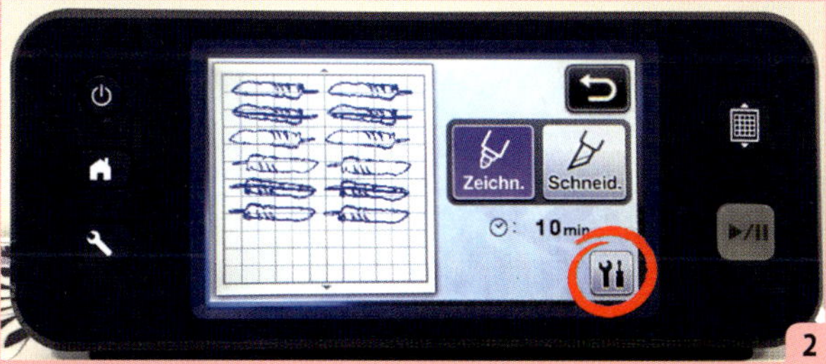

2

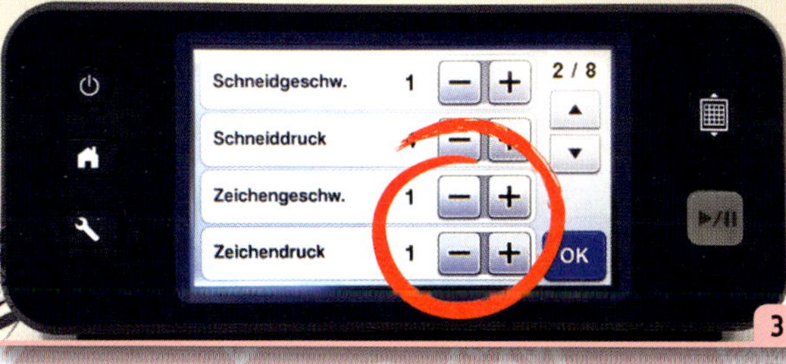

3

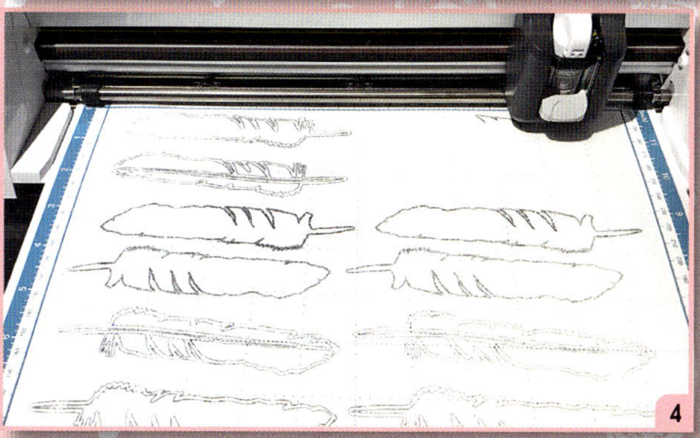
4

Zum Zeichnen mit einem Stift wählst du anstatt „Schneiden“ „Zeichnen“ aus.

Die Geräte der DX-Serie stellen sich dann von selbst richtig ein (Abb. 1).

Bei den Geräten der CM-Serie funktionieren die Standardeinstellungen Zeichengeschwindigkeit 1 und Zeichendruck 1 mit dem kleinen Stifthalter und den kleinen Zeichenstiften meistens gut (Abb. 2 und 3).

Gehe nun auf „OK“.

Nimm das Messer aus dem Wagen der ScanNCut. Nimm den kleinen Stifthalter zur Hand und lege den schwarzen Stift ein. Verschließe den Stifthalter richtig und setze ihn in den Wagen der Maschine ein. Drücke den Verriegelungshebel nach unten.

Lege das Schrumpfplastik mit der rauen Seite nach oben auf die Schneidematte und drücke es gut fest. Da das Material sehr dick und schwer ist, solltest du eine sehr gut klebende Matte verwenden.

Fahre die Matte ein und drücke auf die Start-/Stopp-Taste. Die ScanNCut fängt an, die zuvor erstellten Schnittlinien zu zeichnen (Abb. 4).

Gehe nach dem Zeichnen auf „OK“. Fahre die Schneidematte aber nicht aus, da du nun direkt scannst und schneidest.

Schrumpfplastik schneiden

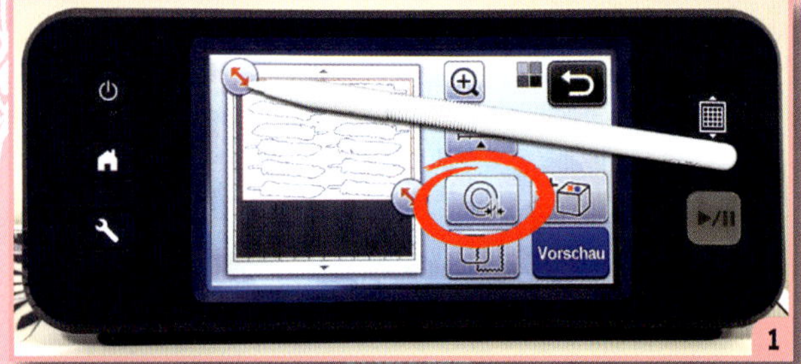

1

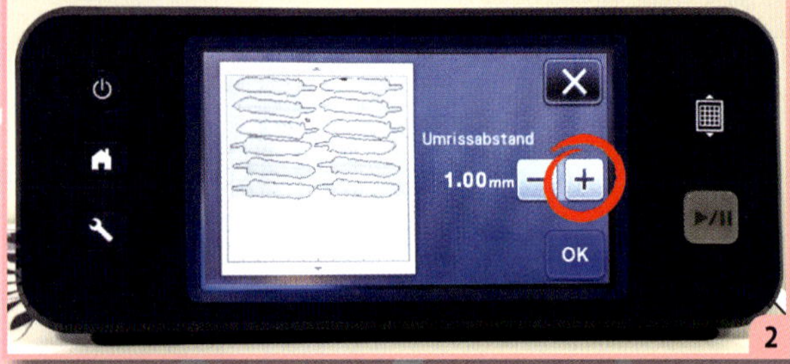

2

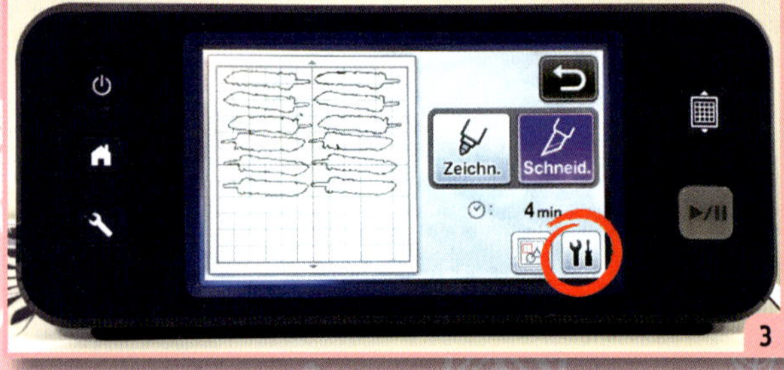

3

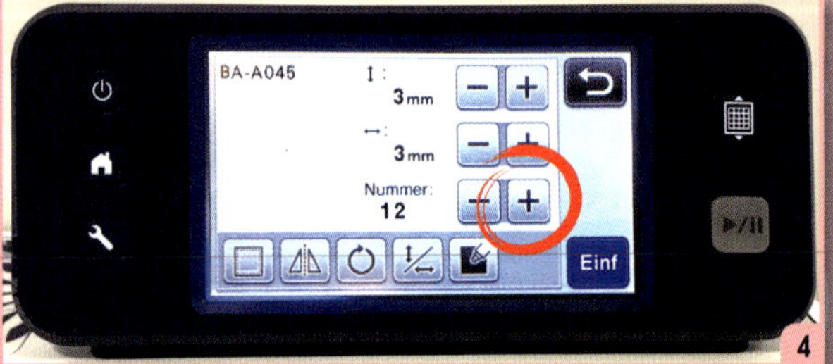

4

Drücke die Home-Taste. Wähle „Scannen" und dann „Direktschnitt". Wenn die Start-/Stopp-Taste grün aufleuchtet, drücke sie, um den Scan zu starten.

Rahme nach dem Scannen die Motive ein und tippe dann auf die Schaltfläche in der Mitte, um eine Versatzlinie hinzuzufügen (Abb. 1).

Gib mit dem Pluszeichen 1 mm ein (Abb. 2). Gehe nun auf „OK" und noch einmal auf „OK", bis du in den Schneidebildschirm gelangst. Passe, falls nötig, die Schnitteinstellungen an (Abb. 3).

Schneideeinstellungen für Schrumpfplastik:

- ✂ Schneidegeschwindigkeit: 2
- ✂ Schneidedruck: 4
- ✂ türkisfarbenes Messer
- ✂ Messerlänge: 7

Schneide nun die Federn. Lasse die Matte nach dem Schneiden aber in der Maschine.

Um die Federn später aufhängen zu können, musst du noch kleine Löcher ausschneiden, da Schrumpfplastik beim Schrumpfen so hart wird, dass man keine Löcher mehr hineinmachen kann.

Drücke die Home-Taste und wähle „Muster". Tippe links oben auf die Kategorie mit den einfachen Formen und wähle den Kreis BA-A045.

Reduziere die Größe auf 3 mm und erhöhe die Stückzahl der Löcher unter „Nummer" auf die Anzahl deiner Federn (Abb. 4).

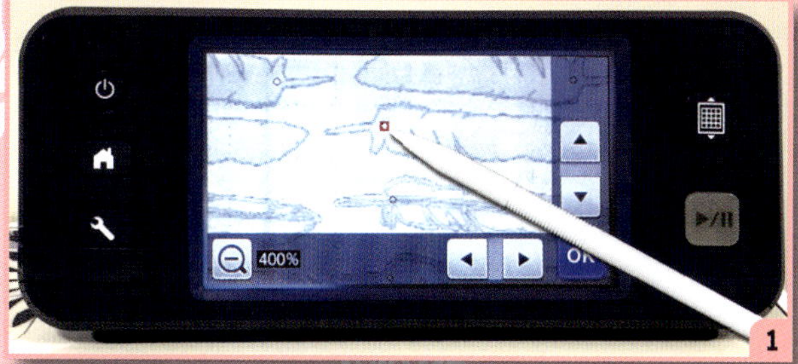

1

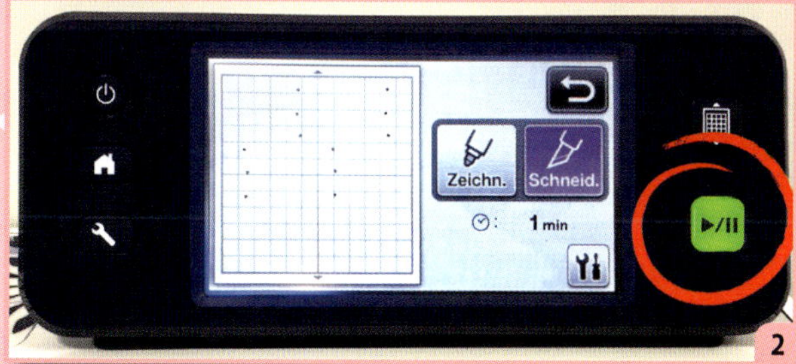

2

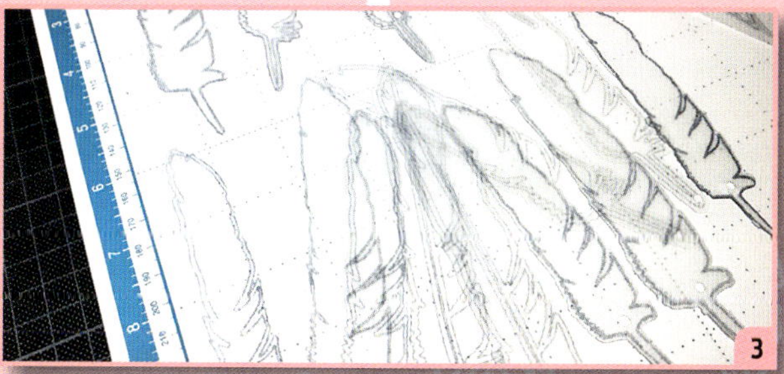
3

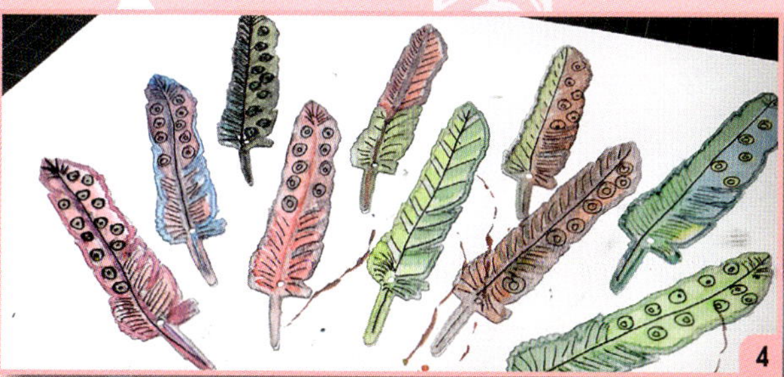
4

Gehe in die Vergrößerung und schiebe die Kreise jeweils an den Ansatz der Federn, wo das Loch später geschnitten werden soll (Abb. 1).

Gehe immer wieder auf „OK“, bis du im Schneidebildschirm bist, tippe auf „Schneid.“ und drücke die Start-/Stopp-Taste (Abb. 2).

Nachdem die Federn ausgeschnitten wurden, folgt die Handarbeit. Nimm die Federn, ohne sie oben zu berühren, vorsichtig von der Matte – die Farbe sollte hierbei nicht verwischen (Abb. 3).

Male die Federn mit Buntstiften oder Filzstiften aus. Nimm helle oder leicht transparente Farben, da die Farben beim Schrumpfen noch intensiver werden.

Mit einem feinen schwarzen Stift kannst du außerdem noch kleine Muster und Strukturen auf die Federn malen (Abb. 4).

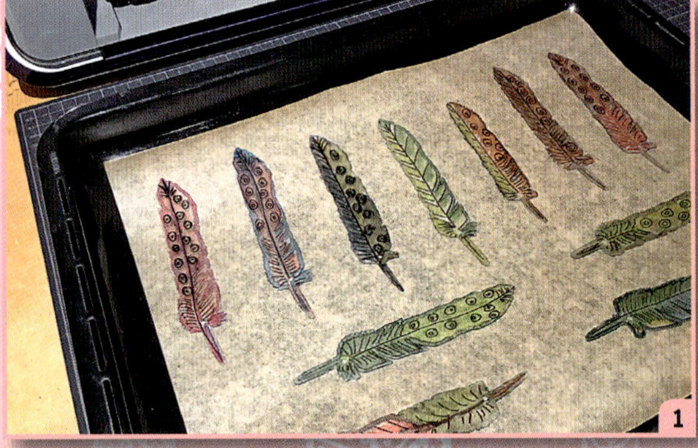

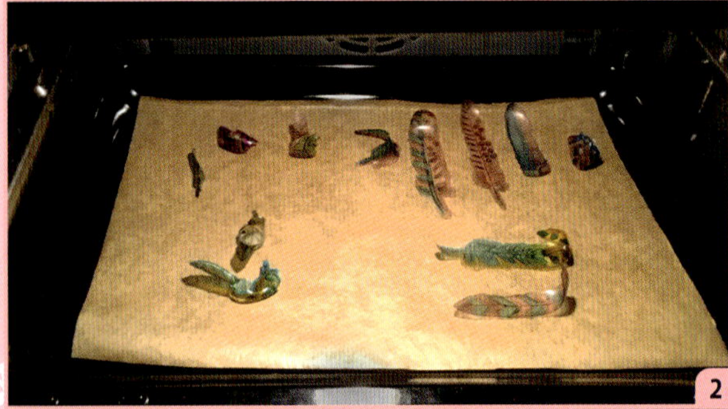

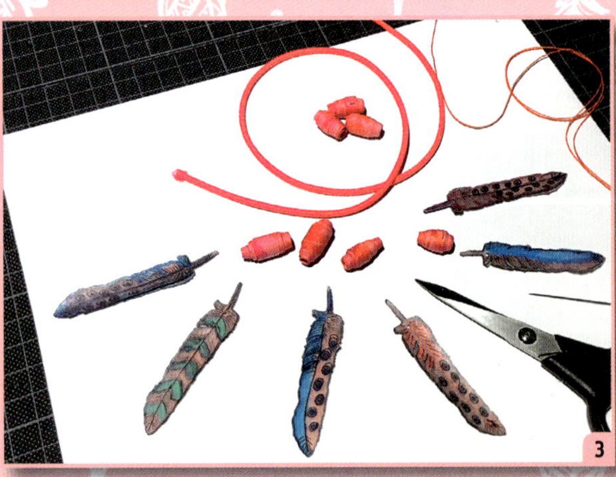

Lege die fertig bemalten Schrumpfplastikfedern auf ein mit Backpapier ausgelegtes Backblech (Abb. 1).

Heize den Backofen auf 140°C vor und schiebe das Blech in den Ofen.

Der ganze Schrumpfvorgang dauert nur ungefähr zwei Minuten. Bleibe währenddessen unbedingt dabei.

Nach ca. einer Minute kringeln und rollen sich die Plastikteile auf (Abb. 2). Sobald sie sich wieder flach hinlegen, sind sie fertig geschrumpft. Dann müssen sie sofort aus dem Ofen herausgenommen werden und auskühlen.

Die Schrumpffedern sind jetzt nur noch etwa halb so groß wie vor dem Schrumpfen. Du kannst sie als Anhänger benutzen oder Schmuck daraus herstellen (Abb. 3).

Um aus den Federn ein Armbändchen zu basteln, machst du jeweils einen Knoten ans Ende des Gummibands. Dann knotest du die Enden zusammen, sodass das Gummiband locker um ein Handgelenk passt.

Zuletzt nähst du mit Nadel und Faden die Schrumpfplastik-Federchen am Gummiband fest. Wenn du das Armband noch zusätzlich mit gerollten Papierperlen verzieren möchtest, findest du die Anleitung dafür auf der nächsten Seite.

Die Feder-Datei kannst du auch anderweitig verwenden. Du kannst die Federn für Karten oder als Geschenkanhänger groß aus Karton ausschneiden. Oder du schneidest sie aus Bügelfolie und verschönerst damit Textilien.

Gerollte Papierperlen

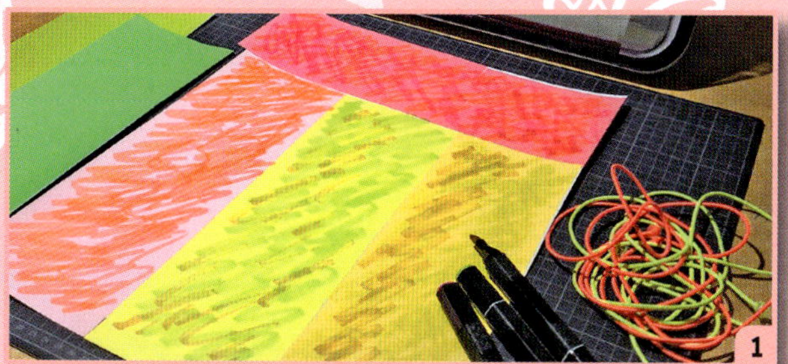
1

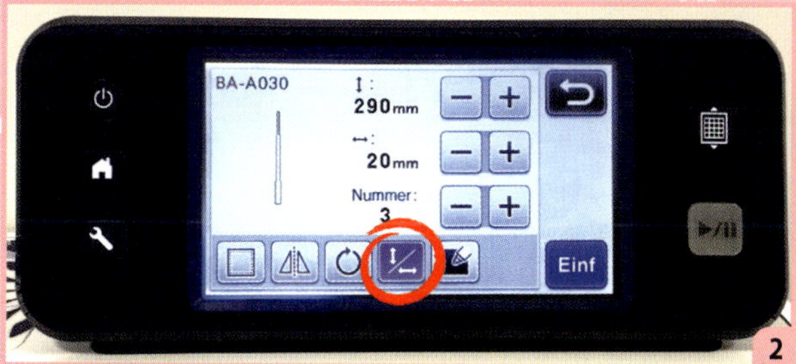

2

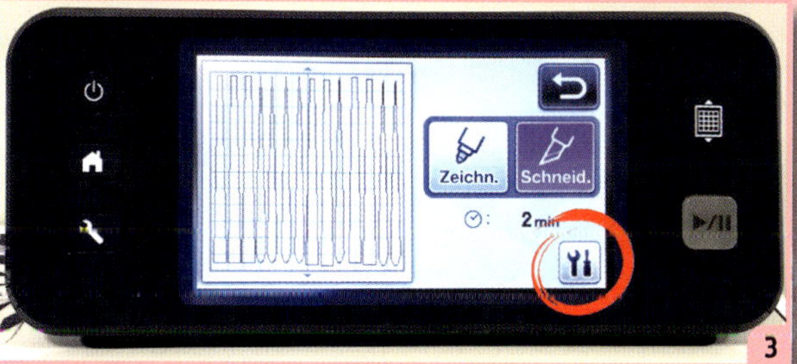

3

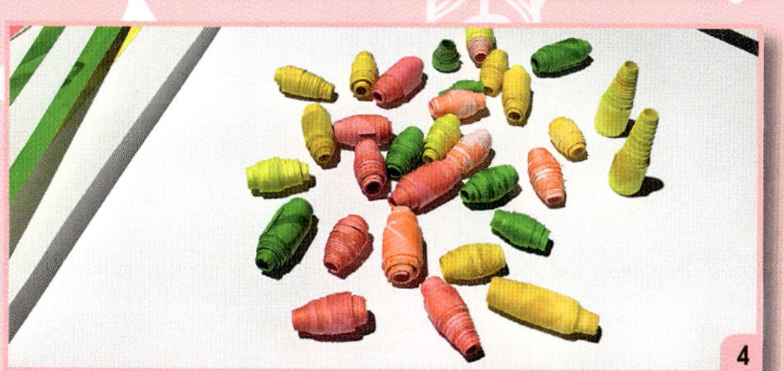
4

Mit doppelseitiger Klebefolie kannst du aus jedem Papier selbstklebendes Papier herstellen. Die doppelseitige Klebefolie hat oben und unten eine Schutzfolie sowie in der Mitte eine Klebeschicht. Zuerst ziehst du die obere Schutzfolie ab. Dann klebst du ca. 10 cm breite Tonpapierstreifen darauf.

Übermale das Papier z. B. mit breiten Filzstiften Ton in Ton, um später einen marmorierten Effekt zu erhalten (Abb. 1). Lege anschließend das vorbereitete Papier auf die Schneidematte. Lege die Schneidematte in die Maschine und fahre die Matte ein.

Wähle am Display „Muster“ aus und in der Kategorie mit den einfachen Mustern das Trapez BA-A030. Tippe unten in der Werkzeugleiste das Symbol mit den beiden Pfeilen an (Abb. 2). So kannst du eine Länge von 290 mm und eine Breite von 20 mm eingeben. Erhöhe die Anzahl unter „Nummer“ auf 3.

Füge außerdem noch das Muster BA-A036 hinzu und gib für die Länge 290 mm, für die Breite 15 mm und bei „Nummer“ ebenfalls 3 ein.

Vervielfältige die Streifen, um die ganze Seite zu füllen. Passe im Anschluss die Schnitteinstellungen an (Abb. 3). Bedenke bei der Messerlänge unbedingt auch die Klebefolie. Es soll allerdings nur das Tonpapier und nicht das Trägerpapier darunter durchgeschnitten werden.

Nach dem Schneiden kannst du die Streifen bequem ablösen. Am breiten Ende klebst du ca. 2 cm übereinander und rollst die selbstklebenden Papierstreifen z. B. über eine Stricknadel auf. Wenn du magst, kannst du die Perlen zur Stabilität mit Papierlack überpinseln (Abb. 4).

CanvasWorkspace

Wenn du gern deine eigenen Muster erstellst oder vorhandene Grafiken bearbeiten möchtest, ist es bequemer und praktischer, dies am Bildschirm des Computers zu machen. Du kannst CanvasWorkspace übrigens auch auf dem iPad oder einem Android-Tablet benutzen.

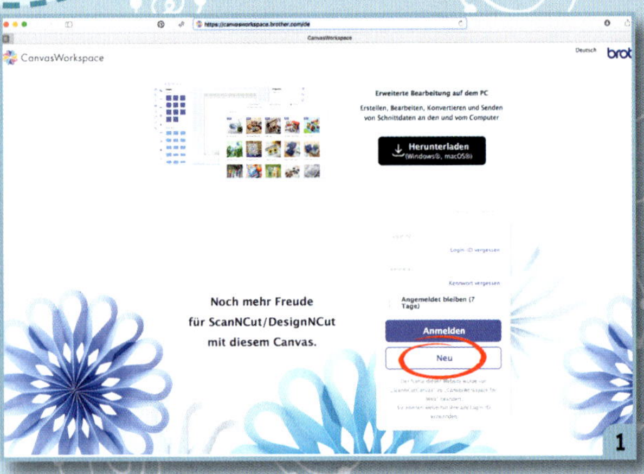

1

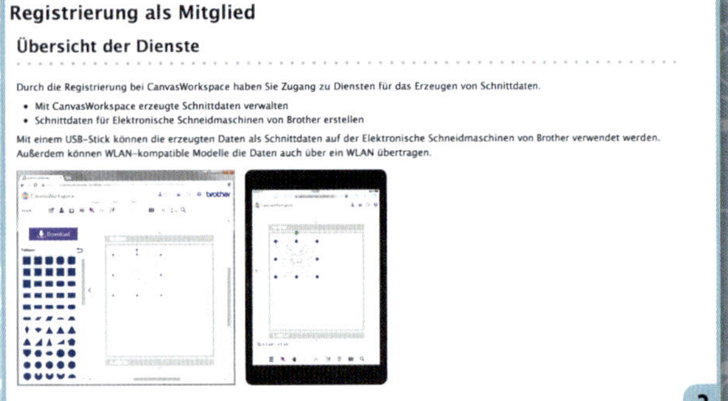

2

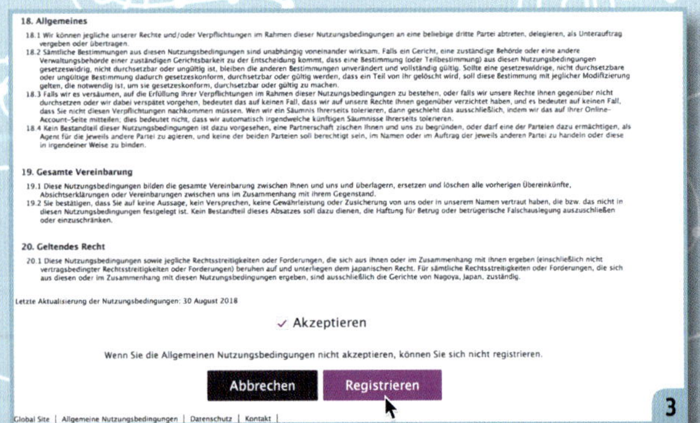

3

Für die ScanNCut benötigst du Dateien mit der Endung „.fcm". Am einfachsten erstellst du solche Dateien mit der Anwendung CanvasWorkspace, die Brother auf deren Homepage kostenlos zur Verfügung stellt.

CanvasWorkspace ist ein einfach zu erlernendes Vektor-Grafikprogramm, mit dem du eigene Muster und auch komplexe Designs erstellen, herunterladen und dann zum Schneiden an die ScanNCut übertragen kannst.

Du kannst in CanvasWorkspace außerdem auch Bilder und Dateien importieren, um Schnittlinien zu erstellen und im richtigen Format abzuspeichern.

Es gibt CanvasWorkspace in zwei Versionen:

- das Programm als Download für deinen PC
- die Webanwendung zur Nutzung im Internet

Egal, welche Version du nutzen möchtest, zuerst musst du dich registrieren, um eine Login-ID mit E-Mail-Adresse und Passwort zu erstellen.

Gehe hierfür auf die Webseite
https://canvasworkspace.brother.com/de

Klicke anschließend auf „Neu" (Abb. 1).

Lies dir die Informationen durch, setze ganz unten ein Häkchen bei „Akzeptieren" und klicke auf die Schaltfläche „Registrieren" (Abb. 2 und 3).

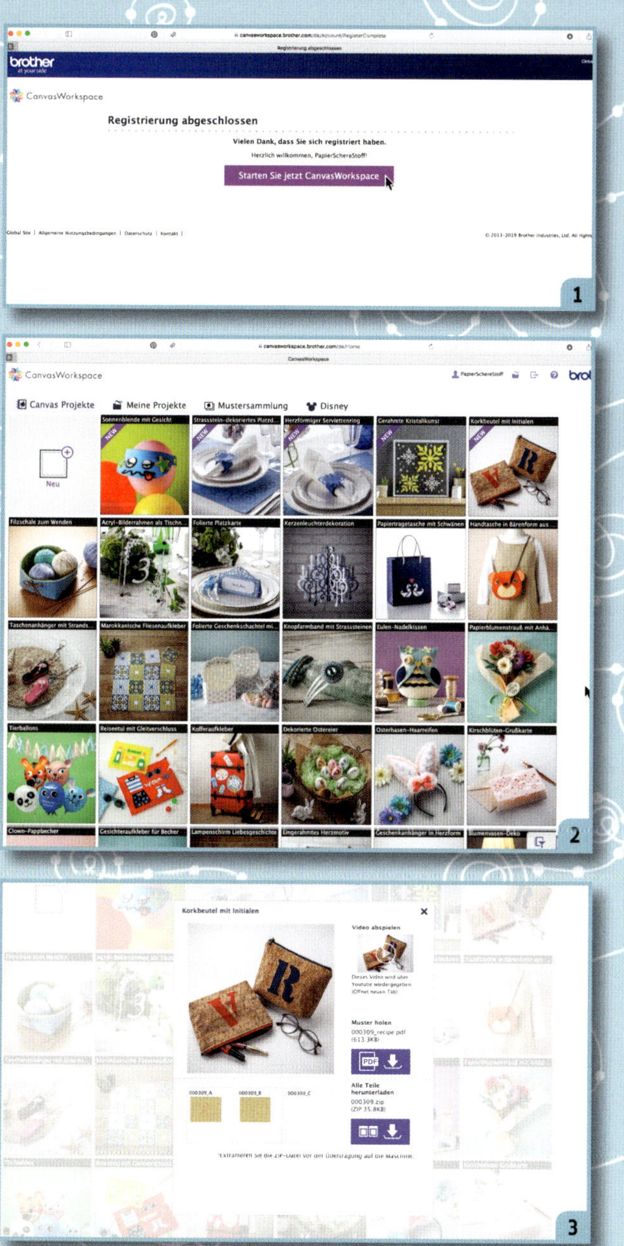

Im nächsten Schritt füllst du alle Felder aus.

Tipp!
Notiere dir unbedingt die Login-ID, das Kennwort und die angegebene E-Mail-Adresse – z. B. auf der letzten Seite deines Notizbuchs.

Klicke anschließend auf „Weiter".

Im nächsten Bildschirm kannst du deine Angaben noch einmal überprüfen. Wenn alles passt, klicke auf „Registrieren", ansonsten auf „Zurück".

Jetzt bekommst du eine E-Mail mit einem Bestätigungslink an die angegebene E-Mail-Adresse geschickt. Öffne die E-Mail und klicke den Link an. Falls du keine E-Mail bekommst, schaue in deinem Spam-Ordner nach, ob sie vielleicht dort gelandet ist.

Nachdem du auf den Link geklickt hast, erhältst du im Fenster der ScanNCut Canvas-Anwendung die Bestätigung, dass die Registrierung nun abgeschlossen ist. Klicke auf „Starten Sie jetzt CanvasWorkspace" (Abb. 1).

Jetzt bist du in deinem Account und siehst auf dem Eingangsbildschirm eine Fülle an tollen Canvas-Projekten (Abb. 2). Alle Anleitungen und die dazugehörigen Schneidedateien kannst du kostenlos herunterladen (Abb. 3).

Die nachfolgenden Projekte im Buch werden mit der Webanwendung erstellt. Wenn du die Funktionen der Webanwendung kennst, kannst du auch die Download-Version bedienen. Eine kleine Einführung in die Download-Version und die Unterschiede findest du ab S. 136.

Programmübersicht Webanwendung

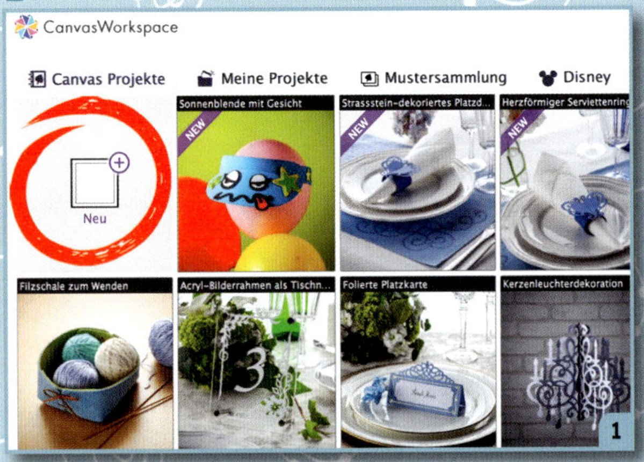

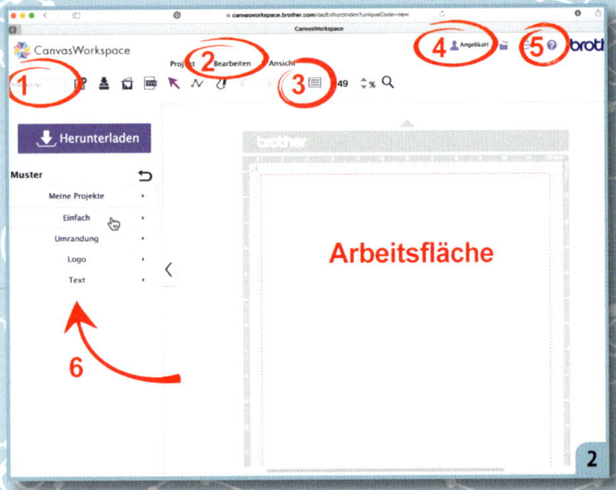

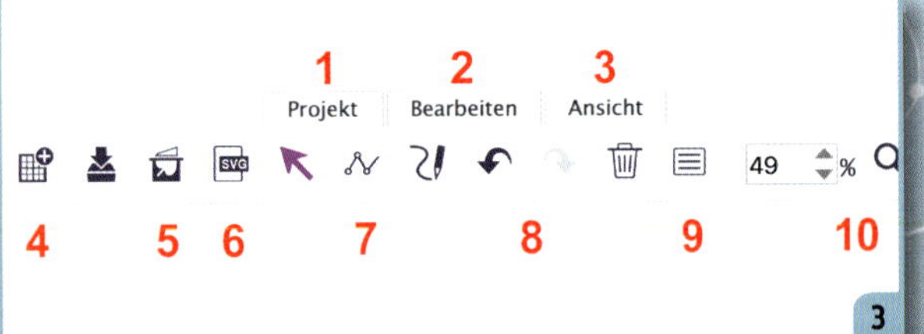

Über die Schaltfläche ganz oben in der Mitte gelangst du in deine gespeicherten Projekte. Hinter „Mustersammlung" versteckt sich ein Zusatzmodul, das freigeschaltet wird, wenn du es kaufst.

Wenn du links oben auf „Neu" klickst, kommst du ins eigentliche Programm. Es öffnet sich eine Arbeitsfläche, die deine Schneidematte abbilden soll (Abb. 1).

Die wichtigsten Funktionen im Überblick (Abb. 2):

1. Vergiss nicht, einen Projektnamen einzugeben!
2. Hier öffnet sich das Bearbeiten-Bedienfeld.
3. Hier versteckt sich das Eigenschaften-Bedienfeld.
4. Hier befinden sich die Kontoinformationen.
5. Hier findest du verschiedene Hilfsdokumente.
6. Hier findest du die Muster-Kategorien.

Die Werkzeugleiste (Abb. 3)

Dies sind die wichtigsten Schaltflächen:

1. Hier änderst du die Größe der Arbeitsfläche.
2. Hier öffnest du das Bearbeiten-Bedienfeld.
3. Hier findest du verschiedene Zoom-Funktionen sowie die Einstellung der Maßeinheit.
4. Hier legst du ein neues Projekt an.
5. Mit der Bildverfolgung zeichnest du ein importiertes Bild nach.
6. Hiermit öffnest du SVG- und andere Dateien, die bereits vektorisiert sind.
7. Mit dem Pfadwerkzeug zeichnest du deine eigenen Linien.
8. Mit dem Zurück-Pfeil kannst du mit jedem Klick einen Schritt rückgängig machen und mit dem Voraus-Pfeil stellst du ihn wieder her.
9. Dieses Feld öffnet das Eigenschaften-Bedienfeld.
10. Hier kannst du auf dreierlei Arten zoomen.

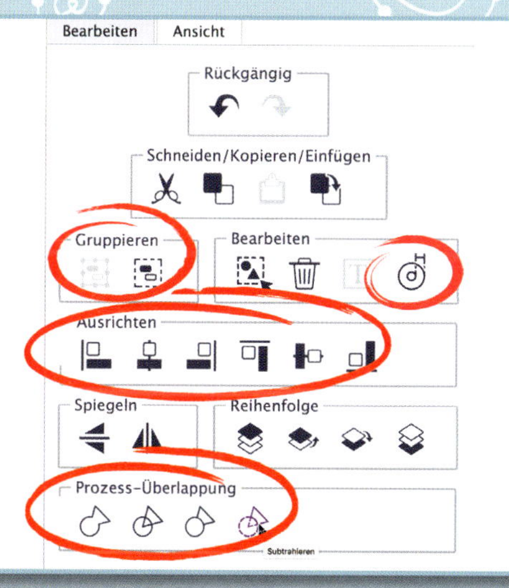

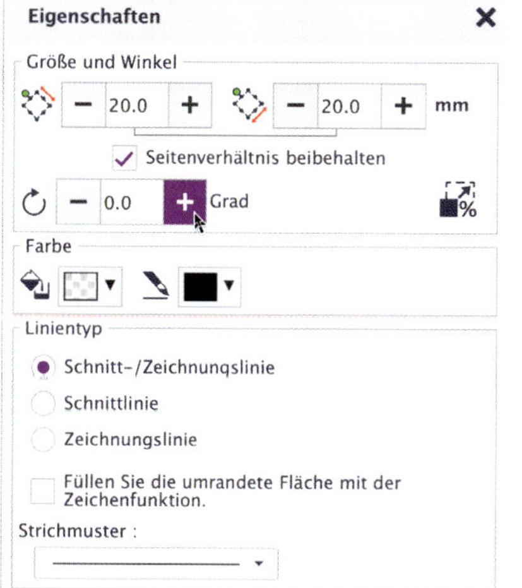

Übrigens:
Wenn du mit der Maus über einem Symbol stehen bleibst, wird dir die Funktion angezeigt.

Das Bearbeiten-Bedienfeld (Abb. 1)

Hier gibt es vier wichtige Funktionen, die du dir unbedingt merken solltest. Drei davon kennst du schon vom Arbeiten direkt an der Maschine: das **Gruppieren** (links oben), die **Versatzlinie** (rechts oben) und das **Ausrichten** (mittig).

Bei der vierten Funktion, der sogenannten **Prozess-Überlappung** (unten), wirst du das Verschmelzen und das Subtrahieren am meisten benutzen.

Das Eigenschaften-Bedienfeld (Abb. 2)

Das Eigenschaften-Bedienfeld ist ein schwebendes Bedienfeld, d. h., du kannst es, wenn es geöffnet ist, so verschieben, dass du deine Motive noch sehen kannst. Oben kannst du genaue Werte für die Größe eines ausgewählten Objekts eingeben. Darunter kannst du Objekte drehen, indem du den Mauszeiger auf „+“ oder „–“ stehen lässt.

Bei „Farbe“ kannst du geschlossene Formen und Linien einfärben.

Ganz unten weist du den Linien verschiedene Muster zu. So kannst du z. B. eine gestrichelte Linie zur Falzlinie machen.

Die WLAN-Verbindung einrichten

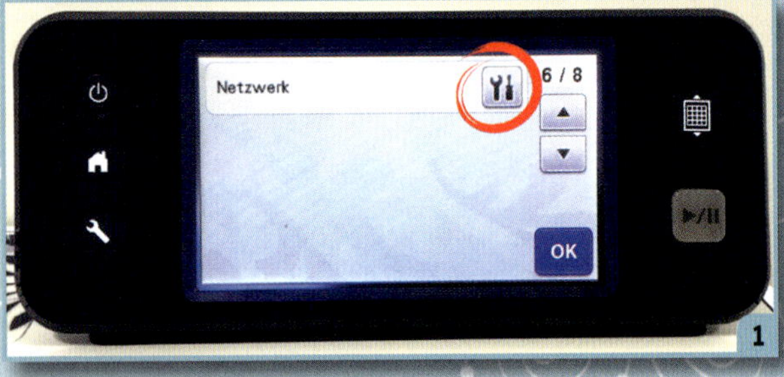

1

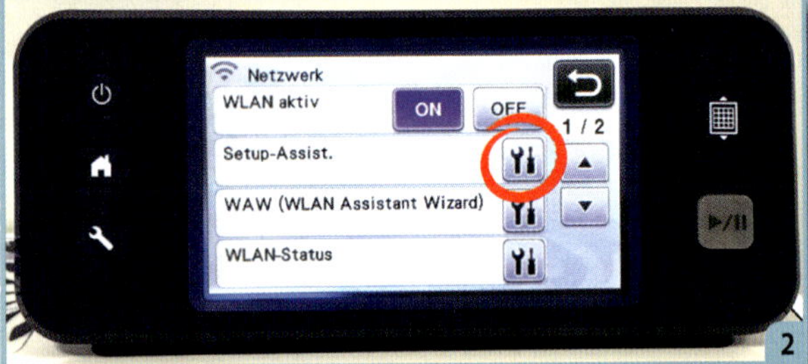

2

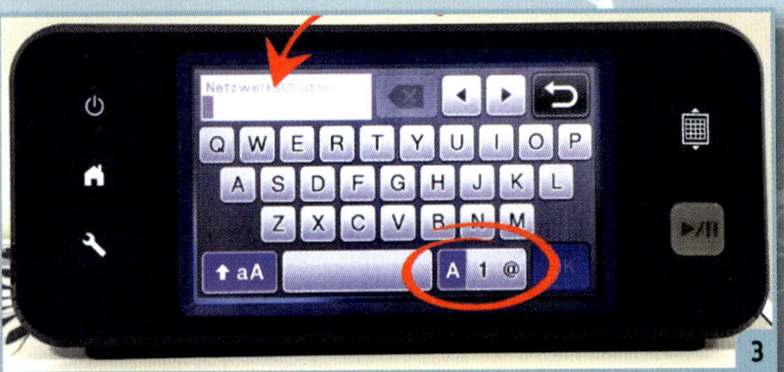

3

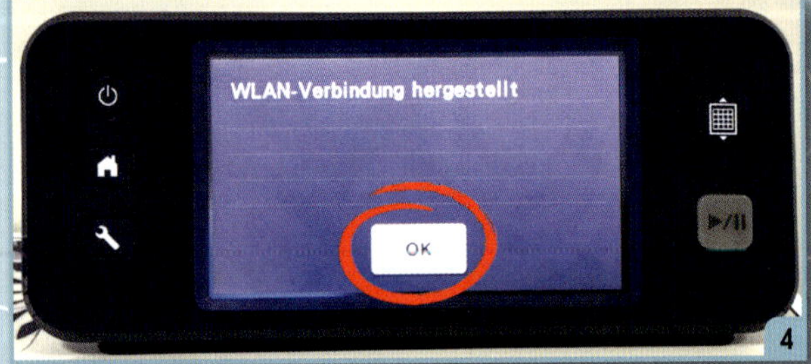

4

Du kannst die in CanvasWorkspace erstellten Dateien entweder herunterladen oder auf einem USB-Stick sichern und auf diese Weise an die ScanNCut übertragen.

Die Modelle CM700 und CM900 sowie die Modelle SDX1000 und SDX1200 sind jedoch auch WLAN-fähig und man kann sie schnurlos mit dem Internet verbinden.

Dazu brauchst du den Netzwerkschlüssel, d. h. das Passwort deines Internet-Routers.

Es ist sinnvoll, die ScanNCut neben den Computer zu stellen, da du beim Einrichten zwischen den Geräten hin- und hergehen musst.

Schalte deine ScanNCut ein. Gehe in die Einstellungen deiner Maschine.

Tippe rechts mehrfach auf die Pfeiltaste nach unten, um auf die Seite mit der Schaltfläche „Netzwerk“ zu kommen. Tippe rechts daneben auf die Schaltfläche mit den Werkzeugen (Abb. 1).

Klicke im nächsten Bildschirm bei „Setup-Assist.“ ebenfalls wieder auf die Werkzeug-Taste (Abb. 2).

Die ScanNCut sucht eine Netzwerkverbindung. Wähle dein eigenes Router-Netzwerk aus. Nun erscheint eine Tastatur, auf der du das Passwort deines Internet-Routers eingeben musst. Um Zahlen einzugeben, musst du bei der Tastatur rechts unten auf das Zahlenfeld klicken (Abb. 3).

Tippe bei der Frage „Übernehmen?“ auf „Ja“. Gehe, wenn die WLAN-Verbindung hergestellt ist, auf „OK“ (Abb. 4).

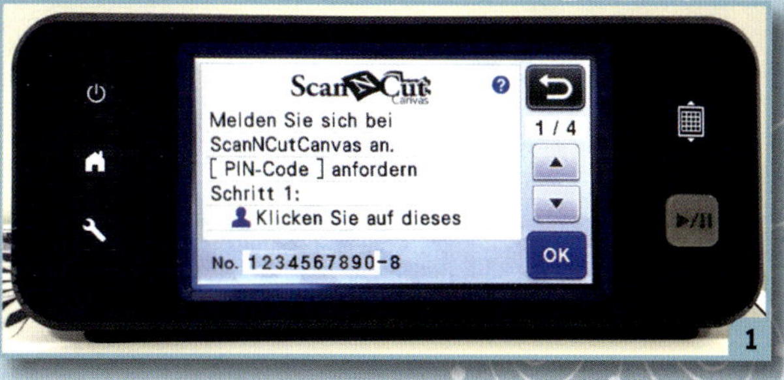

1

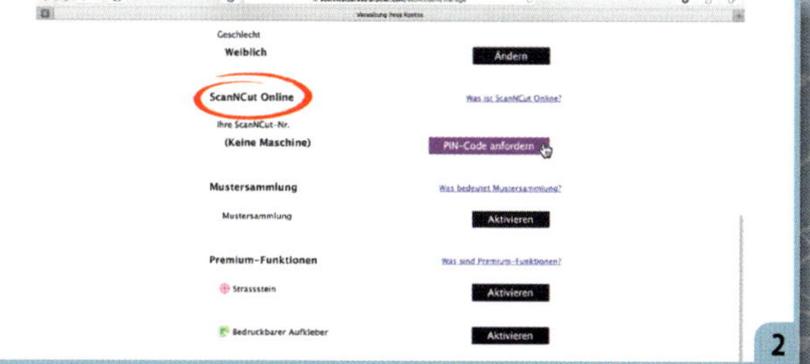

2

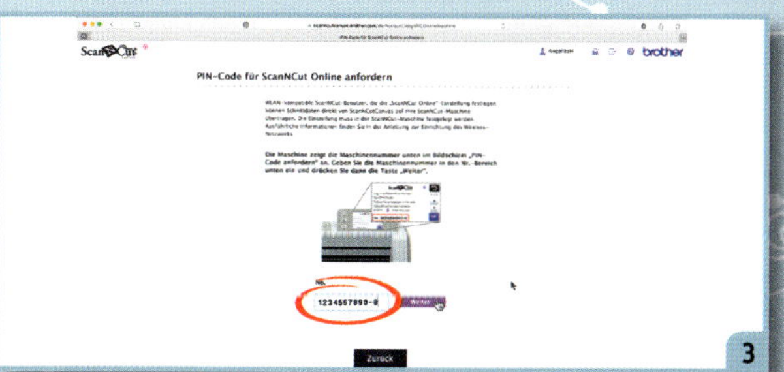

3

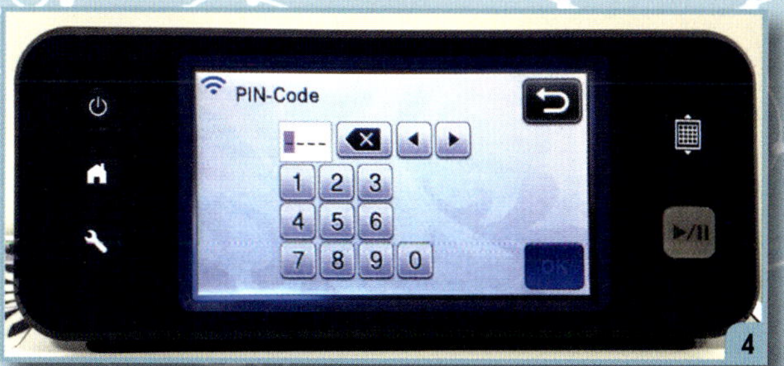

4

Im nächsten Bildschirm tippst du wieder auf „Weiter“.

Jetzt verbindest du die ScanNCut, die nun per WLAN ans Internet angeschlossen ist, mit deinem CanvasWorkspace-Account.

Die folgenden Schritte sind nicht an allen Geräten gleich. Für manche Modelle brauchst du z. B. eine Online-Aktivierungskarte.

Befolge die Anweisungen auf dem Bildschirm. Melde dich, wenn die Gerätenummer angezeigt wird, am Computer im Canvas-Workspace-Programm an (Abb. 1).

Klicke rechts oben auf die Konto-Informationen. Klicke bei „ScanNCut Online“ rechts auf „Pin-Code anfordern“ (Abb. 2).

Jetzt musst du die Nummer, die an deiner Maschine angezeigt wird, in das „No.“-Feld am Computer eingeben (Abb. 3). Klicke anschließend auf „Weiter“.

Im nächsten Bildschirm wird dir ein vierstelliger PIN-Code angezeigt. Diesen gibst du an der Maschine ein und gehst dann auf „OK“ (Abb. 4).

Am Computer klickst du ebenfalls auf „OK“.

Jetzt kannst du Projektdateien direkt zwischen der Maschine und dem CanvasWorkspace-Programm austauschen – sogar dann, wenn Computer und Maschine in unterschiedlichen Räumen stehen.

Einfache Formen mit CanvasWorkspace zeichnen

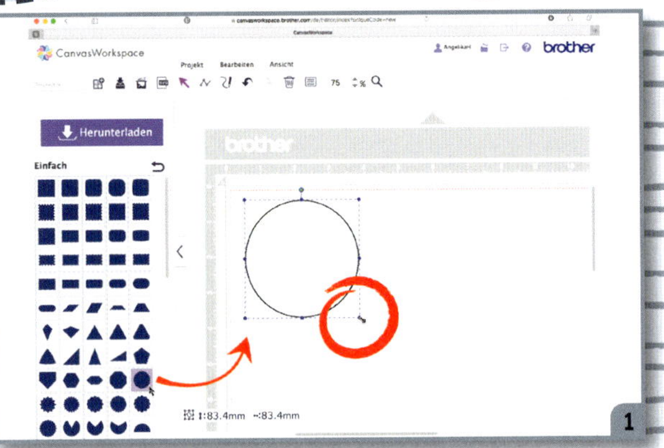

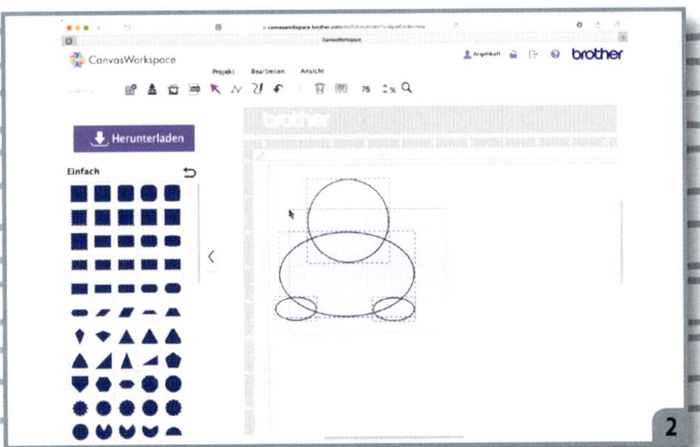

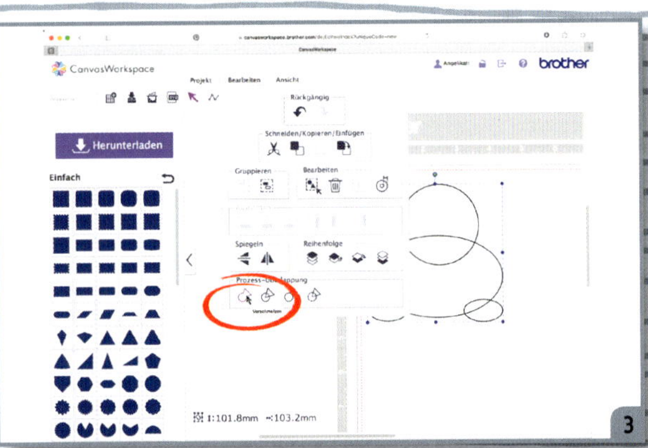

Logge dich in die CanvasWorkspace Webanwendung ein und gehe links oben auf „Neu".
Gib links oben bei „Projekttitel" einen Namen für dein Projekt ein, z. B. „Hase".

Achtung!
Die Projektnamen dürfen keine Umlaute, also kein ä, ö oder ü, enthalten.

Klicke darunter bei „Muster" auf „Einfach". Es öffnet sich die Kategorie mit den einfachen Formen, die du aus dem Maschinenspeicher schon kennst.

Klicke auf den Kreis. Fasse den Rahmen des Kreises an einer Ecke mit der Maus an und schiebe die Form kleiner (Abb. 1).

Füge einen weiteren Kreis hinzu. Fasse den Rahmen erneut an einer Seite an und ziehe die Form dieses Mal breiter.
Schiebe die beiden Formen übereinander und wähle das Oval aus, indem du darauf klickst. Drücke jetzt die Taste „d" auf deiner Computertastatur. So duplizierst du eine Form.

Schiebe das neue Oval so klein, dass es aussieht wie eine Hasenpfote. Schiebe sie nach links unten. Drücke für die zweite Pfote die Taste „d" erneut. Schiebe diese nach rechts.

Nun wählst du alles aus. Tippe hierfür entweder die Taste „a" auf deiner Tastatur oder du ziehst mit der Maus einen Rahmen, der alle Formen berührt (Abb. 2).

Öffne oben das Bearbeiten-Bedienfeld. Klicke dann ganz unten bei „Prozess-Überlappung" auf die linke Funktion „Verschmelzen" (Abb. 3).

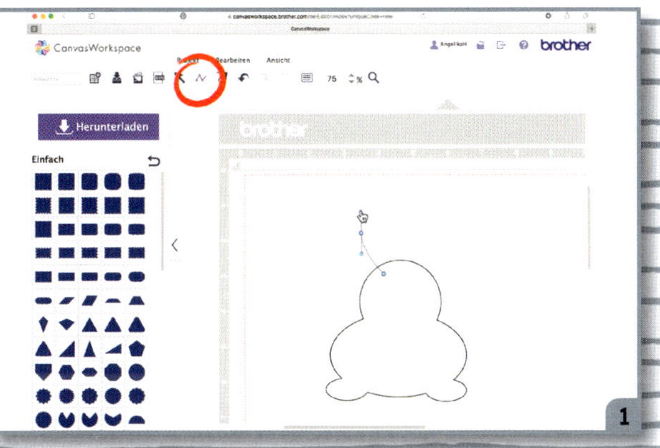
1

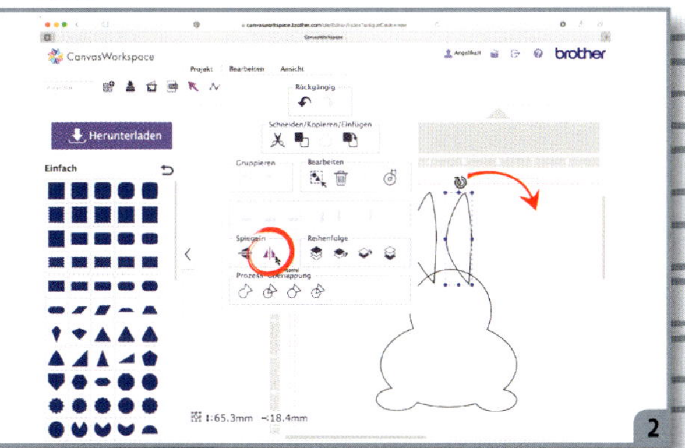
2

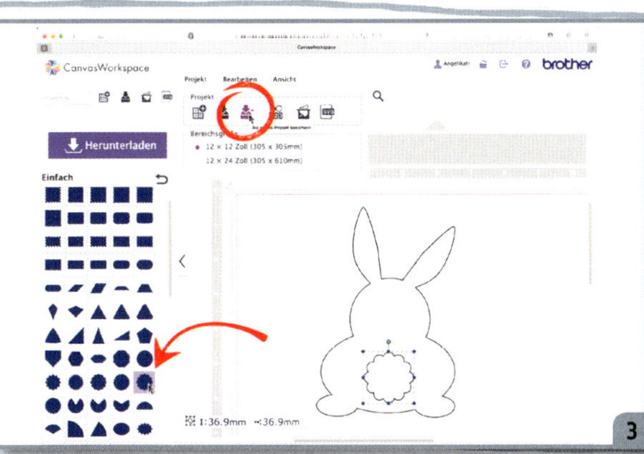
3

Wähle jetzt das Pfad-Werkzeug, um das Ohr des Hasen zu zeichnen (Abb. 1). Klicke oben links in die Form hinein. Klicke ein weiteres Mal etwas weiter links oben am Ohr – dort, wo das Ohr später am breitesten sein soll –, halte die Maustaste gedrückt und ziehe ein wenig nach oben.

So zeichnest du Kurven:
Du klickst, bleibst darauf und ziehst. Der Klickpunkt hat dann zwei Anfasser. Mit einem Klick auf den Punkt kannst du die Kurve später noch korrigieren. Klicke und ziehe noch zwei bis drei weitere Punkte, bis du wieder unten am Ausgangspunkt ankommst. Wenn der erste Versuch missglückt, löschst du die Form einfach mit der Tastaturtaste „Entf" bzw. „Del" und zeichnest neu.

Wähle dein Hasenohr aus, drücke die Taste „d", um es zu duplizieren, und schiebe das zweite Ohr an die richtige Stelle. Öffne oben das Bearbeiten-Bedienfeld. Klicke nun weiter unten bei „Spiegeln" die rechte Option zum horizontalen Spiegeln an.

Solange das Ohr noch ausgewählt ist, siehst du oben einen kleinen grünen Punkt (Abb. 2). Wenn du diesen anklickst und ziehst, kannst du die Form in die gewünschte Richtung drehen. Kippe das Ohr ein wenig, wähle mit Taste „a" wieder alles aus und verschmelze alle Formen zu einer Silhouette.

Jetzt fehlt nur noch das Schwänzchen. Wenn du ein kleines Häschen zeichnen möchtest, genügt es, wenn du einen einfachen Kreis hinzufügst. Für größere Hasen sieht der Kreis mit Bogenkante hübscher aus (Abb. 3 unten). Passe außerdem die Größe und die Position an.

Speichere nun dein Projekt, indem du oben links das Projekt-Bedienfeld öffnest und die dritte Schaltfläche von links mit dem Pluszeichen darauf drückst (Abb. 3 oben).

Einen Dackel selbst zeichnen

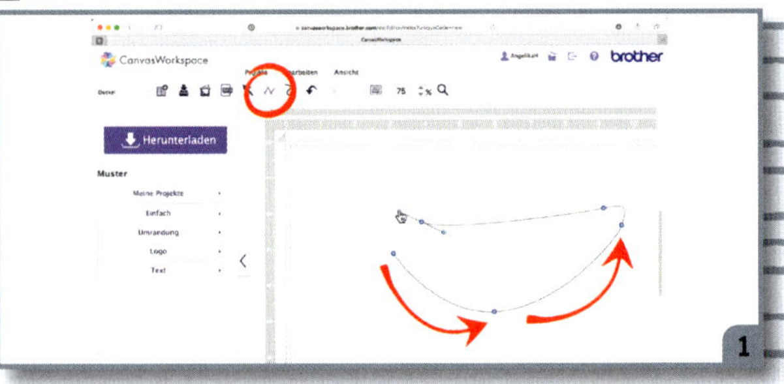

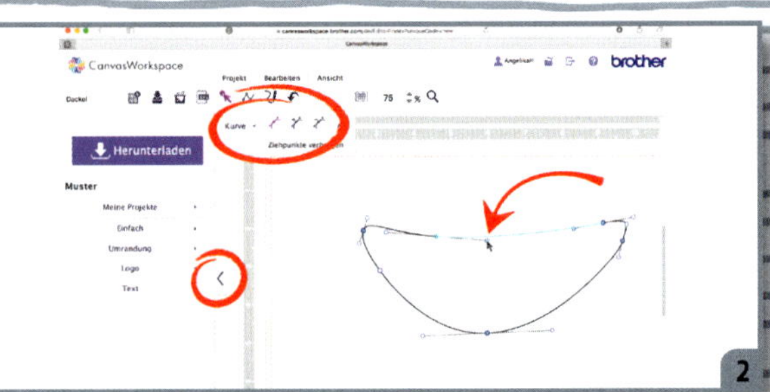

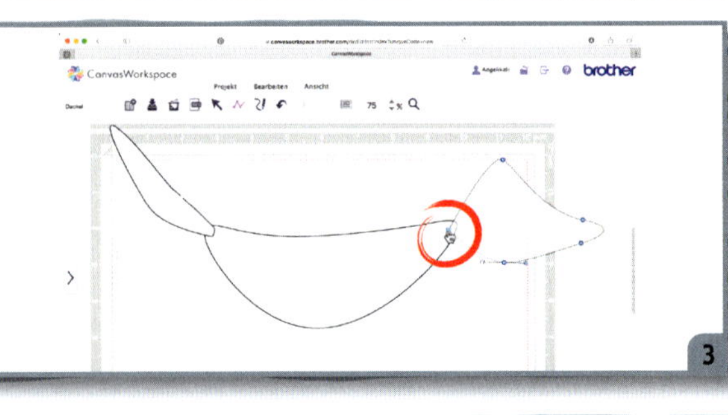

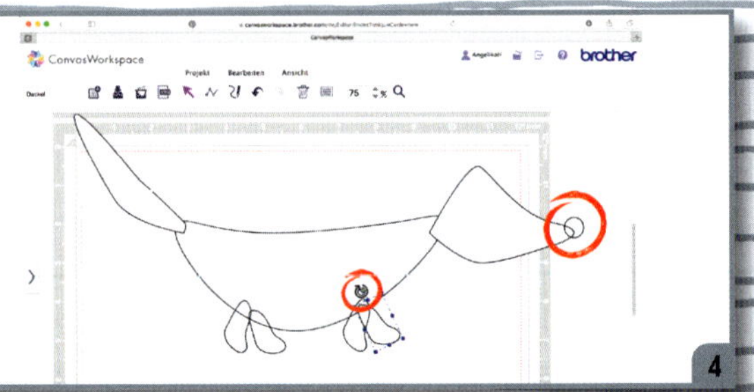

Zuerst musst du oben in der Werkzeugleiste ein paar Einstellungen vornehmen:

- Gehe links oben auf „Neues Projekt erstellen".
- Gib als Projekttitel „Dackel" ein.
- Wähle das Pfadwerkzeug aus (Abb. 1 oben).
- Gib rechts beim Zoom 75 % ein.

Mache für den Anfangspunkt einen Mausklick auf die Arbeitsfläche sowie weiter rechts unten einen weiteren Klick (Abb. 1 unten). Bleibe darauf und ziehe daran, um eine Kurve zu erhalten. Klicke und ziehe weiter rechts oben usw., bis du den Hundekörper gezeichnet hast. Zum Schluss musst du immer auf den Anfangspunkt klicken, damit du einen geschlossenen Pfad bekommst.

Mit einem Doppelklick auf die Form werden alle Punkte und Kurvenanfasser sichtbar. Dann kannst du jeden Punkt einzeln korrigieren.

Es öffnet sich von selbst das Punkte-Bedienfeld (Abb. 2). Hier kannst du auch Punkte hinzufügen, löschen, die Anfasser ein- und ausblenden und Pfade unterbrechen oder schließen.

Mit einem Klick auf den Registerreiter links in der Mitte kannst du die Muster-Kategorien ein- und ausblenden. Das schafft mehr Platz auf der Arbeitsfläche (Abb. 2 links).

Wähle oben das Pfadwerkzeug aus und zeichne den Schwanz sowie den Kopf des Hundes, so wie es in Abb. 3 gezeigt wird.

Zeichne nun eine Pfote und dupliziere diese dreimal. Verschiebe die beiden Duplikate und drehe sie oben am grünen Punkt. Füge einen Kreis als Schnauze hinzu (Abb. 4).

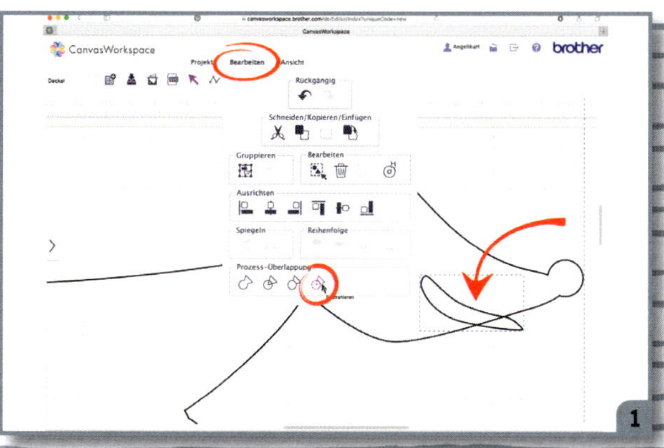

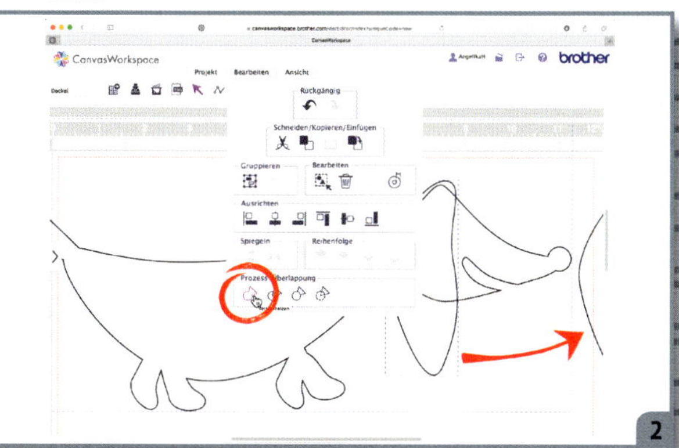

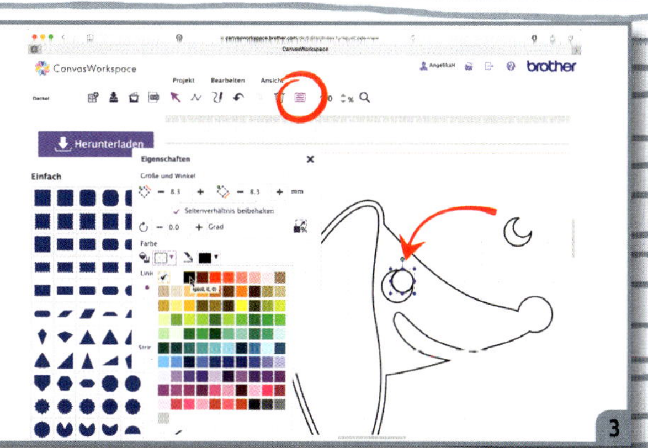

Wähle jetzt mit der Tastaturtaste „a" alles aus. Öffne oben das Bearbeiten-Bedienfeld und verschmelze alle Formen.

Zoome oben auf 150 %, um den Kopf besser zu sehen, und zeichne ein lächelndes Maul (Abb. 1 rechts).

Wähle alles aus und öffne das Bearbeiten-Bedienfeld. Gehe ganz unten bei „Prozess-Überlappung" auf die rechte Funktion „Subtrahieren" (Abb. 1 Mitte). So wird das Maul vom Rest der Form abgezogen und du hast einen Einschnitt.

Zeichne jetzt das Hängeohr über die linke Seite des Kopfes. Dupliziere es und schiebe das Duplikat zur Seite.

Wähle wieder alles, außer dem Duplikat, aus und verschmelze die Formen (Abb. 2 links).

Wähle das einzelne Ohr aus, öffne das Bearbeiten-Bedienfeld und gehe rechts auf „Versatzlinie erzeugen". Wähle für den Abstand 2 mm nach innen und für den Eckentyp „Rund".
Klicke auf „OK" und schiebe das separate Ohr zur Seite (Abb. 2 rechts). Später kannst du es z. B. aus einer anderen Farbe ausschneiden.

Wenn du magst, füge dem Hund auch noch ein Auge aus zwei Kreisen hinzu, die du voneinander subtrahierst. Zeichne außerdem noch einen Kreis als Pupille. Im Eigenschaften-Bedienfeld kannst du der Pupille eine Farbe zuweisen (Abb. 3).

Der fertige Dackel ist jetzt noch größer als die Arbeitsfläche. Wähle daher alles aus, gruppiere den ganzen Hund und verkleinere ihn.

Speichere das Projekt über das Projekt-Bedienfeld oben links.

Die Bildverfolgung

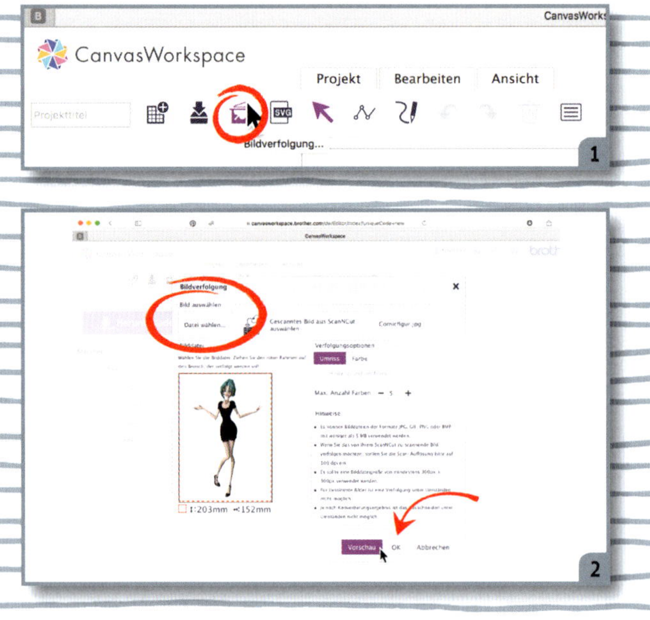

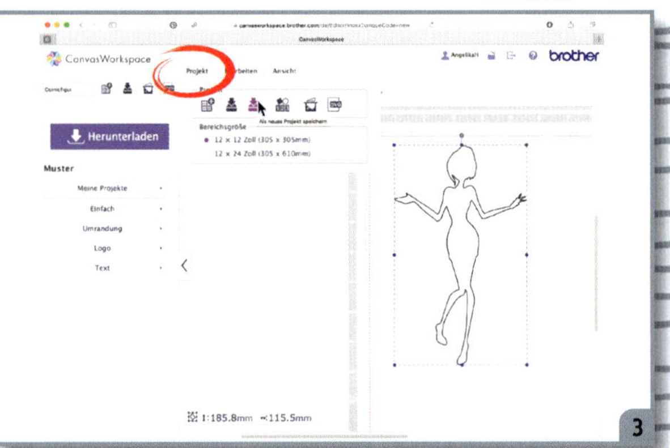

Eine weitere Möglichkeit, Schnittlinien zu erstellen, ist, ein vorhandenes Bild, das du im Computer gespeichert hast, zu importieren und nachzeichnen zu lassen. Dazu klickst du oben in der Werkzeugleiste auf das Symbol für die Bildverfolgung (Abb. 1). Es öffnet sich ein neues Fenster.

Klicke oben links auf „Datei wählen" (Abb. 2 oben) und wähle den Speicherort auf deinem Computer aus.

Hier kannst du auch ein gescanntes Bild öffnen, wenn du zuvor die ScanNCut mit CanvasWorkspace per WLAN verbunden hast.

Wenn dein Bild im Vorschaufenster sichtbar ist, schiebe den rot gestrichelten Rahmen dicht an das Motiv heran.
Bei den Verfolgungsoptionen wählst du, ob du nur die Umrisse oder alle Farbflächen des Bildes nachgezeichnet haben möchtest. Im Beispiel soll nur die Silhouette verwendet werden.

Lies auch immer die Hinweise, die wertvolle Informationen enthalten und dich auf mögliche Fehlerquellen aufmerksam machen.

Klicke unten auf „Vorschau" (Abb. 2 unten) und prüfe, ob die türkisfarbenen Schnittlinien um die Figur herum so aussehen, wie es sein soll. Falls nicht, kannst du die maximale Anzahl an Farben erhöhen oder reduzieren, um ein besseres Ergebnis zu erhalten. Da jedes Bild anders ist, musst du hier ein wenig ausprobieren.

Klicke nun auf „OK". Gib, wenn die Schnittlinien auf der Arbeitsfläche gut aussehen, dem Projekt einen Namen und speichere es (Abb. 3).

Übertragung von Dateien an die Maschine

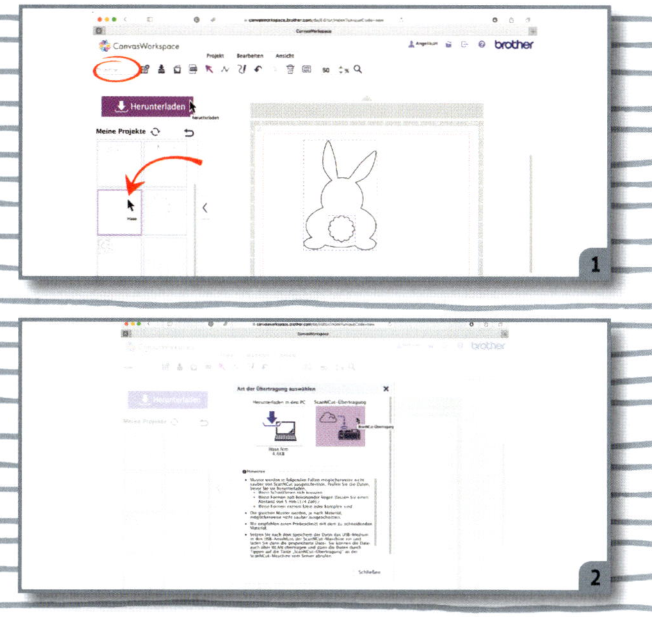

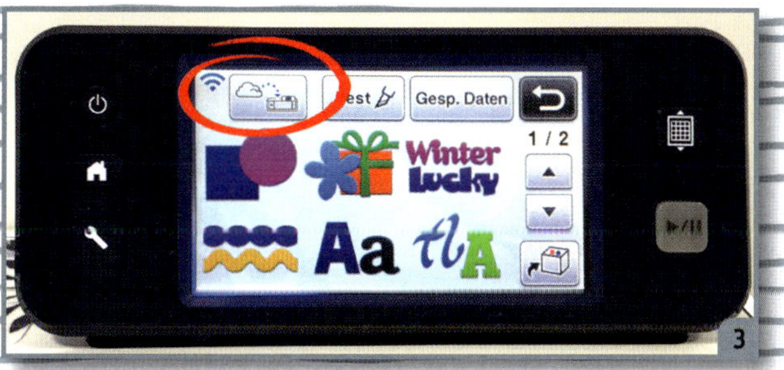

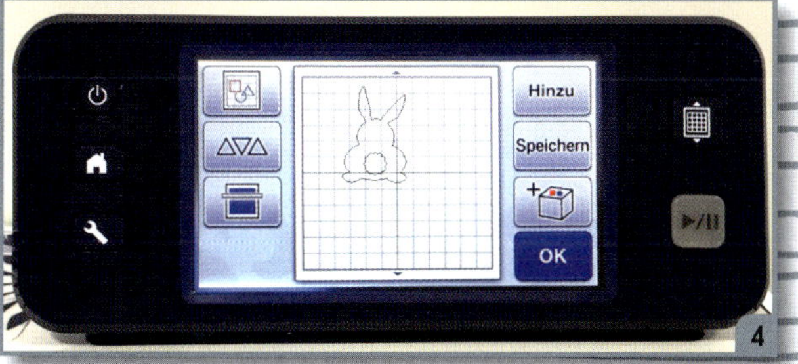

Deine gespeicherten Projekte siehst du, indem du links bei „Muster“ die oberste Schaltfläche „Meine Projekte“ anklickst.

Klicke auf das Projekt, das du bearbeiten möchtest, um es auf die Arbeitsfläche zu bringen.

Gib oben wieder einen neuen Projekttitel ein und klicke anschließend auf die große pinkfarbene Schaltfläche „Herunterladen“ (Abb. 1).

Du hast nun zwei Möglichkeiten:

1. Du kannst die Datei mit einem Klick auf die linke Schaltfläche herunterladen (Abb. 2). Dann landet sie je nach Einstellung deines Computers höchstwahrscheinlich im Ordner „Downloads“. Danach kannst du die Datei auf einen USB-Stick ziehen, in die ScanNCut einstecken und dort öffnen.

2. Wenn deine ScanNCut WLAN-fähig und mit CanvasWorkspace verbunden ist, siehst du nach dem Herunterladen auch die Möglichkeit „ScanNCut-Übertragung“. Klicke auf diese Schaltfläche (Abb. 2).

Jetzt siehst du ein Fenster mit dem Hinweis „ScanNCut-Übertragung ist bereit“. Gehe nun an deine ScanNCut, schalte sie ein und wähle „Gesp. Daten“ bzw. „Daten abrufen“. Ganz links oben siehst du das WLAN-Symbol (Abb. 3). Es kann einen Moment dauern, bis die Schaltfläche aktiv ist und du sie antippen kannst.

Sobald auf dem Bildschirm „abrufen“ aufleuchtet, ist dein Motiv importiert. Du kannst es jetzt bearbeiten, speichern und schneiden (Abb. 4).

Das siebte Projekt: 3-D Wandtattoo mit Hundeleine

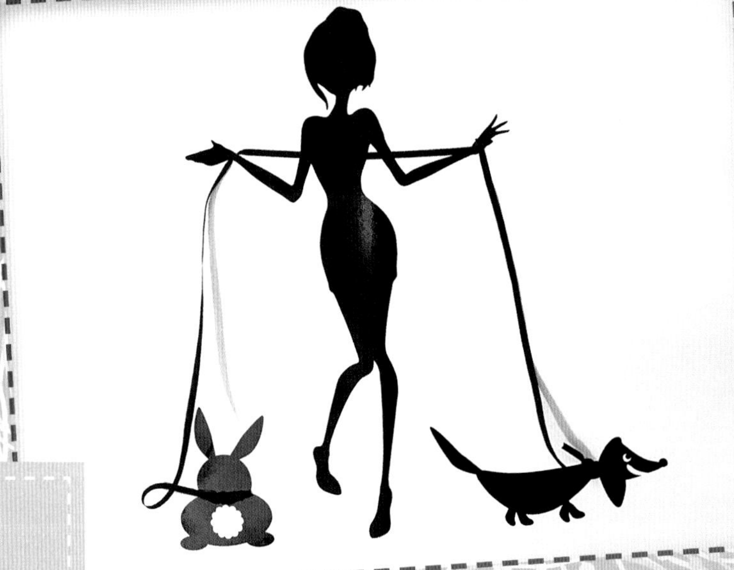

Dafür brauchst du:

- 30 cm x 30 cm Wandtattoo- oder Vinylfolie
- 30 cm x 30 cm Übertragungsfolie
- ein Werkzeug zum Entgittern (Haken oder Pinzette)
- eine Rakel
- ein ca. 50 cm schmales, dünnes Bändchen
- die Hasen-Datei sowie die Dackel-Datei
- die Datei einer beliebigen Comicfigur (siehe S. 118)
- Schere

Selbstklebende Folien

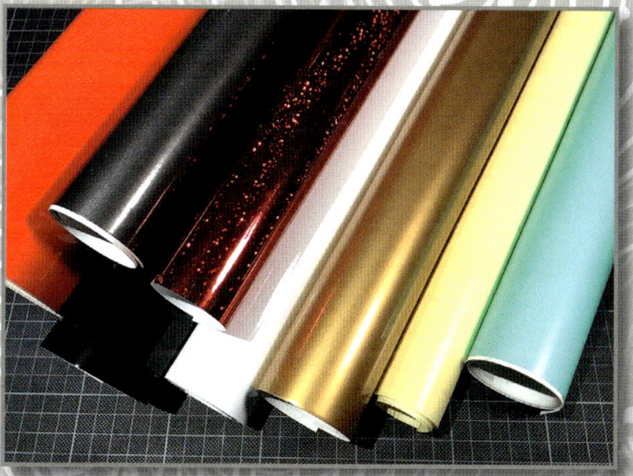

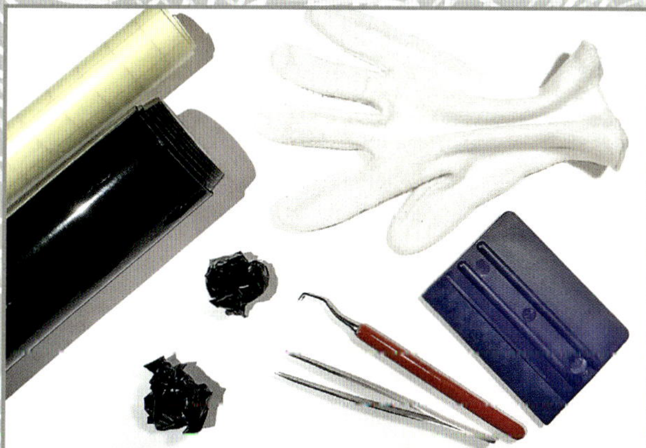

Mit Selbstklebe- und Vinylfolien kannst du alles verzieren, was eine feste, glatte Oberfläche hat, z. B.:

- Wände
- Autos
- Möbel
- Haushaltsartikel usw.

Die Folien bestehen aus einem Trägermaterial aus Papier, einer Kleberschicht und dem eigentlichen Ziermaterial. Achte beim Kauf auf die verschiedenen Qualitäten. Es gibt z. B. preiswertere Folien zum Basteln sowie Spezialfolien, die auch im Außenbereich jahrelang halten.

So geht's:

Wenn du mit Folie arbeitest, dann schneidest du mit der ScanNCut normalerweise nur die obere dünne Zierschicht durch. Entferne im Anschluss mit einem Haken oder einer Pinzette alle Teile um das eigentliche Motiv herum. Das Motiv bleibt auf der Trägerfolie kleben. Das Ablösen dieses „Drumherums" nennt man Entgittern.

Um das Motiv auf die Fläche zu übertragen, brauchst du Übertragungs- bzw. Transferfolie. Achte beim Kauf darauf, ob diese der Selbstklebefolie bereits beiliegt oder ob du sie noch dazukaufen musst.

Die Transferfolie reibst du mit einer Rakel auf das ausgeschnittene Muster auf und ziehst danach die Trägerfolie vorsichtig seitlich ab.

Jetzt klebt dein Motiv auf der meist transparenten Übertragungsfolie. Diese legst du auf die Stelle, wo das Motiv angebracht werden soll, und reibst es wieder gut fest.

Zum Schluss ziehst du die Transferfolie seitlich vom Untergrund ab.

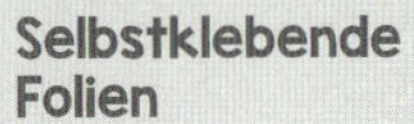

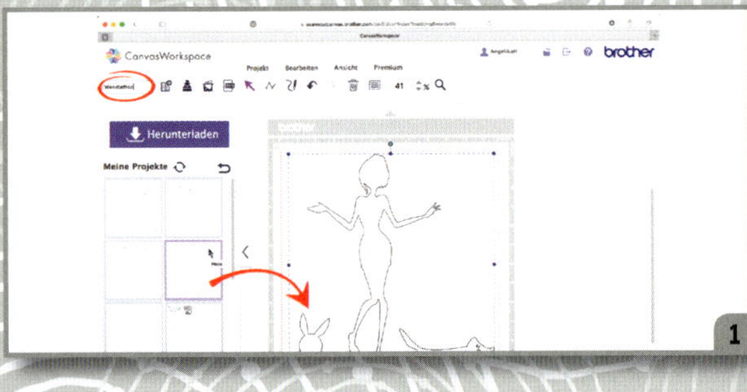

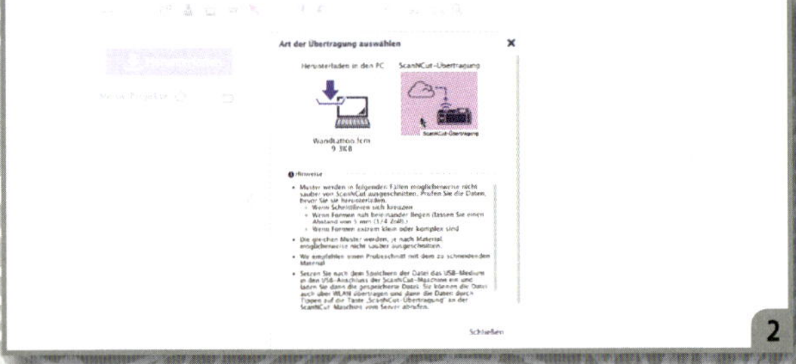

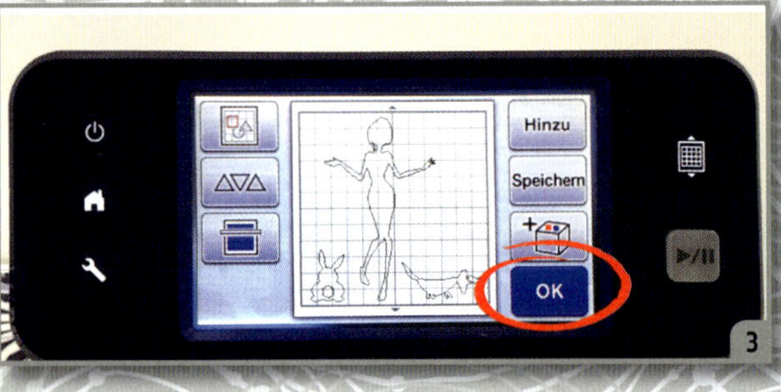

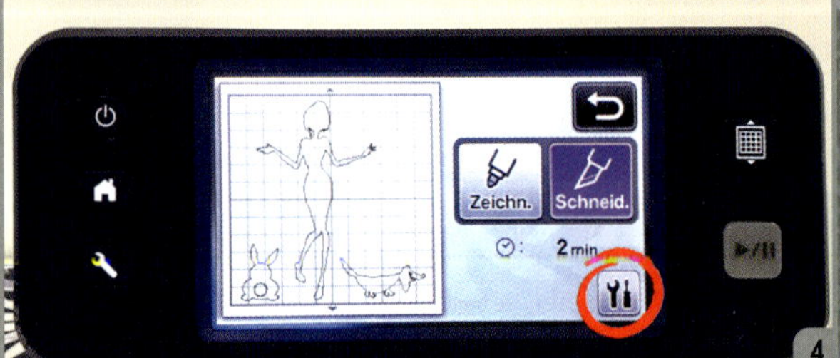

Öffne CanvasWorkspace an deinem Computer und gehe links oben auf „Neu". Öffne links bei den Mustern „Meine Projekte". Klicke auf den Hasen sowie auf den Dackel und auf die Comicfigur, um alle drei Elemente auf der Arbeitsfläche zu haben. Gruppiere den Hasen.

Hebe beim Dackel die Gruppierung auf. Entferne das lose Ohr und die Pupille, sodass nur noch die Silhouette und das Auge ausgeschnitten werden. Gruppiere nun beides wieder. So kannst du den Dackel leichter verschieben.

Arrangiere die einzelnen Figuren auf der Schneidematte und passe die jeweilige Größe an (Abb. 1).

Gib links oben einen neuen Projektnamen für dein Projekt ein (Abb. 1 oben) und klicke danach auf „Herunterladen".
Sichere die heruntergeladene Datei auf einem USB-Stick oder übertrage sie per WLAN an die Maschine (Abb. 2).

Öffne nun die Datei an der ScanNCut – entweder vom USB-Stick oder über den Datenimport per WLAN.

In CanvasWorkspace hast du die Motive bereits in der richtigen Größe gespeichert. Deshalb kannst du direkt auf „OK" tippen, um in den Schneidebildschirm zu gelangen (Abb. 3).

Lege die Folie mit der richtigen Seite oben auf die Schneidematte und passe die Schnitteinstellungen an (Abb. 4).

Bei Benutzung des Automatikmessers wählst du Halbschnitt „ON".

Schneideeinstellungen für Vinylfolie:

✂ Schneidegeschwindigkeit: 2
✂ Schneidedruck: 0
✂ Messerlänge: 2

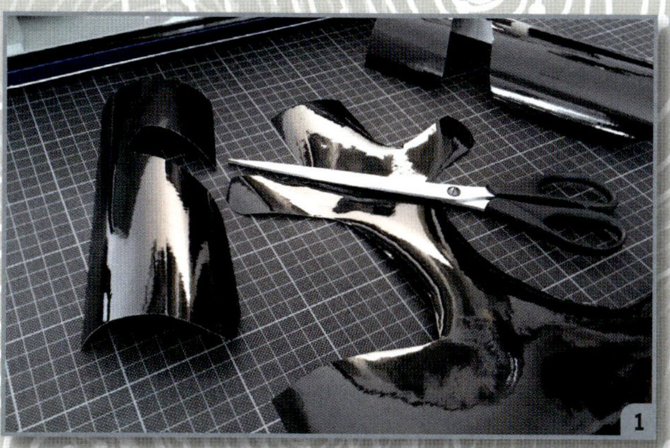
1

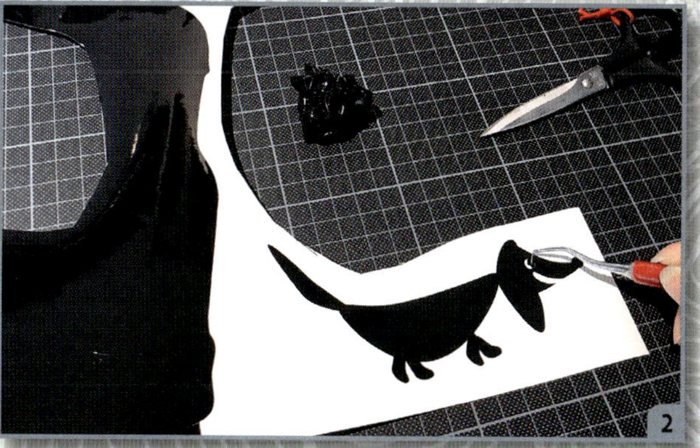
2

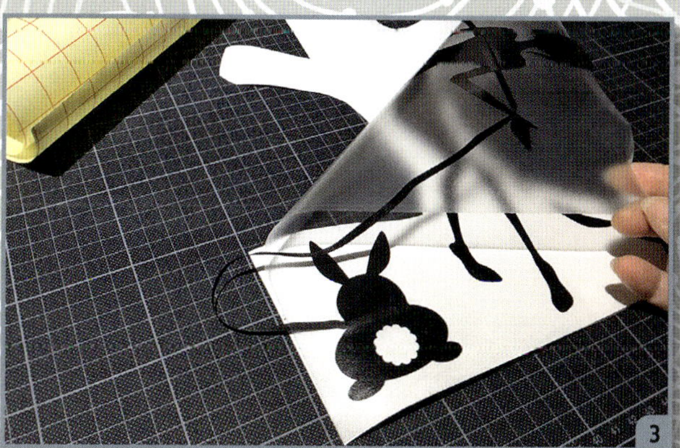
3

Tipp!
Bei einem großflächigen Motiv kannst du nach dem Schneiden mit der Schere grob um das Motiv herumschneiden, um die Reste noch anderweitig zu verwenden (Abb. 1).

Entgittere nun die Folie vorsichtig. Großflächige Teile kannst du mit der Hand abziehen, den Anfang und kleine Teile mit einem Haken oder einer Pinzette. Achte darauf, dass du das ausgeschnittene Motiv nicht beschädigst und dass alles kleben bleibt (Abb. 2).

Lege dem Hasen das eine Ende des Bändchens als Leine auf den Hals. Dann führe die Mitte des Bandes über die Hände der Figur und lasse das Ende lose hängen.

Als Nächstes ziehst du eine Ecke der Transferfolie ab und klebst sie links unten beim Hasen beginnend abrollend auf die entgitterte Vinylfolie, indem du immer mehr von der Trägerfolie abziehst. Das Bändchen kannst du hinterher noch zurechtrücken.

Die Transferfolie muss glatt und blasenfrei auf der Vinylfolie halten. Reibe die Folie mit der Rakel gut fest.
Drehe nun alles um und ziehe die Trägerfolie vorsichtig seitlich ab. Die Motive müssten nun auf der Transferfolie haften (Abb. 3).

Nun legst du die Transferfolie flach an die Wand und reibst sie gut fest. Ziehe währenddessen die Hundeleine an die richtige Stelle. Ziehe jetzt die Transferfolie seitlich ab.

Zum Schluss reibst du noch einmal mit einem weichen Tuch über die Motive, um Fingerabdrücke zu entfernen und sicherzustellen, dass die Folie überall gut haftet.

Wenn dir das Wandtattoo einmal nicht mehr gefällt, kannst du es einfach wieder abziehen.

Das achte Projekt: Vinylfolie ganz klein – Fingernageltattoos

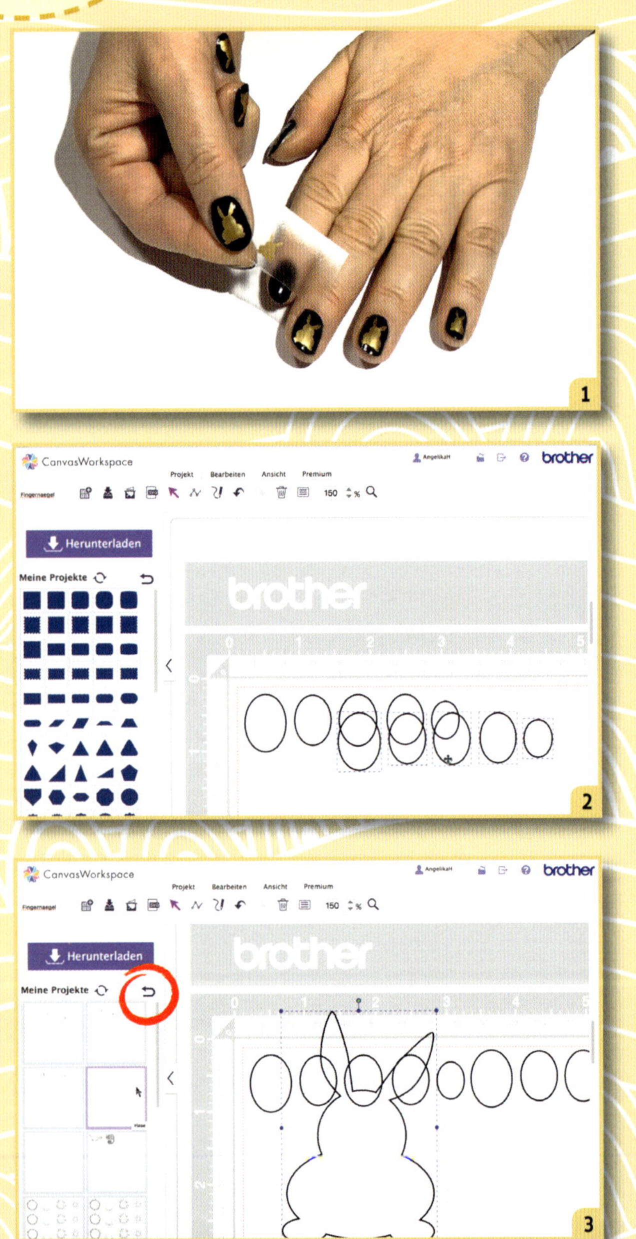

Für dieses Projekt brauchst du nur jeweils einen schmalen Streifen hochwertige Vinylfolie. Du kannst damit also ganz prima Reste aufbrauchen. Wenn du Vinylfolie für Autobeschriftungen nimmst, halten die Motive so lange wie der Nagellack.

So geht's:

Öffne CanvasWorkspace und gehe links oben auf „Neu". Wähle aus den einfachen Mustern einen Kreis aus. Passe die Form und die Größe ungefähr deinem Daumennagel an. Unten am Bildschirm kannst du direkt die Größe der Form sehen, während du diese veränderst.

Dupliziere das Oval und verkleinere es entsprechend den anderen vier Fingernägeln. Wähle alle fünf Ovale aus, drücke die Taste „d" auf deiner Tastatur und schiebe die Duplikate neben die Originale (Abb. 2). Die Ovale sind nur Hilfslinien, um die Größe der Motive einfacher bestimmen zu können.

Wenn du vorhast, öfter Fingernageltattoos zu gestalten, speichere die Ovale als Basisdatei ab.

Mit dem kleinen Pfeil rechts über den Kategorien kommst du wieder zurück in die Auswahlliste der Kategorien. Klicke nun links bei „Meine Projekte" auf die Hasen-Datei. Entferne das Schwänzchen und verkleinere den Hasen so, dass er gut auf das Oval passt (Abb. 3).

Um immer genügend Motive vorrätig zu haben, wenn du deine Nägel verzieren willst, schneide deine Lieblingsmotive am besten gleich in größerer Stückzahl aus!

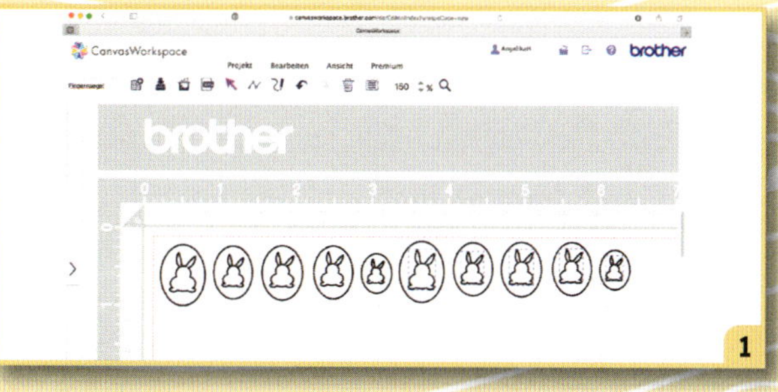

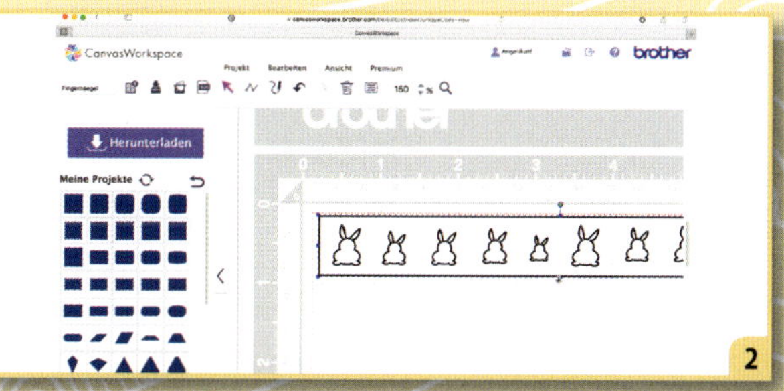

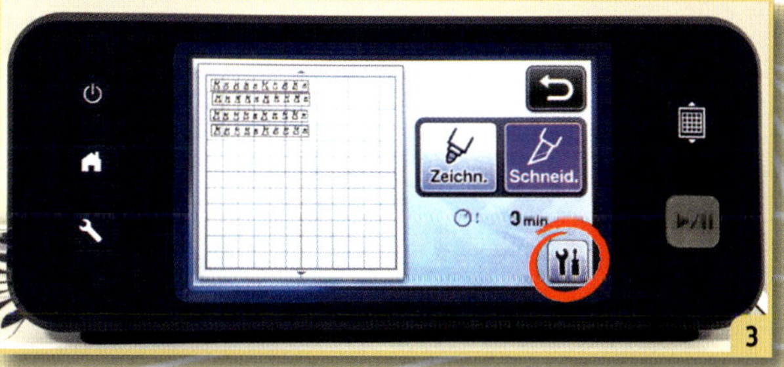

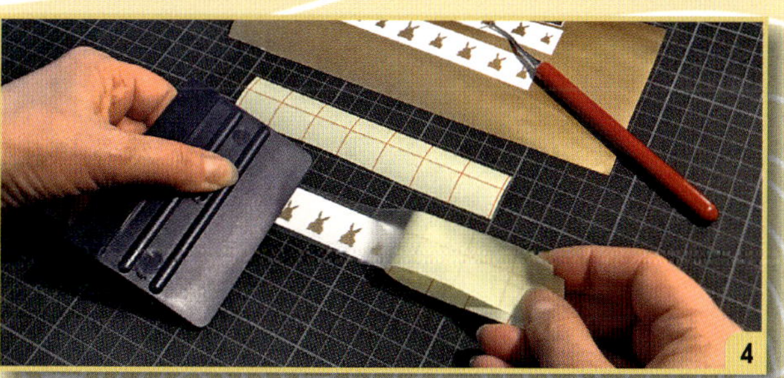

Dupliziere den Hasen mit der Taste „d" auf deiner Tastatur und fülle auf diese Weise alle zehn Ovale (Abb. 1). Lösche die Ovale hinterher.

Füge aus den einfachen Formen ein Quadrat hinzu und ändere die Größe und Position so, dass es alle zehn Hasen einrahmt. Wähle alles aus und gruppiere die Motive (Abb. 2).

Gib einen Projekttitel ein und klicke auf „Herunterladen". Übertrage die Datei anschließend an die ScanNCut.

Lege deinen Vinylfolienstreifen auf die Schneidematte und fahre sie ein bzw. setze den Halbschnitt auf „ON".

Wenn dein Material knapp ist, mache einen Hintergrundscan, um sicherzugehen, dass die Maschine auch wirklich auf dem Streifen schneidet.

Du kannst die Motive auch noch einmal vervielfältigen, um gleich mehrere Nagelsets auszuschneiden.

Gib nun die Schnitteinstellungen für Vinylfolie ein bzw. setze den Halbschnitt auf „ON" und schneide die Hasen aus (Abb. 3).

Entgittere die Folie, indem du mit einem Haken an einer Ecke des ausgeschnittenen Rechtecks anfängst und dann seitlich die Folie um die Hasen wegziehst. Schneide die Streifen mit der Schere grob aus.

Reibe mit der Rakel einen Streifen Transferfolie auf den Motiven fest. Drehe alles um und zieh das Trägerpapier vorsichtig ab (Abb. 4).

Nun kannst du die Hasen Nagel für Nagel auf deine lackierten Fingernägel übertragen.

Das neunte Projekt: T-Shirts und Stoffbeutel verzieren

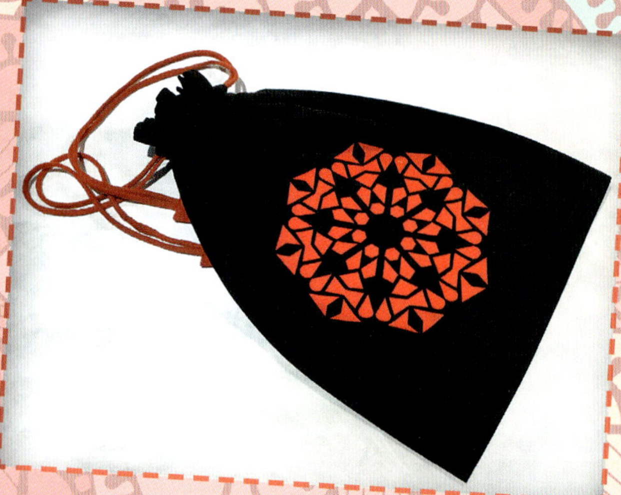

Wie du mit Canvas-Workspace ganz einfach runde Designs selbst erstellen kannst, lernst du mit diesem Projekt. Außerdem lernst du Bügelfolien kennen und wie man diese schneidet, aufbügelt und alle Arten von Textilien individuell verschönert.

Dafür brauchst du:

- ein T-Shirt und/oder einen Stoffbeutel
- einen oder zwei DIN-A4-Bögen Bügelfolie
- ein Bügeleisen
- ein Stück Backpapier
- ein Werkzeug zum Entgittern
- Maßband oder Lineal

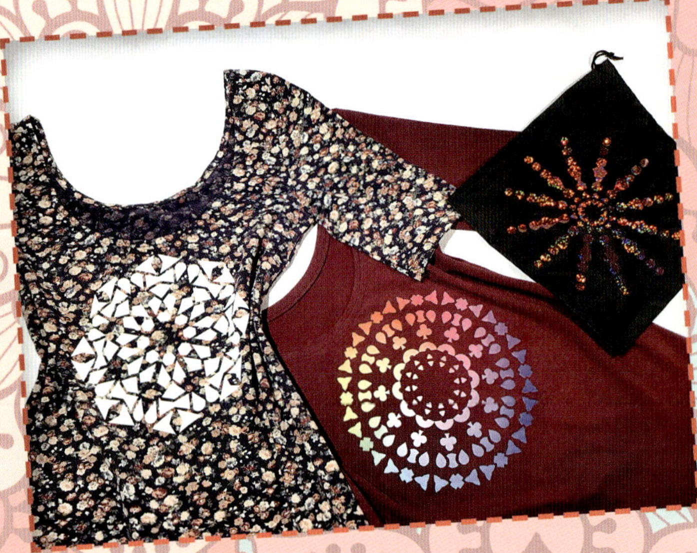

Wissenswertes zu Bügelfolien

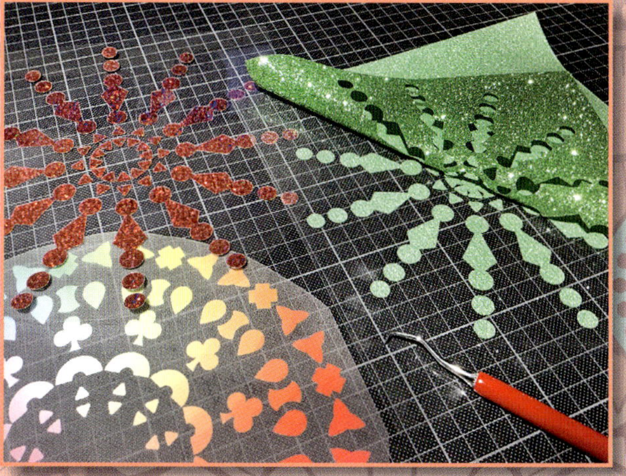

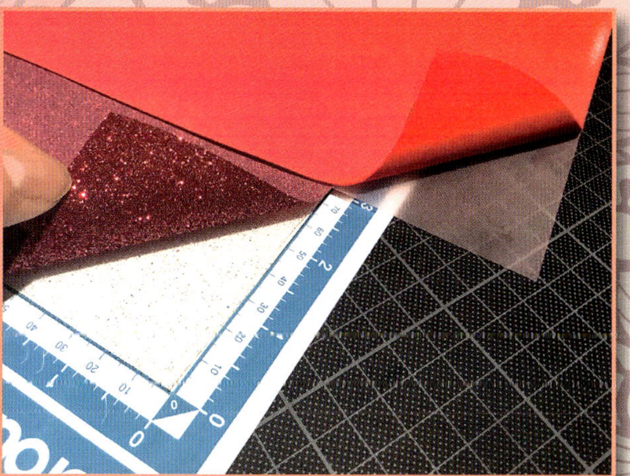

Bügelfolien bestehen aus mehreren Schichten:

- Ganz unten befindet sich die Trägerschicht, meist eine dicke, transparente Folie.
- Darauf ist die Zierschicht aufgebracht.
- Ganz oben befindet sich der Heißkleber, der bei Hitze und Druck schmilzt und sich untrennbar mit dem Textilmaterial verbindet.

Da du Bügelfolien nach dem Schneiden kopfüber auf die Textilie aufbügelst, musst du die Motive gespiegelt schneiden. Bei einem grafischen Motiv ist das nicht so wichtig, aber bei Text ist es ärgerlich, wenn er am Ende spiegelverkehrt auf dem T-Shirt steht.

Tipp!
Wenn du viel mit Bügelfolie arbeitest, bastle einen Aufkleber, auf dem steht: „Bügelfolien spiegeln", und befestige diesen an deiner ScanNCut.

Es gibt sehr viele verschiedene Arten von Bügelfolien, die sich in der Optik und in der Anwendung unterscheiden:

- Flexfolien sind dünn, glatt und elastisch. Es gibt sie in unzähligen Farben und du kannst sie auch übereinander bügeln.
- Flockfolien haben eine Oberfläche aus samtigen Viskosefasern und ergeben einen feinen 3-D-Effekt.
- Glitzerfolien gibt es in vielen Ausführungen: mit echten Glitterpartikeln, mit Metallic- oder Holografie-Effekt, mit spiegelnder Oberfläche usw.

Bitte beachte bei der Verwendung auch immer die Verarbeitungshinweise der Hersteller und Verkäufer der Folien!

Runde Motive in CanvasWorkspace erstellen

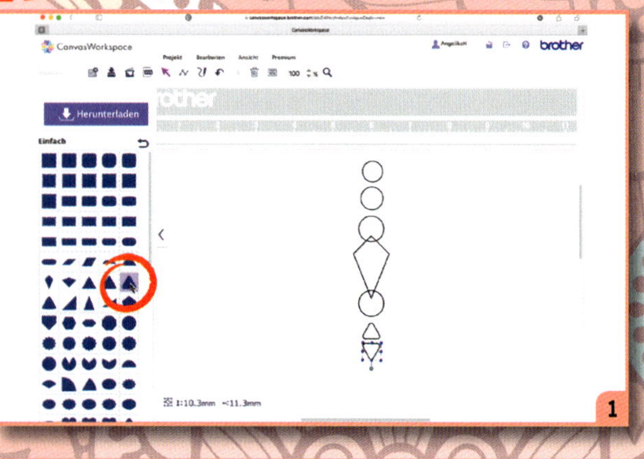

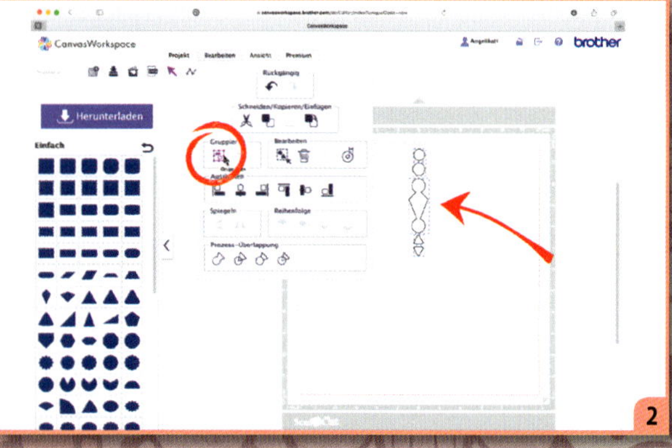

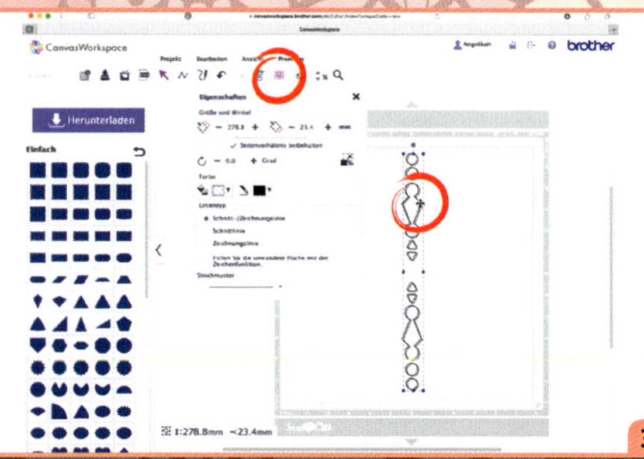

So geht's:

Öffne CanvasWorkspace und gehe links oben auf „Neu“. Öffne die Muster-Kategorie „Einfach“.

Füge nacheinander verschiedene Formen hinzu, verkleinere sie und arrangiere sie übereinander.
Sie dürfen sich auch leicht überlappen, hier ist Ausprobieren angesagt. So kommst du schnell zu erstaunlich schönen Ornamenten (Abb. 1).

Um überlappende Motive zu verschmelzen, öffnest du oben das Bearbeiten-Bedienfeld und klickst ganz unten bei „Prozess-Überlappung“ auf die linke Schaltfläche.

Wähle nun noch, während das Bearbeiten-Bedienfeld geöffnet ist, mit Taste „a“ alles aus und gehe weiter oben auf „Gruppieren“ (Abb. 2).

Dupliziere die gruppierten Formen und schiebe das Duplikat nach unten. Achte darauf, dass die beiden Objekte weit genug voneinander entfernt sind. Wähle beide Objekte aus und richte sie mittig zueinander aus. Gruppiere die beiden Objekte anschließend.

Schließe jetzt das Bearbeiten-Bedienfeld, indem du ganz oben auf den Reiter „Bearbeiten“ klickst.

Öffne nun das Eigenschaften-Bedienfeld. Verschiebe das Bedienfeld mit der Maus so, dass es deine Motive nicht verdeckt.

Drücke nun die Taste „d“, um das gruppierte Objekt zu duplizieren. Verschiebe es, sodass es ganz exakt über dem Original liegt, und achte darauf, dass es ausgewählt bleibt (Abb. 3).

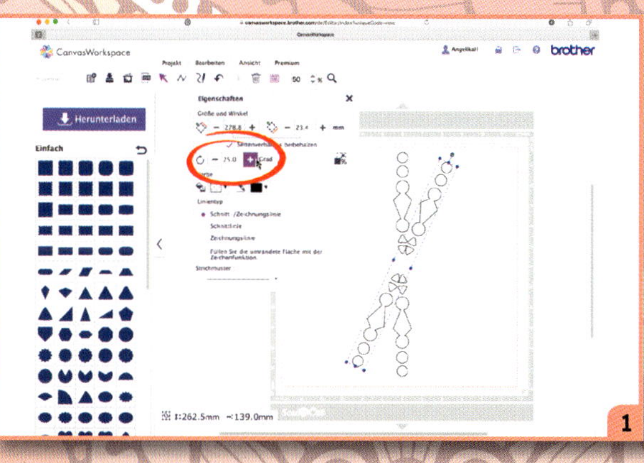
1

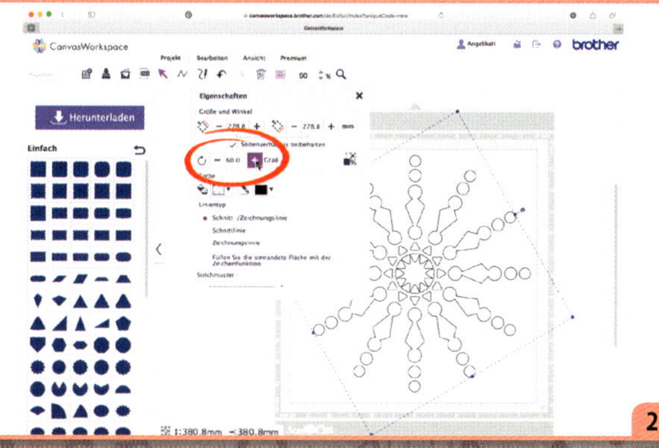
2

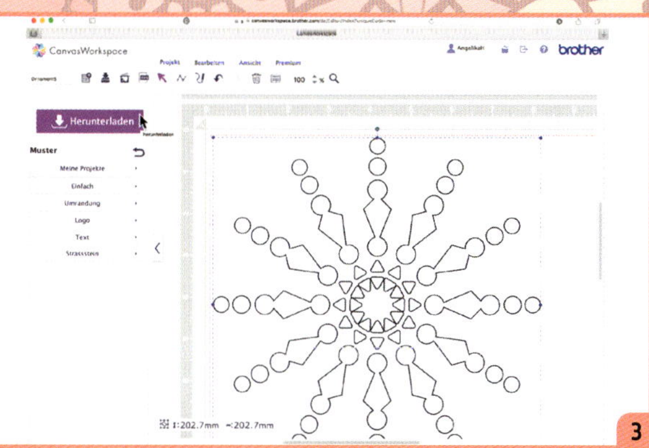
3

Klicke nun mit der Maus im Eigenschaften-Bedienfeld bei den Grad-Einstellungen auf das Pluszeichen und bleibe darauf.

Du siehst, dass sich dein dupliziertes Objekt nun dreht. Gleichzeitig siehst du zwischen dem Minus- und dem Pluszeichen die Gradangabe des Winkels, in dem das Objekt gerade gedreht ist (Abb. 1).

Wer in der Schule in Mathematik gut aufgepasst hat, weiß, dass 90 Grad ein rechter Winkel ist und wie weit man das Objekt drehen muss, um den Kreis mit vier, fünf oder sechs Drehungen zu füllen.

Wem das zu kompliziert ist, der dreht das Objekt einfach um 90 Grad, gruppiert beide Objekte, dupliziert und dreht dieses „Kreuz" dann noch einmal um 45 Grad oder einmal um 30 Grad und einmal um 60 Grad (Abb. 2).

So erhältst du dein eigenes, ganz individuelles Ornament. Speichere dieses ab.

Passe nun die Größe an, sodass das Ornament auf die Bügelfolie passt, und lade es herunter oder übertrage es per WLAN an deine Maschine (Abb. 3).

Auf der nächsten Seite werden noch mehr Beispiele gezeigt, damit du siehst, wie verschieden die Ornamente werden können.

Runde Motive in Canvas Workspace erstellen

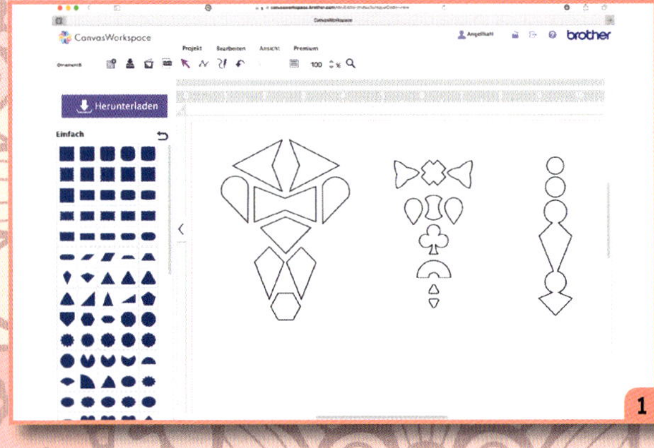
1

Allein durch das Verändern des Abstands zwischen dem Original deines Objekts und dem ersten Duplikat sowie durch eine andere Anzahl an Drehungen erhältst du verschiedene Varianten.

Wenn dein Ausgangsobjekt schmal und lang ist, wird dein Ornament später strahlenförmig aussehen.

Du kannst das Basisobjekt auch leicht dreieckig gestalten. Dann ist das Ornament zum Schluss großflächiger gefüllt (Abb. 1).

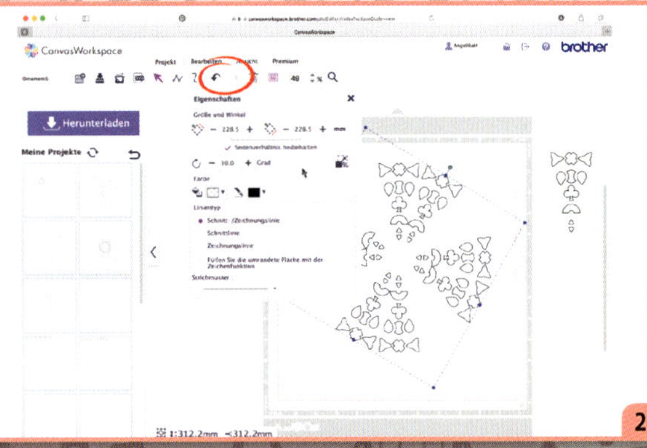
2

Denke daran: Mit dem Zurück-Pfeil oben in der Werkzeugleiste kannst du immer wieder mehrere Schritte zurückgehen, wenn dir das Ergebnis nicht gefällt (Abb. 2).

Speichere alle Ornamente ab. Später kannst du die weniger gelungenen Entwürfe immer noch löschen.

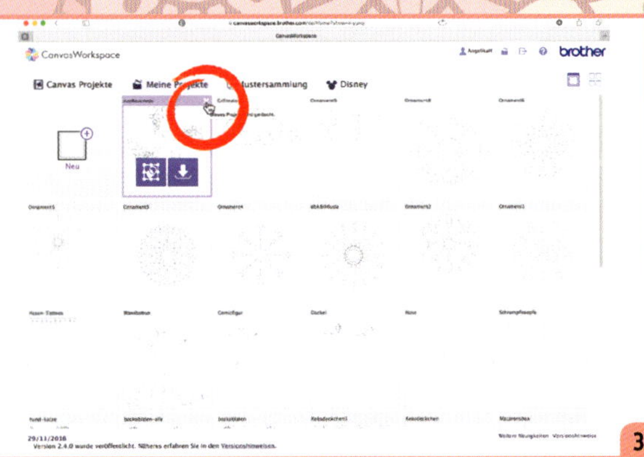
3

Wie löscht man Projekte?
Die Löschen-Funktion ist etwas versteckt. Wenn du auf der Startseite von CanvasWorkspace bist, gehe oben auf „Meine Projekte". Wenn du mit der Maus über ein Projekt fährst, siehst du den Projektnamen und rechts daneben ein Kreuz. Auf dieses Kreuz musst du klicken, um ein Projekt zu löschen (Abb. 3). Du wirst dann noch einmal gefragt, ob du das Projekt wirklich löschen willst, denn danach ist es unwiederbringlich gelöscht.

Die Ornamente, die du schneiden möchtest, lädst du herunter und überträgst sie an die ScanNCut.

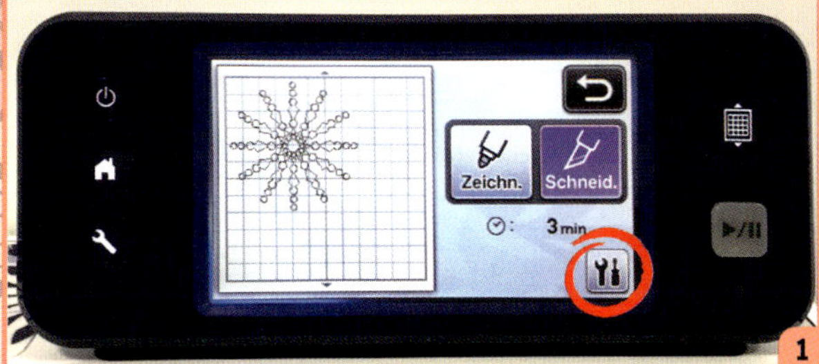

1

Öffne die Datei mit deinen Ornamenten an der ScanNCut und gehe auf „OK", bis du im Schneidebildschirm angelangt bist. Passe nun die Schnitteinstellungen an (Abb. 1).

Schneideeinstellungen für manuelle Messer:
Für das Automatikmesser setzt du den Halbschnitt auf „ON". Für Bügelfolien passt ein Schneidedruck von 0–1. Die Messerlänge für dünne Flexfolien ist 3, für Flockfolien und dicke Glitzerfolien 4–5.

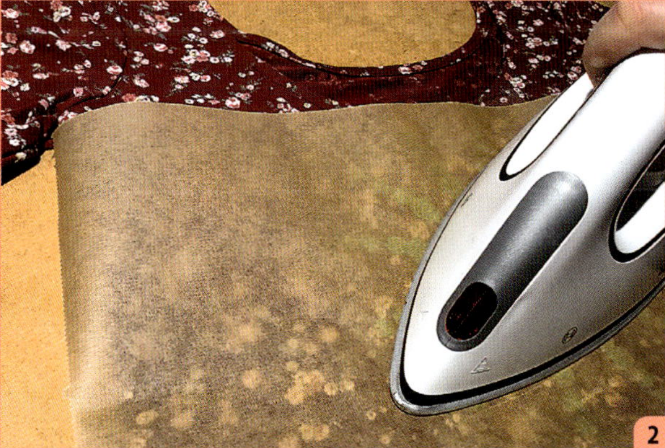

2

Lege die Folie mitsamt der Trägerfolie, die meist dick, glänzend und transparent ist, auf die Schneidematte. Die Zierschicht mit dem Heißkleber muss oben sein und wird geschnitten. Die Trägerfolie darf nicht durchgeschnitten werden. Nach dem Schneiden ziehst du alle Teile der Folie um das Motiv herum ab. Das Motiv selbst bleibt auf der Trägerfolie.

Lege die zu verzierende Textilie auf eine glatte, harte Fläche – das Bügelbrett ist hierfür zu weich. Die entgitterte Bügelfolie wird kopfüber auf das Textil gelegt. Miss die richtige Position mit einem Maßband oder einem Lineal aus.

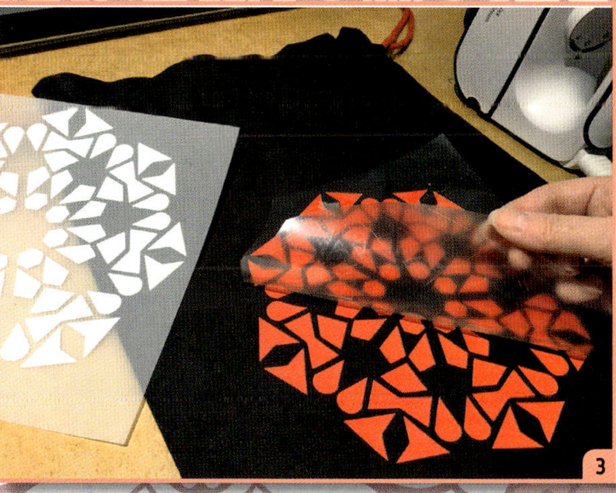

3

Heize das Bügeleisen vor. Beachte für die Bügeltemperatur und Dauer, wie lange du pressen musst, am besten die Hinweise der Folienhersteller und Verkäufer. Nun legst du das Backpapier aufs Motiv und presst das Bügeleisen Stück für Stück mit viel Druck und ohne Dampf auf die Bügelfolie, bis sie fest mit dem Stoff verbunden ist (Abb. 2).

Jetzt kannst du die Trägerfolie seitlich abziehen. Drehe den Stoff auf links und fixiere die Bügelfolie noch einmal von hinten (Abb. 3). Warte mit dem Waschen unbedingt noch ein bis zwei Tage, sonst haftet das Motiv nicht gut.

Das zehnte Projekt: personalisierte Grillschürze

Mit einem Schriftzug und Bügelfolien lassen sich schnell individuelle Geschenke anfertigen. Bei dieser Grillschürze mit Namen liegen zwei Schichten Bügelfolie übereinander und ergeben einen Schatteneffekt.

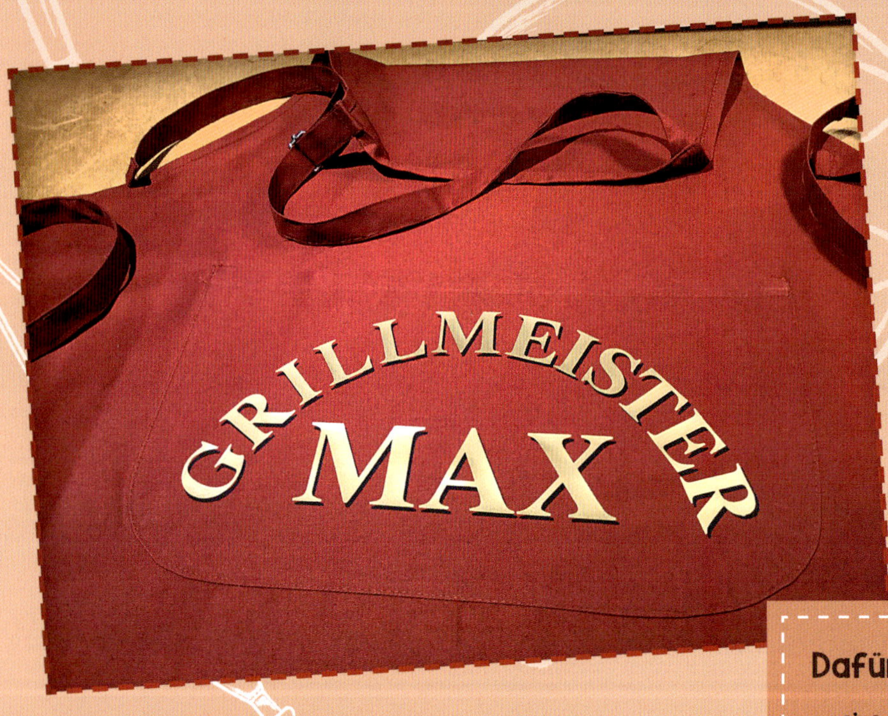

Dafür brauchst du:

- eine Grillschürze aus Baumwolle
- einen Bogen dünne Flexfolie in Schwarz
- einen Bogen Bügelfolie in Gold
- Bügeleisen
- einen Bogen Backpapier
- ein Werkzeug zum Entgittern

Es gibt mehrere Möglichkeiten, einen Text zu erstellen – entweder direkt an der ScanNCut (siehe S. 68) oder am Computer mit CanvasWorkspace. Wenn du einen Text in CanvasWorkspace erstellst, hast du je nach Gerätemodell mehr Schriften zur Auswahl als an der ScanNCut.

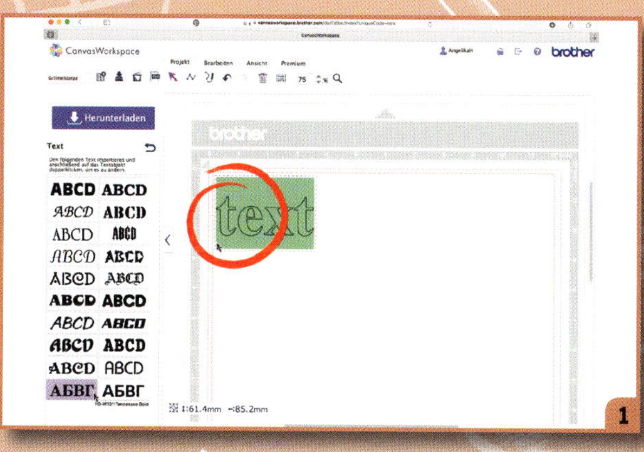

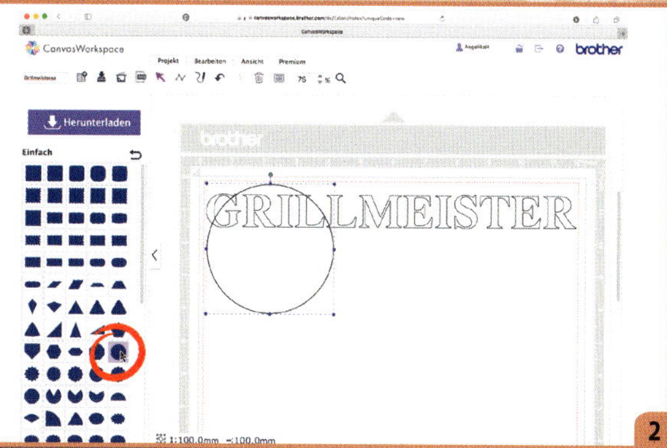

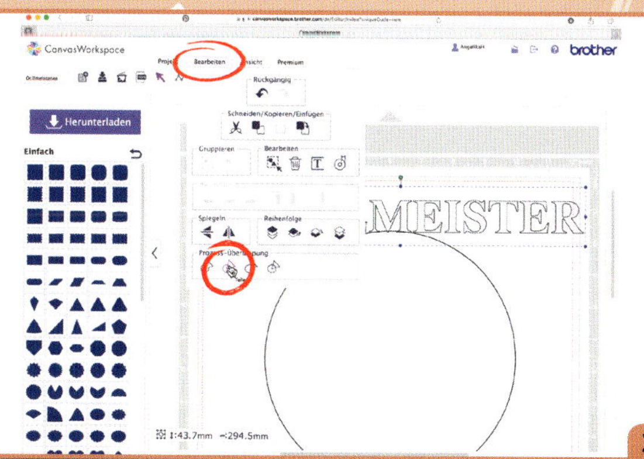

So geht's:

Um einen Text mit CanvasWorkspace zu erstellen, musst du zuerst die Anwendung im Internet öffnen. Gehe im Anschluss links oben auf „Neu" und öffne die Text-Kategorie bei den Mustern.

Klicke auf eine Schrift deiner Wahl. Im gezeigten Projekt wurde die Schrift „Tennessee Bold" (FO-W101) ganz links unten verwendet.

Es erscheint nun in einem Rahmen das Wort „text" auf der Arbeitsfläche (Abb. 1).

Klicke diesen an und ersetze „text" durch das Wort „GRILLMEISTER". Schreibe hierfür ganz normal auf deiner Tastatur. Verkleinere den Text, sodass er auf die Arbeitsfläche passt.

Gehe danach mit dem kleinen Pfeil rechts oberhalb der Muster-Kategorien zurück und öffne die einfachen Formen. Wähle einen Kreis (Abb. 2) und vergrößere ihn auf ca. 20 cm.

Wähle jetzt wieder den Text aus und öffne oben das Bearbeiten-Bedienfeld.

Klicke ganz unten bei „Prozess-Überlappung" auf die zweite Schaltfläche von links namens „Teilen" (Abb. 3). So wird der Text in einzelne Buchstaben zerlegt.

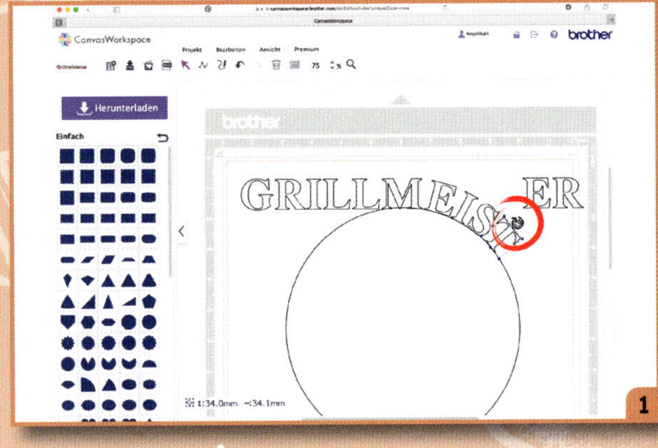

1

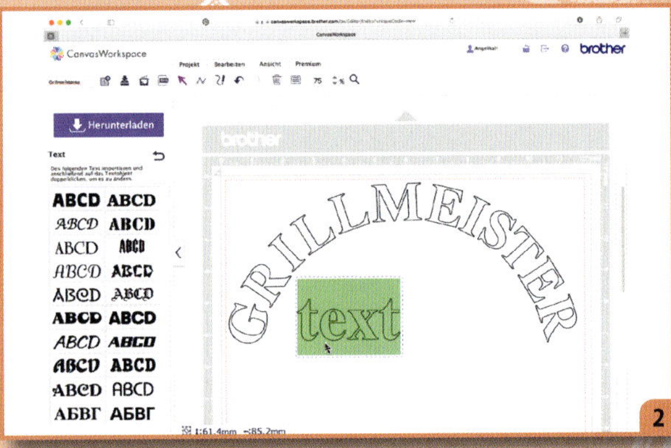

2

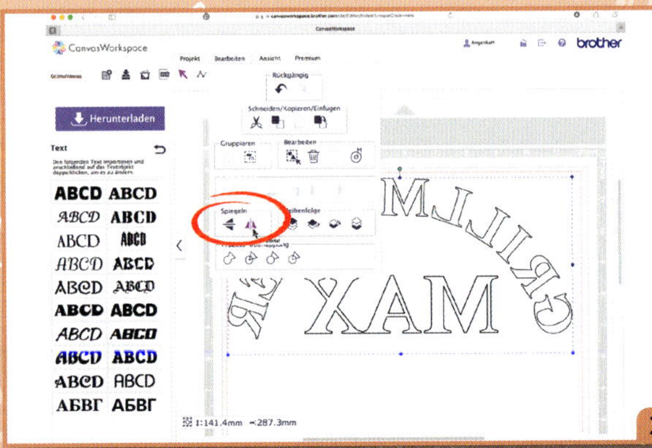

3

Jetzt schiebst du die Buchstaben in der Mitte beginnend nacheinander an den Kreis heran und drehst sie so, dass der Schriftzug um die obere Hälfte des Kreises herumläuft (Abb. 1).

Entferne den Kreis, der nur als Hilfslinie gedient hat, und gruppiere den runden Schriftzug.

Gehe mit dem kleinen Pfeil rechts oben wieder aus der Musterkategorie „Einfach" heraus und öffne die Kategorie „Text". Klicke auf die Schriftart deiner Wahl und schreibe den Namen des zukünftigen Schürzenträgers (Abb. 2).

Wähle den Namen aus und gruppiere ihn. So kannst du ihn besser an die richtige Position in der Mitte schieben.

Wähle mit der Taste „a" alles aus und öffne oben das Bearbeiten-Bedienfeld.

Bügelfolien, bei denen die Zierschicht auf der Trägerfolie aufgebracht ist, werden kopfüber aufgebügelt und müssen deshalb gespiegelt werden.

Wähle bei „Spiegeln" die rechte Option „Horizontal" (Abb. 3).

Gib nun oben links einen Projekttitel ein, lade das Projekt herunter und übertrage es an die Maschine – entweder per USB-Stick oder über den Datenimport, wenn du WLAN eingerichtet hast.

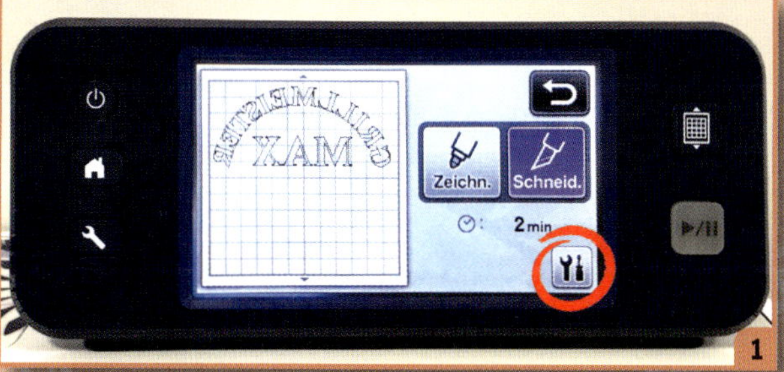

1

Öffne die Datei nun an der ScanNCut. Gehe auf „OK", um in den Schneidebildschirm zu kommen und anschließend in die Einstellungen. Passe deine Schnitteinstellungen sowie die Messerlänge an (Abb. 1).

Die meisten Flexfolien kannst du mit folgenden Einstellungen schneiden:
Für das Automatikmesser stellst du den Halbschnitt auf „ON".

- Schneidegeschwindigkeit: 2
- Schneidedruck: 0
- türkisfarbenes Messer
- Messerlänge: 3

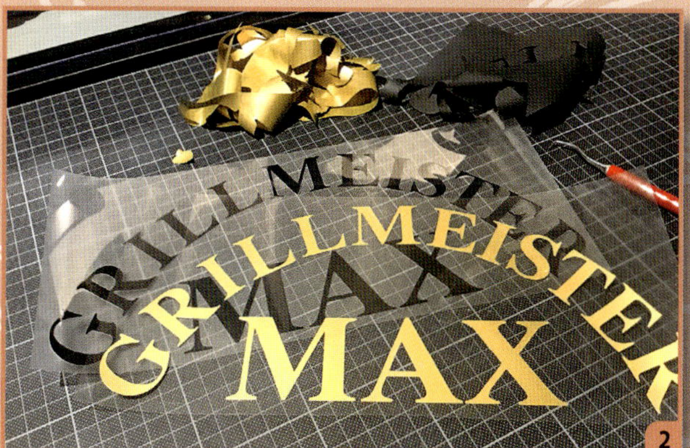

2

Lege deine Bügelfolie auf die Schneidematte und reibe sie gut fest. Fahre anschließend die Matte ein und schneide den kompletten Schriftzug aus der ersten und gleich danach noch einmal komplett aus der zweiten Folie.

Bevor du die Matte nach dem Schneiden ausfährst, testest du an einer Stelle, ob die Folie gut durchgeschnitten ist. Falls nicht, kannst du sie einfach noch einmal schneiden. Danach nimmst du die Folie von der Matte und entgitterst die beiden Schriftzüge (Abb. 2).

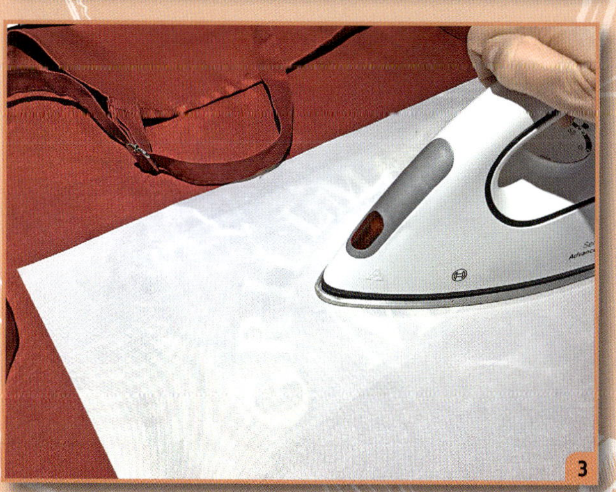
3

Zuerst wird der schwarze Schriftzug kopfüber mittig auf die Schürze gelegt. Lege die Schürze auf eine harte Unterlage mit einer Lage Backpapier über der Folie und presse den Schriftzug per Bügeleisen mit viel Druck und mittlerer Hitze auf (Abb. 3). Halte dich dabei an die Angaben des Herstellers. Je nachdem was für Folie du benutzt, ziehst du sie noch warm oder erst nach dem Erkalten ab.

Dann presst du mit dem Bügeleisen leicht versetzt den goldenen Schriftzug oben darüber, sodass ein leichter Schatteneffekt entsteht. Fertig ist die Grillschürze!

CanvasWorkspace – die Download-Version

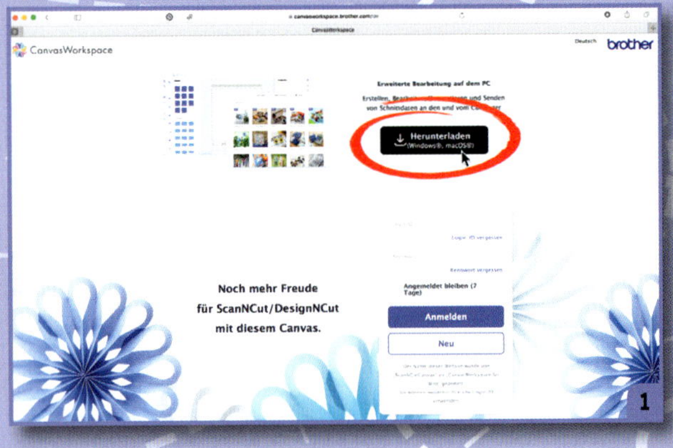

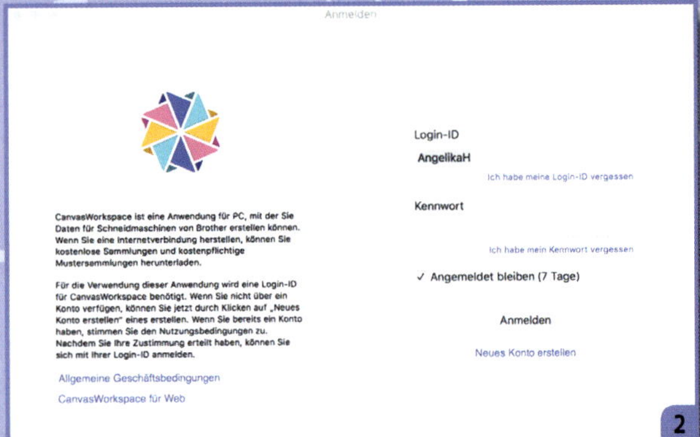

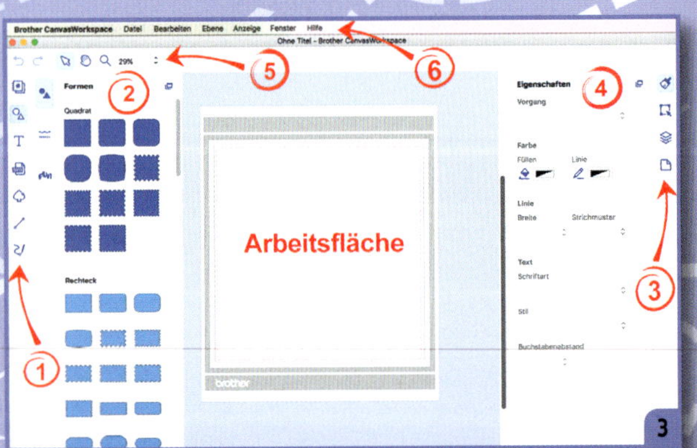

Die Download-Version von CanvasWorkspace erfordert gewisse Mindestvoraussetzungen und funktioniert mit folgenden Betriebssystemen:

✂ Windows® (7, 8.1, 10)
✂ MacOS® (mindestens 10.12)

Zum Herunterladen gehst du auf die Webseite und klickst oben auf „Herunterladen" (Abb. 1):

https://canvasworkspace.brother.com/de

Dann installierst du das Programm auf deinem Computer wie jedes andere Computerprogramm.

Beim ersten Öffnen wirst du nach deiner Login-ID gefragt (Abb. 2). Falls du diese nicht hast, registriere dich auf der Webseite, wie auf S. 108 f. beschrieben.

Die wichtigsten Funktionen im Überblick (Abb. 3).

1. die Motivleiste
2. Anzeige der aktiven Motivkategorie
3. Bearbeitungswerkzeuge
4. Anzeige des ausgewählten Bearbeitungsfensters
5. Statusleiste
6. Menüleiste mit allgemeinen Funktionen

Und in der Mitte befindet sich die Arbeitsfläche, die deine Schneidematte abbilden soll.

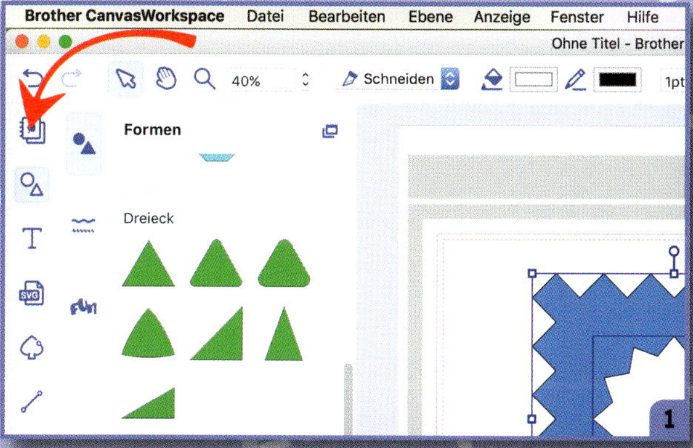

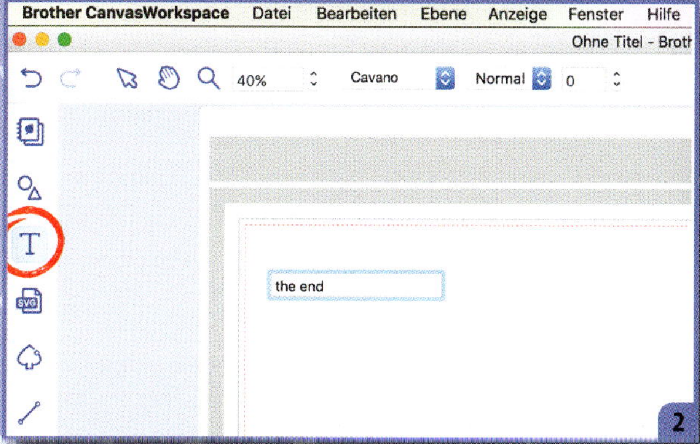

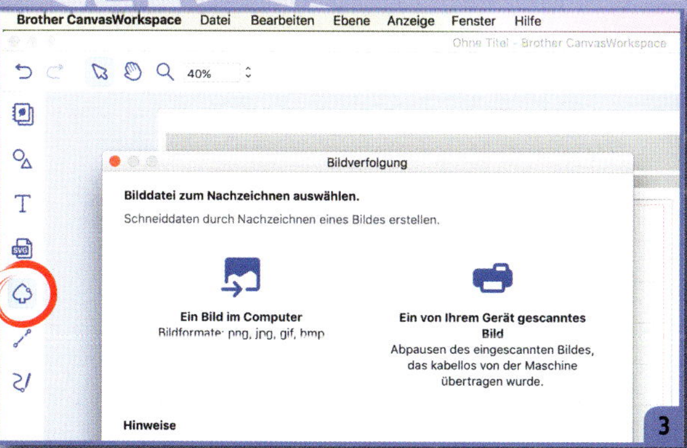

In der senkrechten Leiste ganz links findest du die im Programm vorinstallierten Motive und die Funktionen, mit denen du selbst eigene Motive erstellen kannst (Abb. 1).
Mit einem Klick auf die Schaltfläche öffnet sich jeweils die entsprechende Auswahl bzw. Funktion (von oben nach unten):

- ✂ Brother-Projekte (öffnet sich nur mit aktivem Internet)
- ✂ vorinstallierte Muster und Motive mit drei Unterkategorien
- ✂ Texterstellung
- ✂ Öffnen von externen Schneidedateien
- ✂ Importieren von Bildern zum Erstellen von Schneidelinien
- ✂ Zeichnen von eigenen Motiven
- ✂ Freihandzeichnen

Mit dem Textwerkzeug kannst du alle auf deinem PC installierten Schriften verwenden. Die Texterstellung wird auf S. 139 genauer beschrieben (Abb. 2).

Mit der Funktion „Bildverfolgung" kannst du jede beliebige Bilddatei bis zu einer Größe von 5 MB öffnen und nachzeichnen, um Schneidedateien daraus zu erstellen (Abb. 3).

Die Funktionen zum Bearbeiten

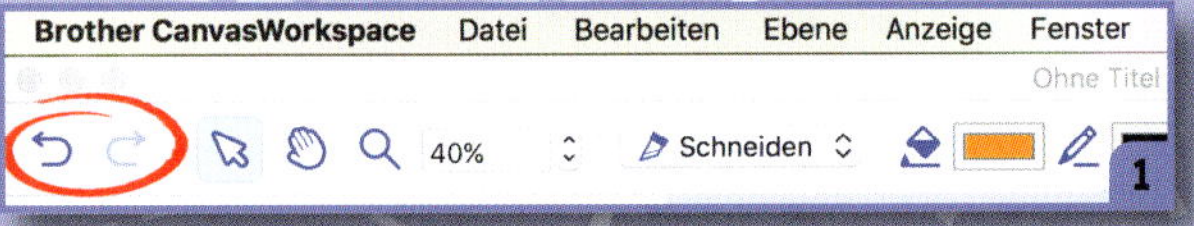

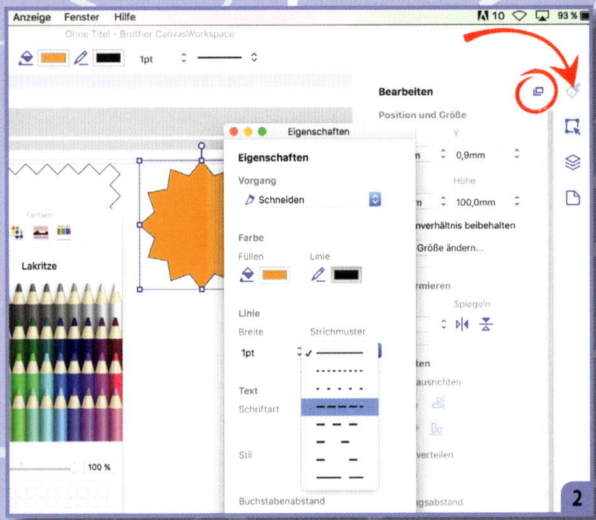

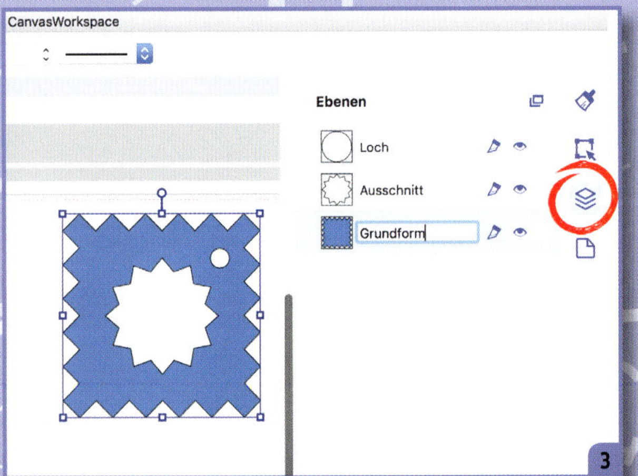

Die Statusleiste oben zeigt immer nur die Funktionen an, die gerade verfügbar sind (Abb. 1).

Ganz links befinden sich die Pfeilschaltflächen, um eine Aktion rückgängig zu machen und wiederherzustellen. Mit der Zoom-Funktion kannst du die Arbeitsfläche vergrößern und verkleinern.

Weiter rechts hast du direkten Zugriff auf Eigenschaften von ausgewählten Objekten, z. B. Farbe, Linienart oder Schriftart, je nachdem mit welcher Funktion du gerade arbeitest (Abb. 1).

In der rechten senkrechten Leiste findest du Schaltflächen, um Paletten mit Funktionen zum Bearbeiten zu öffnen (von oben nach unten):

- Eigenschaften
- Bearbeiten
- Ebenen
- Zeichenfläche

Mit einem Klick auf das kleine Icon rechts oben in der geöffneten Palette kannst du die jeweilige Palette herausziehen, sodass sie frei beweglich ist (Abb. 2 Mitte).

Die Ebenenfunktion, die nur in der Download-Version zur Verfügung steht, legt jedes Objekt auf eine eigene Ebene. Das ist sehr praktisch zum Auswählen und Bearbeiten einzelner Objekte in einem komplexen Design mit vielen Objekten (Abb. 3).

Text erstellen mit der Download-Version

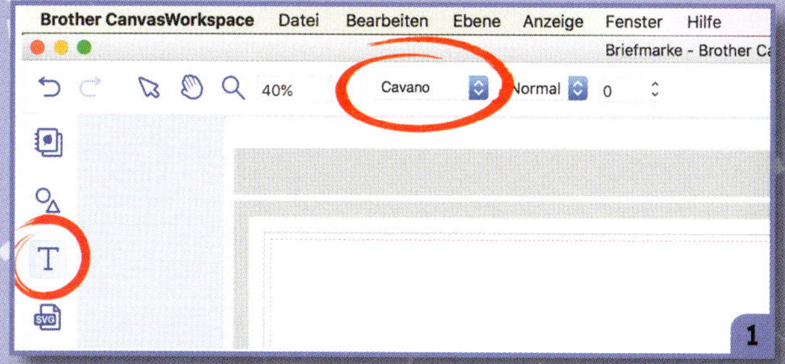

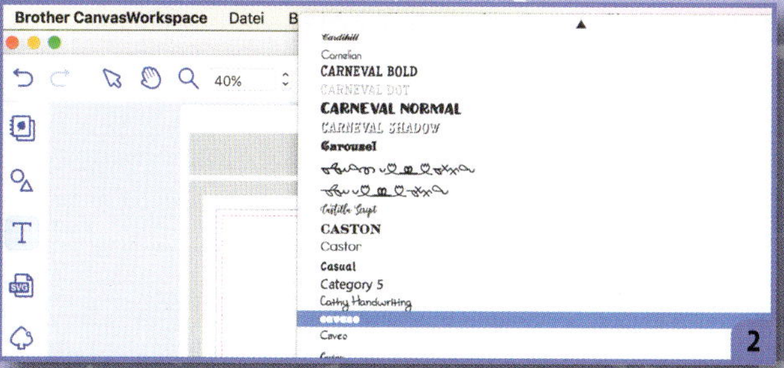

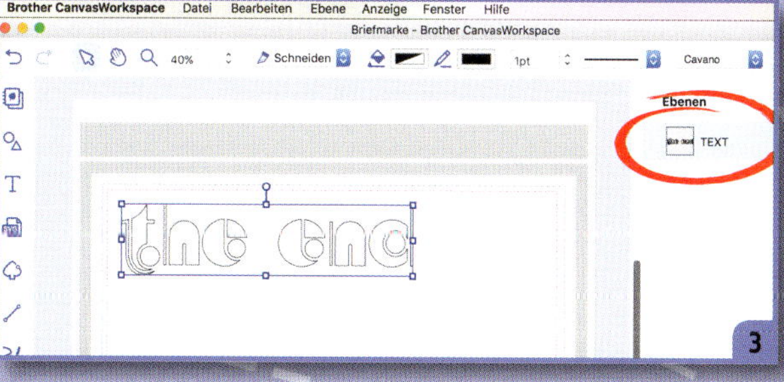

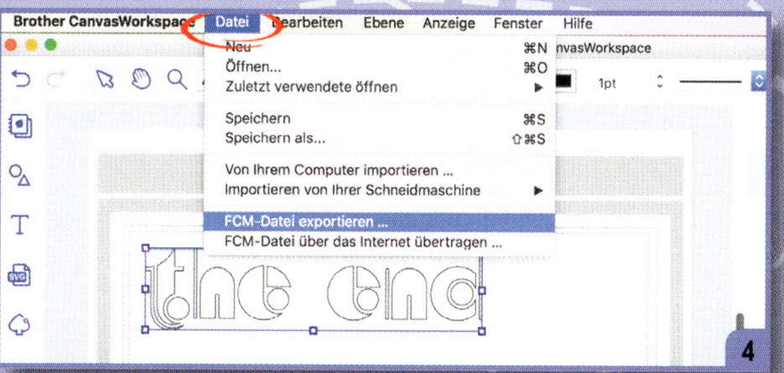

Wähle in der senkrechten Leiste links das große „T" aus. Dann klicke oben in der Statusleiste die Schriftart an (Abb. 1).

Du kannst in der Download-Version von CanvasWorkspace alle Schriftarten, die auf deinem PC installiert sind, benutzen (Abb. 2).

Tipp:
Es gibt auch Schriftarten, die statt aus Buchstaben und Zahlen, aus Zeichen und Motiven bestehen. Mit diesen sogenannten „Dingbats" hast du äußerst dekorative Motive, die du direkt schneiden kannst. Du findest diese unter dem Begriff „Dingbat Fonts" und du installierst sie wie jede normale Schriftart.

In der Ebenenpalette siehst du, dass dein Text eine eigene Ebene hat (Abb. 3).

Du kannst diesen mit anderen Motiven kombinieren oder direkt schneiden, oder auch die Konturen des Textes mit dem Plotter zeichnen lassen.

Zum Speichern deines Projekts auf der Festplatte gehst du oben in der Menüleiste auf „Datei" und dann auf „Speichern als ...".

Zum Übertragen an die ScanNCut musst du die Datei jedoch exportieren. Dazu klickst du ebenfalls oben in der Menüleiste auf „Datei" und dann auf „FCM-Datei exportieren ..." oder „FCM-Datei über das Internet übertragen ..." an (Abb. 4).

Sichere deine Datei auf diese Weise unter einem sinnvollen Namen auf deinem USB-Stick oder übertrage sie per WLAN an die ScanNCut.

Zum Schluss noch ein paar Worte zur Pflege und Instandhaltung deiner Maschine

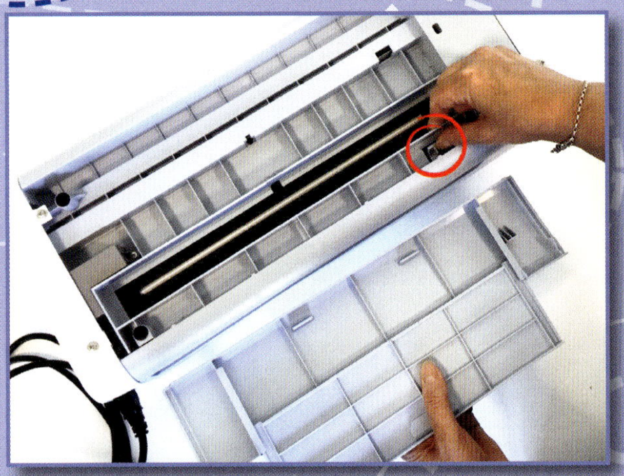

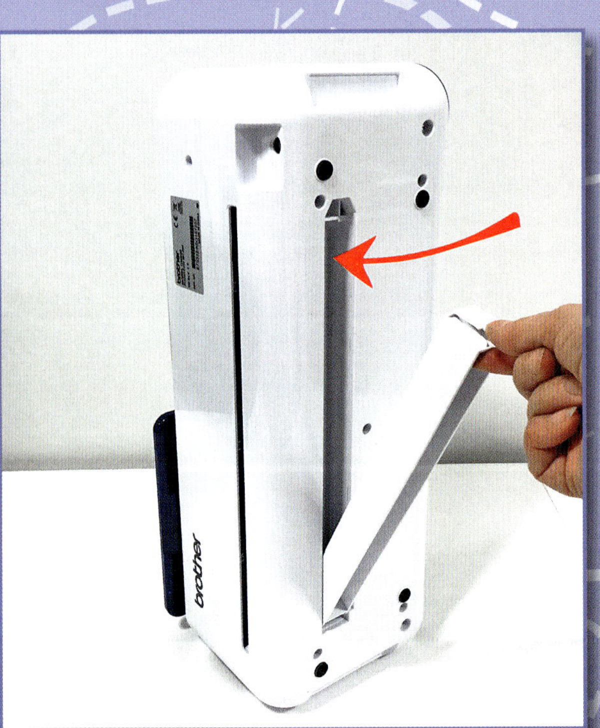

✂ Bevor du die ScanNCut reinigst, ziehe zuerst immer den Netzstecker heraus. Wische nur die äußeren Teile mit einem weichen Tuch ab. Gehe niemals zu weit in die ScanNCut hinein oder mit spitzen Gegenständen an die Maschine heran.

✂ Wenn du deine ScanNCut reinigst, achte darauf, dass du sie nicht ruckartig bewegst. Das könnte dazu führen, dass sie nicht mehr exakt schneidet und sie wieder justiert werden muss. Das kann man zwar in den Einstellungen selbst durchführen, ist aber aufwendig.

✂ Sollte die ScanNCut irgendwann nicht mehr richtig scannen, z. B. wenn Streifen auf den Scans angezeigt werden, dann musst du das Scannerglas reinigen.

So geht das Öffnen einer Maschine der DX-Serie:

Klappe das Display ein und lege die Maschine auf den Kopf. Drücke den kleinen Hebel nach vorn und ziehe die untere Abdeckung hinten aus der Maschine heraus (Abb. 1).

So geht das Öffnen bei den Geräten der CM-Serie:

Stelle die Maschine auf die rechte Seite. Drücke den kleinen Hebel an der Abdeckung nach oben und klappe die Abdeckung heraus (Abb. 2).

Jetzt kannst du vorsichtig mit einem weichen Tuch das Scannerglas reinigen.

Beachte unbedingt auch die Anweisungen, die deiner Maschine beilagen.

Neuigkeiten von der ScanNCut

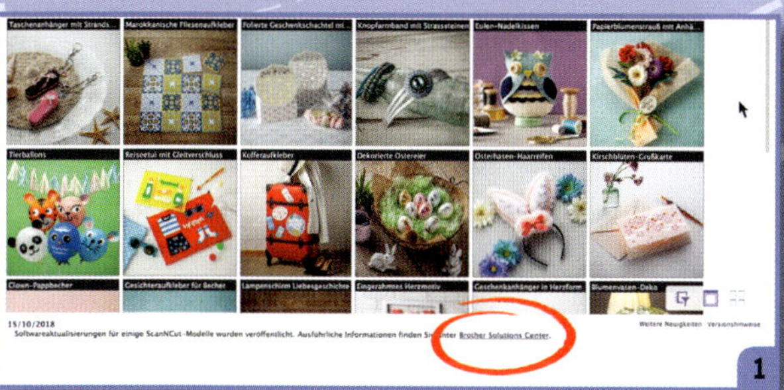

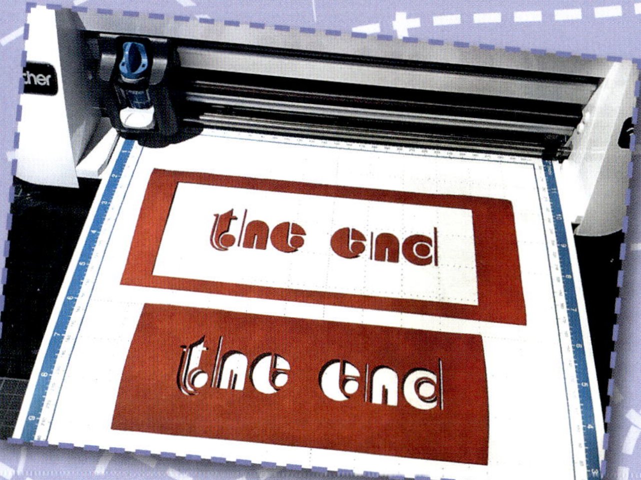

Wenn es etwas Neues von deiner ScanNCut gibt, siehst du das auf der Startseite von CanvasWorkspace ganz unten in einer Statusleiste. Dort ist auch der Link zum Brother Solutions Center (Abb. 1).

Solutions heißt übersetzt übrigens „Lösungen". Und so findest du im Brother Solutions Center auch tatsächlich Lösungen für Probleme aller Art, insbesondere in derRubrik „FAQ & Fehlerbehebung" und auf den letzten Seiten des Handbuchs, das du ebenfalls hier herunterladen kannst.

Wir sind nun am Ende angelangt und du hast sehr viel über deine ScanNCut gelernt. Niemand kann sich das alles merken. Nutze unbedingt dein Notizbuch, um deine Einstellungen, Dateinamen, Tipps und Ideen festzuhalten. Halte dieses Buch und die Kurzanleitung stets griffbereit, damit du nachsehen kannst, wenn du nach einer bestimmten Funktion suchst.

An dieser Stelle noch ein letzter Tipp von mir:

✂ Sei nicht zu perfektionistisch.

✂ Sei mutig beim Ausprobieren und mache einfach weiter, wenn mal etwas schiefgeht.

Viel Spaß beim Basteln und Handarbeiten!

Herzlichst,

Angelika

Register

Bildnachweis

Fotos: Angelika Holz

Hintergründe: shutterstock.com/Anat_OM (S. 132-135), shutterstock.com/Julia Gyshina (S. 72-83), shutterstock.com/Magnia (S. 114-119), shutterstock.com/Mariart_i (S. 92–99), shutterstock.com/Markovka (S. 3–5, S. 26–59, S. 84–91, S. 108-113, S. 120–125, S. 142-144) shutterstock.com/Sablegear (S. 6–25, S. 60–71, S. 136-141), shutterstock.com/Snezh (S. 126–131), shutterstock.com/Tetiana Maltseva (S. 100–107)

Andere Abbildungen: summitsoft Font „Cavano" (Schriftzug „the end", S. 139)